桂林童谣中的古语词研究

刘兰清◎著

湘潭大学出版社
XIANGTAN UNIVERSITY PRESS

图书在版编目（CIP）数据

桂林童谣中的古语词研究 / 刘兰清著. -- 湘潭 : 湘潭大学出版社, 2025. 6. -- ISBN 978-7-5687-1666-6
Ⅰ. H172.3
中国国家版本馆 CIP 数据核字第 20250EE621 号

桂林童谣中的古语词研究

GUILIN TONGYAO ZHONG DE GUYUCI YANJIU

刘兰清 著

策划编辑：单 越
责任编辑：单 越
封面设计：张博雅
出版发行：湘潭大学出版社
社 址：湖南省湘潭大学工程训练大楼
电 话：0731-58298960 0731-58298966（传真）
邮 编：411105
网 址：http://press.xtu.edu.cn/
印 刷：长沙印通印刷有限公司
经 销：湖南省新华书店
开 本：710 mm×1000 mm 1/16
印 张：17.75
字 数：268 千字
版 次：2025 年 6 月第 1 版
印 次：2025 年 6 月第 1 次印刷
书 号：ISBN 978-7-5687-1666-6
定 价：69.00 元

序

兰清同学的《桂林童谣中的古语词研究》一书，是在其硕士论文基础上经过多年深入研究与修订而成的学术著作。作为她的导师，我深感荣幸能够为这部凝聚了她多年心血的作品作序。2014 年兰清考入中南民族大学，攻读语言学及应用语言学专业社会语言学方向的硕士研究生。当时选定桂林童谣作为研究对象，从语言角度对其进行探讨。

桂林位于广西壮族自治区东北部，是一个多民族聚居的地区，除汉族外，还有壮族、瑶族、苗族、侗族等多个少数民族。这些民族在桂林这片土地上共同繁衍生息，拥有丰富的民族语言和汉语方言，不仅有桂柳话、白话、客家话、平话等汉语方言，还有壮语、侗语、苗语、瑶语等少数民族语言。这种多元语言环境为桂林童谣的生成与传播提供了独特的土壤。

童谣作为一种民间口头文学形式，具有极强的口语性、传承性与韵律性。其语言简单、形象、口语化，易于传唱与记忆；其内容代代相传，蕴含丰富的教育意义与文化内涵；而形式则具有鲜明的节奏感和韵律美。这些特点使得童谣成为研究语言、文化、社会的重要载体。桂林童谣作为这一文化现象的典型代表，不仅承载了桂林地区的历史记忆与文化传统，还反映了当地人民的生活习惯、民风民俗以及天文地理、谜语农谚等多方面的内容。

兰清同学自2014年起，即致力于桂林童谣的收集、整理与研究。她以语言学为切入点，深入挖掘桂林童谣中的语言现象，尤其是其中的古语词。她的研究不仅建立在大量的田野调查基础上，还结合了历史文献的梳理与语言学理论的分析，展现了较为扎实的学术功底与创新的研究视角。在过去的十多年中，兰清同学共收集整理了2500余首桂林童谣，涵盖了天文地理、风俗礼仪、谜语谚语等多个方面。这些童谣不仅具有历史的沉积，还融入了现代的气息，既有方言的表达，又有民族语词的渗透。如此丰富鲜活的口语材料，为她的研究提供了坚实的基础。她的研究不仅限于对材料的整理与分类，更注重对其中古语词的历时梳理与共时分析，展现了系统性研究的学术价值。

2017年，兰清同学完成硕士论文《桂林童谣中的方言词研究》，现今她给我寄来书稿《桂林童谣中的古语词研究》，虽源于硕士论文中的一部分，但已有不少变化，研究材料的增加是其重要变化。基于对桂林童谣全面收集与整理，兰清同学对桂林童谣中的古语词进行了较全面的整理与研究，侧重选取桂林地区普遍流传、富含教育意义、反映桂林文化的童谣，对其古语词进行探索与研究。其特点集中体现在如下几个方面：

一是占有材料丰富。十多年来，兰清同学共收集整理2500余首桂林童谣，涉及天文地理、风俗礼仪、谜语谚语等方面。这些童谣口耳代代相传，有历史的沉积、有现代的气息，以方言表述，又有民族语词的融入，如此丰富鲜活的口语材料是研究语言的宝贵材料。

二是融传承与研究于一体。代代相传的童谣有悠久的历史，历史的积淀集中体现在童谣里的古语词中。对桂林童谣中的古语词进行全面挖掘与整理，对其本字进行探讨，借助历史文献进行历时梳理，是《桂林童谣中古语词研究》重点研究的内容。

三是作者的双重身份。她既是研究者，又是桂林童谣的代表性传承人。作为研究者，兰清博士经过专业学习与训练，掌握语言调查的基本方法，能运用语言学基本理论来解释语言现象，借助古籍文献梳理古语词的历时变迁。作为传承人，她对桂林童谣有深厚的情感，能通过艺术方式去重现童谣的魅力，热衷于桂林童谣的普及与推广。最为可贵的是，她能将这种热情带到桂林童谣的研究中去，从深层次对其进行探讨。2022年，兰清同学被评为荔浦市非物质文化遗产——荔浦童谣代表性传承人。2023年，又被评为桂林市非物质文化遗产——桂林童谣代表性传承人、广西非物质文化遗产——桂林童谣代表性传承人。这些称号不仅是对她个人努力的肯定，也体现了社会各界对桂林童谣保护与传承工作的重视。

作为桂林童谣的代表性传承人，她将对桂林童谣的深厚热爱转化为深入研究的强大动力。在学术研究的道路上，运用语言学理论与方法，系统梳理与分类桂林童谣，深入剖析其语言特点，旨在挖掘桂林童谣背后所蕴含的丰富价值与独特魅力。这份热爱不仅激发了她持续探索未知的渴望，更为桂林童谣的传承与发展注入了新的活力与动力。

本书对桂林童谣中所保留的古语词进行了系统梳理与深入考察，例如“颈嗓”一词，用以指称“脖子”之义，该词未见于《现代汉语方言大词典》及《汉语方言大词典》，却在桂林童谣中较为常见，并可追溯至清代文献。这类发现为方言词汇史及近代汉语口语研究提供了宝贵的语料支持。当然，书稿在某些方面仍有进一步完善的空间。其一，在论及该类古语词于其他方言中的使用情况时，仅简要援引《现代汉语方言大词典》，而未就其共时分布作更全面、深入的探讨；其二，虽已对童谣中的古语词作了较为全面的整理，但仍偏重于描写，在对词语本字的考释及其与相关古籍文献的互证方面，论证力度尚显不足，可进一步强化历时溯源与语料印证工作。

我相信，兰清同学在未来的学术道路上，将继续保持对桂林童谣的热爱与执着，在传承中探索，在研究中创新，为这一领域的研究作出更大的贡献。她的研究成果不仅将为学术界带来新的启发，也将为地方文化的传承与发展注入新的动力。

是为序。

谢荣娥

2025 年 1 月 25 日于武汉南湖畔

目 录

绪　论

一、桂林童谣概况

童谣充满着我们对童年的回忆，其简单易记、琅琅上口、口语化的特点容易被孩子接受，深受孩子的喜欢，成为人们孩提时代的宝贵记忆。童谣也称为“童子歌”“孺子歌”“婴儿歌”“童子儿歌”“小儿语”“小儿谣”“儿谣”和“孺歌”等。关于童谣的定义，古人云：“童，童子；徒歌曰谣。”（韦昭注《国语·晋语》）童谣，确切地说，就是儿童唱诵的歌谣。明代杨慎认为：“童子歌曰童谣，以其出自胸臆，不由人教也。”周作人在《儿歌之研究》中指出：“儿歌者，儿童歌讴之词，古言童谣。”

桂林童谣是一种流传久远的民间艺术，也是一种民族文化的缩影，它的产生、发展与民族历史、民俗沿革、语言嬗变、地理环境以及民族心理习惯等有着极其密切的关系，并以其独特的形式与内涵传递着丰富的文化信息，反映着该地区的人文意识、方言土语、民风民俗以及音乐形态等文化意蕴。[①] 如《桂林八景谣》中鸟瞰桂林山水，飘过月牙山巅、穿七星、过花桥、奔漓江，将桂林美景尽收眼底，勾勒了一幅闻名天下的山水画。《十接火炉姑娘》中“火炉姑娘二月二，接你回来过个社，火炉姑娘三月三，接你回来看歌

① 许燕．试论桂林童谣的教育理念［J］．艺术教育，2006（08）：86-87.

场”传递了桂林的传统民俗，即祭祀社神的活动“二月二”，也叫“春社”，以及壮族传统节日“三月三”歌节。

在桂林，无论是在繁华的城市还是偏远的农村，都流传着带有桂林特色的童谣，体现了桂林孩子成长的喜、怒、哀、乐和酸、甜、苦、辣。但由于农村和城市的生活环境、各县之间生活习惯等的不同，会流传着不同版本的童谣，主要体现在个别方言词语的差异上。正是这种大同小异的童谣版本，展示了桂林山水甲天下的地域特点及不同民族之间的生活习惯、民族风情。桂林童谣不仅是桂林儿童成长的伴侣，还是儿童的启蒙老师，是桂林孩子的精神食粮，以简单易懂、形式多样、富有乐趣的性质流传于当地百姓中，对儿童的身心健康发展产生积极的影响。孩子们在传唱桂林童谣时，不仅得到了乐趣，还可以了解一些生活常识、自然知识及桂林的民风民俗、地域特点等。

桂林童谣的主要传播途径是口耳相传，没有借助记谱手段或其他方式将其固定下来，属于自发性形式的口头创作，具有很强的口语化特征。桂林童谣以桂林方言为载体，讲述桂林的生活习惯、语言文字、宗教信仰、民风民俗、地理环境等，代代相传，从没间断，是桂林传统文化中不可缺少的一部分，也是外来人了解桂林的一扇窗户。

桂林童谣可以分为道德歌、开智歌、谜语歌、摇篮曲、游戏歌、连锁调等六类，蕴涵了天文地理、风俗礼仪、谜语农谚、道德意识等方方面面，可以说是桂林孩子的一部“百科全书”。

道德歌。道德教育是儿童教育的基础，桂林童谣用生动、有趣又幽默的故事和比喻来教育孩子的道德取向，让儿童在娱乐玩耍时不知不觉地接受道德教育，如桂林童谣《留个鱼身给妹妹》《出黄金》《半边扒锅煤芋头》等，这样一首首朴实而简单的童谣，给孩子的成长插上了亮丽的翅膀。

开智歌。孩子的智力需要开发、训练，桂林童谣构思独特，将深奥的道理融入进去，但又通俗易懂，让儿童难以忘记。有的是训练孩子的逆向思维，有的是训练孩子的顺向思维，有的是教孩子怎样“解字”，有的是传授生活常识、节日常识、天文知识等，有的是教孩子做人做事的道理，还有的教育孩子励志上进。如桂林童谣《金瓜将军》《扯谎歌》等，语言虽简单，但开发和训练了孩子的智力。

谜语歌。猜谜对儿童来说也是他们最喜爱的智力游戏之一，谜语歌也可以说是开智歌的精华。从孩子们新颖奇妙的谜底揭晓中，可以看出孩子们充满童趣的答案，体现了孩子们童真的天性。孩子们在猜谜语时，思维也在不知不觉中得到了锻炼，可谓一举两得。

摇篮曲。主要是母亲哄宝宝入睡时吟唱，大多是说唱谣，有的诉说生活的艰辛，有的诉说生活的无奈，也有母子之间互动做游戏时的游戏歌，还有顺口溜，这类童谣意义深远，语言生动形象，让孩子在柔情的歌谣中安然入睡。

游戏歌。玩耍是孩子们的天性，游戏可以给他们的生活带来快乐。孩子们边唱童谣边玩游戏，孩子们从中不仅收获了快乐，还学会了礼貌、团结、诚信、友谊等等。如《朦朦踉跄》《卖龙歌》《打铁歌》等都是桂林孩子们喜欢的游戏。

连锁调。主要是以取乐、逗趣为目的，一句接着一句，唱起来特别顺口，让孩子们在传唱时也获得了无穷的乐趣。如桂林童谣《鸟儿鸟儿不怕你》《走先头角尖》《萤火虫》等都是孩子们经常传唱的。

桂林童谣于2007年被列入桂林市第一批市级非物质文化遗产名录，2023年被列入广西壮族自治区第九批自治区级非物质文化遗产代表性项目名录，但是存在着重申报、轻管理，重开发、轻保护的现象，主要体现在：①随着网络的发展、时代的变迁，新一代的桂林人不会讲桂林方言，更不会吟诵桂林童谣，导致桂林童谣慢慢淡出大众视野，逐渐边缘化。新生代中熟悉并了解桂林童谣的人愈来愈少，老一辈中对童谣记忆也是模糊不清，很多只记得零星的几句，能唱出一首完整传统童谣的老人少之又少。②目前没有一本关于桂林童谣汇编的书籍，从《桂林市歌谣集成》及桂林各县的歌谣集、民歌集来看，童谣的收集只占了很小一部分篇幅。③大量涌现出的网络流行歌曲更符合当代儿童、年轻人的口味，导致桂林童谣缺少吸引力和影响力，难以引起孩子们的注意和兴趣。加之学校、家庭、社会保护和传承桂林童谣的意识较为淡薄，没有主动去引导孩子学习和涉猎，鲜有孩子接触并熟知桂林童谣。因此，桂林童谣发展现状仍不容乐观。

二、研究综述

童谣在我国历史悠久，但在传统学者眼里，童谣被视为不登大雅之堂之作，被认为没有研究价值，“学焉而与童子无补”①。我国关于童谣的研究可以以五四运动为界。五四运动之前，我国对童谣的研究很少，代表著作有（东汉）王充《论衡·纪妖篇》，（晋）杜预注、（唐）孔颖达疏《春秋左传正义》，（明）杨慎《丹铅总录》。五四运动之后，对童谣的研究步入了一个新的阶段，在西方儿歌理论的影响下，童谣的研究观念变得更贴近于童谣实际。在对童谣的研究中，最具代表性的人物是周作人。周作人从儿童本位出发，对传统童谣进行了评价，其作品有《儿歌之研究》《中国民歌的价值》、《歌谣》周刊发刊词、《读〈童谣大关〉》《吕坤的〈演小儿语〉》《歌谣》《读〈各省童谣集〉》。周作人之后，关于童谣的研究有朱自清《中国歌谣》、蒋风《儿歌浅谈》、于开庆等《民间文学手册》、朱介凡《中国儿歌》。

目前关于桂林童谣的研究非常少，无相关专著对其进行过系统研究，从中国知网和万方数据上搜索到的研究论文来看，只有三十余篇（其中包括笔者本人的硕士毕业论文《桂林童谣中的方言词研究》），且主要集中在关于童谣的传承保护、教育、文化价值方面的研究，除了笔者早些年的硕士论文对童谣中的方言词进行过研究外，尚无其他学者对童谣中的词汇进行专门研究。有关桂林童谣的研究具体如下：

一是从桂林童谣的传承与保护角度去研究：陈晔《地方童谣纳入公共图书馆阅读推广的必要性及其策略探析——以桂林童谣为例》指出桂林童谣具

① （明）吕得胜，等．小儿语（外八种）[M]．长沙：岳麓书社，2003：1.

有德育与美育方面的价值，具备纳入公共图书馆阅读推广的必要性，并从六个方面指出推广策略。莫丽《桂林童谣保护与教育传承研究》主要分析了桂林童谣的现状、保护措施及童谣教育传承措施。丁燕《桂林童谣保护与教育传承探讨》分析了桂林童谣的现状及保护传承措施。

二是分析桂林童谣的教育价值、教学应用：韦佳鑫《桂林民间童谣当代教育价值研究》指出桂林民间童谣具有贴近日常生活、地域性浓郁、表达通俗等特点，同时蕴涵着艺术与审美教育、人文教育、劳动教育和科学教育等当代教育价值。许燕《桂林传统童谣与高师音乐教育的研究》分析了桂林童谣的价值观、艺术特点、社会功能及教育作用和桂林童谣在高师音乐教育中的组织观，并分析桂林传统童谣的现状与保护对策。许燕《试论桂林童谣的教育理念》指出桂林童谣具有鲜明的民族风格和地方色彩，浓缩风土民俗，展示道德风范，传递智慧信息，开拓了一条情系少儿心灵的音乐通道。曾劲《试论“桂林童谣”在教学节奏中的运用——以小学一年级音乐教学为例》分析桂林童谣在音乐教学节奏中所产生的影响。

三是分析桂林童谣的文化功能：黄文敏《桂林方言童谣饮食文化事项探析》从桂林童谣中体现出的燃料与器皿、食物品种、餐饮礼仪文化进行分析。黄文敏《桂林方言童谣传统民族精神内涵分析》从民族精神角度对桂林方言童谣体现出的慈孝悌的家庭观、诚信的价值观、乐观的生活观进行分析。

四是从桂林童谣的审美、语言、文字、修辞方面进行研究：彭超，马若尘《桂林渔鼓音乐元素在儿童歌曲创作中的运用——以桂林“新童谣”〈月亮巴巴〉为例》就桂林“新童谣”《月亮巴巴》动机结构、旋律发展、织体结构三方面进行分析，通过谱例揭示了该作品与桂林渔鼓的密切关系及其音乐教育价值。黄文敏《桂林民间方言童谣的形式和修辞手法》指出桂林童谣的形式以杂言为主，方言风味浓厚，具有很强的节奏感，修辞手法主要有排比、对偶、顶针、起兴、反复、拟人、对比。刘兰清《桂林童谣中的方言词研究》分析了桂林童谣中的古语词、自创词、介词、俗字。

纵观近年来学术界对我国民间童谣的研究，主要集中在这些方面：一是从民间童谣的文学性视角进行研究，主要包括对民间童谣的概念及其源流问题的研究、民间童谣的题材或内容的研究、民间童谣艺术形式和分类的研究。如：郑薏苡《温州童谣研究》、王金禾《鄂东民间童谣研究》、马筑生《贵州儿童文学史》、王瑞祥《童谣与儿童发展——以浙江童谣为例》、马超《昆明童谣的分类及其文化价值》。二是从民间童谣的语言学视角进行研究，主要包括对民间童谣的用韵、句式、修辞、词汇、语法方面的研究。如：郭燕妮《常德童谣里的古音浅析》、刘蕾《粤语童谣的修辞语用特色》、傅春鸣《广州传统童谣的审美阐释》。三是从民间童谣的民俗文化学视角进行研究，主要运用民族学或民俗学的知识体系与学术视角，探讨民间童谣的地方性特色及其传承与保护问题。如：王晓翌《商洛童谣的原生态文化特质与传承》，陈辉、黄秀秀《浙东儿歌童谣的海洋文化表现形态》，郑薏苡《民间童谣在当代儿童教育中的传承策略研究》，王淼《非遗视角下闽南童谣的传承研究新视野》。

中国新诗倡导者沈兼士曾在《今后研究方言新趋势》中谈及民间歌谣与方言的关系，认为“歌谣是一种方言的文学，歌谣里所用词语，多少是带地域性的，倘使研究歌谣而忽略了方言，歌谣中的意思、情趣、音调，至少有一部分的损失，所以研究方言可以说是研究歌谣的第一步基础工夫”①。民间童谣是以方言为基础创作的歌谣，蕴藏着大量的方言俗语，是一种珍贵的语言文化，从语言学视角对其进行研究是十分必要的。但是通过以上综合分析，我们发现目前从语言文字学视角研究童谣是最少的，主要还是集中在童谣的文学性视角、民俗文化学视角。无论是桂林民间童谣研究还是其他地方的民间童谣研究，在童谣语言文字的研究方面都很薄弱，且主要集中在童谣用韵、修辞等方面的研究，对民间童谣中方言词、古语词的研究甚少。大部分对民间童谣进行研究的论著，涉及的古语词基本上是用了同音字替代，有的甚至用了音相差很远的字代替，这样不仅让带有桂林特色的童谣失去了地方特色，

① 申小龙，张汝伦. 文化的语言视界——中国文化语言论集［C］. 上海：上海三联书店，1991：94.

也会给阅读者、研究童谣韵律方面的学者造成理解上的困难，同时也会影响童谣的传承。从桂林方言古语词研究的角度来看，目前也没有系统的、全面的关于桂林方言古语词的研究。桂林童谣因其口语性强的特点，蕴涵着大量丰富的古语词，从我们收集统计的童谣中的古语词来看，包含了桂林生活的方方面，口语中常用到的古语词在童谣中更是比比皆是。无论是关于桂林童谣中的字词研究，还是关于其他地方民间童谣的字词研究，都还留有大量的研究余地。

三、研究意义

1. 有助于传承保护桂林童谣

随着我国对传统文化越来越重视，作为中国传统文化重要组成部分的童谣逐渐受到了人们的关注，人们也普遍注意到了处于衰落边缘的传统童谣，亟须采取强有力的保护措施，也提出了不少切实可行的方法路径，但鲜有人从童谣文本材料保存方面提出保护措施。童谣文本材料是保存与传承的重要载体，也是开展童谣后续研究的基础。从记载有桂林童谣的地方性歌谣集来看，里面涉及的现在不常用、偏僻难写的古语词都是用了同音字代替，有些选用的同音字与方音相差甚远，有些甚至改为国家通用语中的词语，让带有桂林特色的童谣失去了地方色彩，导致童谣失去了传承的趣味性。加强桂林童谣文本编写保存并规范桂林童谣文本中方言古语词的书写，重视对桂林童谣研究材料的补充和更新，对传承保护桂林童谣具有重要意义。

2. 有助于桂林地方传统文化的丰富与发展

现代语言学之父索绪尔认为：“一个民族的风俗习惯常会在它的语言中有的反映，另一方面，在很大程度上，构成民族的也正是语言。”① 美国语言学教授萨皮尔认为：“所谓文化就是社会遗传下来的习惯和信仰的总和，由

① ［瑞士］费尔迪南·德·索绪尔. 普通语言学教程［M］. 高名凯，译. 北京：商务印书馆，1980：43.

它可以决定我们的生活组织。”① 桂林方言是桂林文化的承载者，是桂林文明发展史前进历程中重要的一环。桂林童谣以桂林方言为载体，其本身也是桂林文化的承载者。对桂林童谣中的方言古语词的追根溯源，有益于当地文化的丰富与发展。缤纷多彩的地域文化和民俗文化通过童谣体现出来，这不仅有利于文化的传播，还有助于文明史的发展。

3. 有助于解决桂林童谣的溯源问题

我国学术界目前还没有关于民间童谣史的专著，地方性童谣的溯源问题很难确定。笔者从桂林市文化和体育局了解到，尽管桂林童谣已经被列入自治区级非遗代表性项目名录，但桂林童谣的溯源问题一直没有解决，不能确定其产生的年代。通过将桂林童谣中活的方言词尤其是古语词与古文献结合起来考察，不仅可以探明方言源头及其所包含的地方文化现象，还有助于追溯桂林移民的痕迹，助力桂林童谣溯源问题的解决。

4. 有助于保护特色的桂林方言文化

我国目前没有专门的桂林方言词典来记录桂林方言，随着社会的发展及普通话的大力推广，新一代的桂林人开始摒弃方言中的“土话”，取而代之的是使用国家通用语，大量的语言“活化石”正在消失，方言特色正在逐步弱化，一些有特点、带有地方特色的方言词汇尤其是古语词在“90后”和“00后”新生代群体口中很难再听到，更别提了解其中的意思，所以用文本的形式把桂林方言中存在的古语词记录下来是十分有必要的。桂林童谣蕴藏着丰富的、有特色的古语词，通过对其中的古语词进行研究，可以为桂林方言词典的编写提供大量的佐证材料，同时促进方言研究由单一的简单研究转向更高层次的阐释研究，不仅保护了桂林童谣，还有利于促进桂林方言文化的开发与传承。

5. 有助于辞书的编撰和修订，有效解读古代历史文献

本研究可引起相关部门对桂林童谣中方言词汇的重视，制定出既有利于

---

① 罗常培. 语言与文化［M］. 北京：中国书籍出版社，2020：1.

桂林童谣保护又有利于方言保护的政策。语言的发展与人类文明的发展一路相伴，不少古语词已湮没消失，少数得以保留，存活在了日常口语中。方言中的不少词语保留了古代汉语的音义，挖掘这些方言资料，可以解决训诂学上的一些难题，还可以为辞书的编撰和修订起到正讹补缺之功。方言很好地保留着现代汉语普通话已不使用的古音古义，利用方言材料去学习古代文献，理解古语古义，可进一步了解桂林地区的文化及风俗，促进桂林地区的多样化发展。

6. 有助于丰富共同语中的词汇，更好地实行语言文字方针政策

对童谣中的方言词汇进行调查研究，不仅可唤起人们保护稀缺语言的意识，还可唤起人们保护传统童谣的意识，从而使民族共同语中的词汇以及传统文化变得更加丰富。桂林童谣方言古语词的历时研究，给人们提供了了解桂林方言、桂林童谣在历时层面发展变化的机会。这无疑将对丰富和完善桂林方言研究和桂林文化研究以及普通话的推广都产生深远影响。了解词汇发展演变，有助于更好地实行语言文字方针政策。

四、研究方法

（一）文献分析法

一是查阅相关文献资料、地方志、桂林各县地方性歌谣集及桂林市歌谣集等，及时地整理资料，查漏补缺，以便收集整理更多的桂林本土童谣。二是收集、整理古语词研究的相关理论知识，对筛选出来的桂林童谣中的古语词进行分析、归类，将收集到的童谣中的古语词全部输入电脑，建立本文适用的专题语料库，如 Access 数据库，力求用语料事实说话，以便展开对桂林童谣中的古语词分析。

（二）田野调查法

深入桂林各县进行实地调查，走访一些民间艺人、老人及一些土生土长

的桂林儿童，力争收集到大量翔实、准确、全面的第一手资料，为文章撰写奠定坚实的基础。

（三）考证法

利用古代文献考证桂林童谣中的本字。主要使用《说文解字》《广韵》《集韵》等进行考证分析。

（四）比较法

通过桂林童谣中古语词的历时音义比较，共时的与其他方言的横向比较，总结出桂林童谣中古语词的特点。

五、研究材料

作者通过整理桂林地区相关地方书籍，查阅有关课题论文，网站搜索，立足田野调查，共收集到3000多首桂林地方童谣，其中带有方言词的童谣有2000余首。

查阅的桂林地区相关书籍：《桂林市歌谣集成》《阳朔县歌谣集成》《灵川县歌谣集》《中国民间文学三套集成——桂林市临桂县歌谣集》《全州县歌谣集成》《兴安县歌谣集》《永福民间歌谣》《中国歌谣集成广西分卷——灌阳歌谣（第一集）》《中国歌谣集成广西分卷——灌阳歌谣（第二集）》《中国歌谣集成广西分卷——龙胜各族自治县资料本》《资源县歌谣集成》《平乐县歌谣集》《荔浦歌谣集》《恭城县歌谣集》《桂林老板路》《月亮巴巴——桂林传统童谣歌曲选集》。

查阅的课题论文：莫丽《桂林童谣保护与教育传承研究》、许燕《桂林传统童谣与高师音乐教育的研究》、许燕《试论桂林童谣的教育理念》、曾劲《试论“桂林童谣”在教学节奏中的运用——以小学一年级音乐教学为例》、丁燕《桂林童谣保护与教育传承探讨》、黄文敏《桂林民间方言童谣的形式和修辞手法》。

网上搜索：网站上的搜索主要来自荔浦生活网、全州县生活网、桂林老板路、百度贴吧等网站，以及电子报刊。网站上搜集到的童谣，作者会在田野调查中通过采访老一辈的桂林人加以确认。

为增加论文的真实性和可靠性，作者采取了一系列的田野调查，如采访老桂林人，走访桂林部分县的文化局、乡镇文化站等，收集到大量的童谣材料。当作者通过田野调查搜集到的童谣与集子里记录的童谣存在部分词语不同，而这不同的词语正好是带有桂林特色的方言词语时，则以作者田野调查采集到的童谣为准。

六、桂林童谣中古语词的界定与本字探求

广西语言学专家刘村汉认为，广西的语言复杂多样，不仅分布有大量的汉语方言，还有着多种少数民族语言，蕴含着丰富多彩的语言宝藏。桂林地区语言的复杂性正是对刘村汉先生观点的最好阐释。

唐宋时期，桂林城乡语言差别不大，都是古平话。元明之际，北方话向现代官话演进，桂林城内语言开始与古平话分家。明清时期，官话才最终确立。由于受不同时期、不同地域的移民的影响，桂林方言呈现出错综复杂的情况，内部的差异比较大，具有“十里不同音，五里不同调”的特点。在桂林，主要以桂林方言为主要交际用语，桂林方言属于西南官话桂柳片。由于桂林的汉族来自不同的时代、不同的地域，他们所带来的各种各样的方言土语又与当地其他民族语言相互影响交融，所以今天的桂林方言呈现错综复杂的格局，有西南官话、粤语、客家话、平话、湘语、闽语等汉语方言，以及瑶语、苗语、侗语、壮语等少数民族语言。平话在有些地方又称“百姓话”“土拐话”“客话”“蔗园话”“土话”等，主要由秦以后历代军事移民（征卒屯兵等）带来的，同时又与当地少数民族语言（主要是壮侗语族）发生接触而逐渐形成。尽管语言复杂，但桂林方言，即官话，是不同汉语方言区和不同民族语言区的人们交流的有效工具。

由于笔者收集到的童谣部分来源于地方的歌谣集，由于官话和平话在许

多方言词上互通互用，笔者无法有效判断童谣中的方言词是平话还是官话词汇，因此不作具体区分，将收集到的桂林童谣中的方言词统一归为“桂林方言词”（即西南官话）。

如何界定桂林方言古语词？李荣说：“语言是历史的产物，父子相传，总保留很多古代的成分。有些字虽然古已有之，却没有人认为是古语。比方‘人、马’等字最古了，甲骨文里就有了，我们不说它是古语，那是因为这些字古今普遍使用的缘故。有些不普遍使用的古语，只限于某些方言，这才说某方言保留古语。”① 林伦伦在讨论潮汕方言中的古语词时也说：“（潮汕方言中的古语词）指的是在古代文献中有用例而在现代汉语（北方方言）中已经不用或者只在个别书面语中保留的词语。”② 董绍克看法相似，他在阐述制定汉语方言“古代汉语千词表”的收词原则中说：“古语词中，普通话还在使用的词，如“‘山’‘水’‘风’‘鱼’之类，一律不收。普通话还在使用的标志，权以《现代汉语词典》（修订本）为参照，凡该词典已收录的（词后标有〈方〉〈书〉〈古〉字样除外），都认为还在使用。”③

参照以上论述和做法，本书将桂林童谣中的方言古语词界定为：见于古代文献的在桂林方言中使用而在现代汉语口语中不用的词语。对此界定作几点具体说明：(1) 古代文献的“古代”是相对于现代来说的，时间为先秦至清代。(2) 古代文献指古代汉语的文献，包括字书、韵书、辞书及其他典籍。(3) 现代汉语中的使用情况以《现代汉语词典》（第7版）为参照。凡是《现代汉语词典》收录标注了〈方〉〈古〉〈书〉的词语列入桂林方言古语词的考察范围，未标注〈方〉〈古〉〈书〉的词语一般不列入桂林方言古语词的考察范围，但桂林方言词义或语音来源与之有差别的词语则列入桂林方言古语词考察范围。(4) 符合上述条件，在桂林方言中已演变为语素的古代语词，属桂林方言古语词。(5) 在现代汉语中是语素而在桂林方言中还是

---

① 李荣. 语文论衡［M］. 北京：商务印书馆，1985：13。

② 林伦伦. 潮汕方言的古语词及其训诂学意义［J］. 语文研究，1997（01）：42-46.

③ 董绍克. 汉语方言词汇差异比较研究［M］. 北京：民族出版社，2002：148-149.

词的古代语词，也属桂林方言古语词。[①]

方言古语词研究中最重要的工作就是考求方言本字，何为方言本字？李荣认为是“合适的字形”[②]；梅祖麟认为是“该用的”“方块字”[③]；李如龙则认为“所谓本字是相对于别字说的”[④]；等等。据此归纳起来就是：方言本字是记录该方言词合适的、该用的、相对于别字的字。

考释古语词和考本字关系密切，但两者也并不完全相同。考本字是从音义角度恢复相对应的书面形式，所以，有的时候考出本字后的那个词并不一定属古语词。[⑤]

对于考本字的一般步骤，游汝杰认为：“确定本字的关键是方言词和本字在语音上相对应，在词义上相同或相近。本字考应分四个步骤来进行，第一步是确定今方言词的音韵地位，即按古今音变规律，确定其在《广韵》一系韵书中的声韵调地位。第二步即在《广韵》一系韵书的相应韵目之下追索音义相合的字。第三步，寻找其他文献材料以之为佐证。第四步，与其他方言参酌比较，互相印证。”[⑥] 本书的古语词研究过程中，需要考证本字时，大致据此进行，具体来说如下：首先，在将桂林方言声韵调系统与中古汉语进行对应的基础上，确定所要考证的方言字的中古音韵地位；其次，以《广韵》《集韵》反切为依据，寻找音义对应关系；最后，查阅古代文献资料进行佐证或排除。所考释词音韵一般与方音之间的对应为常例，少量为变例。

---

① 此界定方法参照温美姬《梅县方言古语词研究》第10—11页中关于梅县方言古语词的界定方法。

② 李荣. 颱風的本字（中）［J］. 方言，1991（01）：1-9.

③ 梅祖麟. 方言本字研究的方法［M］//吴语和闽语的比较研究（第1辑）. 上海：上海教育出版社，1995：05.

④ 李如龙. 方言与音韵论集［M］. 香港：香港中文大学中国文化研究所吴多泰中国语文研究中心，1996：184.

⑤ 温美姬. 梅县方言古语词研究［M］. 广州：华南理工大学出版社，2009：12.

⑥ 游汝杰. 汉语方言学导论［M］. 上海：上海教育出版社，2000：218-219.

七、桂林方言语音概貌

（一）桂林方言音系简介

1. 声母 19 个（含零声母）

P 布八爸	p^h 怕旁跑	m 马门毛	f 发分佛
t 大当到	t^h 他太同	n/l 女拿冷	
ts 租张扎	ts^h 曹产抽		s 上沙洒
tɕ 猪鸡节	$tɕ^h$ 七扯桥		ɕ 书洗先
k 角刚歌	k^h 困确卡	ŋ 挨俄硬	x 喝狠胡
ø 儿月义			

2. 韵母 35 个①

ʅ 资知史	i 米急比	u 哭姑苏	y 局除雨
a 妈茶骂	ia 家虾霞	ua 瓜挖挂	
o 哥波课	io 脚药学		
	iɛ 姐借咧		yɛ 雪血绝
ə 白客黑			
æ 菜台来		uæ 拐块外	
au 包讨刀	iau 苗飘鸟		
ɛi 给杯岁		uɛi 灰亏贵	
əu 收丑后	iəu 丢溜秀		
	iu 肉育煜		
ã 咸班站		uã 关万暖	

① 杨焕典（1982）的韵母系统中多出一个自成音节的［ŋ̍］。在调查中，我们发现，在日常生活中，这个“我们”的合音词使用还是有一定频率的，因此将这个韵母也收入本书的韵母音系中。《桂林市志·方言志》韵母系统中多了一个音节［e］，管“儿而耳尔二”，属于旧读，因我们调查中未曾发现，故不予采用。

iẽ 边点电　　yẽ 远鲜劝

ən 生分横　　uən 文困稳

in 平亲顶　　yn 永训倾

aŋ 汤当浪　　iaŋ 向相样　　uaŋ 双光网

oŋ 风送通　　ioŋ 穷熊用

ŋ' “我们”的合音

3. 声调 4 个（数字指调值）

阴平［33］开空天　　阳平［21］陆月吃　　上声［53］好把若

去声［24］放会桂

说明：①桂林方言的连读变调较少，各调之间在结合时一般仍读作原调。一些重叠词（亲属称谓），在连读时会发生变调，如“叔”字单独读作［su^{21}］，在“叔叔”中连读后读作［$su^{21}su^{24}$］，后一个音变为升调。②桂林方言声调没有明显的轻声。

（二）桂林方音与中古音的对应关系

1. 声母

方言声母	广韵	方言声母	广韵
p	帮、滂(个别)、並	x	心(个别)、邪、审、见(个别)、溪(个别)、晓、匣、影(个别)
p^h	滂、並	tɕ	精、清(个别)、从、知、彻(个别)、澄、照(莊)(个别)、壮(崇)、照(章)、见(个别)、群(个别)、禅(个别)
m	明、影(个别)	ŋ	日、疑、影、喻(以)(个别)、泥(个别)、知(个别)
f	晓、匣	$tɕ^h$	精(个别)、清、从、心(个别)、邪(个别)、知(个别)、彻、澄、照(莊)(个别)、穿(初)、壮(崇)、穿(昌)、审(书)(个别)、禅、溪、晓

续表

方言声母	广韵	方言声母	广韵
t	端、适(个别)、定、澄(个别)、知(个别)、疑(个别)、喻(以)(个别)、日(个别)	ɕ	心、邪、知(个别)、壮(崇)(个别)、审(生)、审(书)、禅、晓、匣(个别)、穿(昌)(个别)
t^h	适、定	ts	精、从、知、彻(个别)、澄、照(莊)、穿(初)(个别)、壮(崇)、照(章)、喻(以)(个别)
n/l	泥、来、疑、禅(个别)、日(个别)	ts^h	精(个别)、清、从、心(个别)、邪(个别)、彻、澄、照(莊)、穿(初)、壮(崇)、审(生)(个别)、穿(昌)、审(书)(个别)、禅
k	精、从、彻(个别)、照(莊)、照(章)(个别)、见、群、匣	s	心、邪、审(生)、审(书)、禅
k^h	清、邪(个别)、照(莊)(个别)、见、溪、群、晓(个别)、匣	ø	日、影、喻

2. 韵母

方言韵母	广韵韵部	方言韵母	广韵韵部
ɿ	蟹、止、臻、曾、梗	au	效、宕、江
i	蟹、止、深、臻、曾、梗	iau	效、流、宕、咸
u	遇、臻、宕、江、通、流	əu	遇、流
y	遇、臻、通、止	iəu	流、通
a	假、咸、山、开、蟹、果	ã	咸、山、梗
ia	假、蟹、咸	iẽ	咸、山
ua	假、效、山、蟹	uã	山
o	果、山、遇、咸、宕、江、梗、臻、曾	yẽ	山、通
io	宕、江、通	ən	臻、曾、梗
ə	止、咸、深、山、臻、梗、曾	in	深、臻、曾、梗

续表

方言韵母	广韵韵部	方言韵母	广韵韵部
iɛ	假、蟹、山、果、咸、梗	uən	臻
yɛ	山、果、臻、果、宕、江	yn	臻、梗、曾
iu	通	aŋ	宕、江、梗
æ	蟹	iaŋ	宕、江
uæ	果、蟹、止	uaŋ	宕、江、梗
ɛi	蟹、止、臻、曾	oŋ	梗、通、曾
uɛi	蟹、止	ioŋ	梗、通、臻

3. 声调

调类	中古来源
阴平	古全清、次清平声
阳平	古全浊、次浊平声和古入声
上声	古清音上声、次浊上声
去声	古全浊上声、古去声

（三）桂林方言的语音特点

1. 古全浊声母今逢塞音、塞擦音平声读送气音，厌声读不送气音。这是官话的普遍特征，桂林方言自不例外。

2. 精组字有洪音，也有细音。前者声母读［ts ts^h s］，后者读［tɕ $tɕ^h$ ɕ］。知、庄、章组字只有洪音，声母读［ts ts^h s］，与精组合流。

3. 来母与泥母今基本上能区分，少数出现混乱。

4. 见、溪、群、晓、匣母今逢细音读［tɕ $tɕ^h$ ɕ］声母。

5. 晓、匣母今拼［u］韵读［f］声母。

6. 蟹、止摄和深、臻、曾、梗摄三四等今洪音精组和知章组字合流，都读作［ɿ］韵，没有［ʅ］韵。

7. ［iu io］两韵都来自入声。其中，［iu］韵来自深、梗、通三摄入声，［io］韵来自宕、江两摄入声。

8. 果摄开、合口一等字和咸、山、宕、江、曾、梗五摄部分入声字，都读作［o］韵。

9. 蟹摄开口二等部分见系字仍读作［ai］韵。这在西南官话中也是常见的一个现象。

10. 蟹摄合口一、三等和止摄合口三等部分精组字读作［ɛi］韵，如“对腿岁翠”等。

11. 咸摄开口二等部分舒声见系字在桂林方言中韵母也读作［ã］韵，如“减咸严”等。

12. 深、臻两摄和曾、梗两摄部分舒声今洪音字合流，都读作［ən］韵；深、臻两摄和曾、梗两摄舒声今细音字合流，都读作［in］韵。这在西南官话中是一个普遍特征，桂林方言亦如此。

13. 臻摄合口一三等部分端系舒声字与帮系舒声字合流，都读作［ən］韵。

14. 曾、梗、通三摄部分帮系舒声字读作［oŋ］韵。这一特征在西南官话方言中普遍存在，桂林方言亦如此。

15. 古平声清声母字今读阴平，如“都租消邦兵东”等；浊声母字今读阳平，如“锤潮流甜朋瓶”等。

16. 古上声清声母字和次浊声母字今读上声，如“左吕拐本闯整努柳碾两冷”等，全浊母字今读去声，如“驼巨站盾丈动”等。

17. 古去声今均读去声，如“挂壮镜大助顺”等。

18. 古入声绝大多数读阳平，如“甲百脚郭达物落”等，只有极少数例外字。

上篇　桂林童谣中的古语词

此处分类参考语言研究所《方言调查词汇表》的大体分类。即主要是按照词汇意义进行，次要参照因素是语法意义。比如“打油茶”为动作类，但其词汇意义为烹制油茶，和日常操作有关，因此将之归为日常操作类。在词汇意义不大明确的情况下，再按语法意义对方言词进行划分。义类顺序是：一、天文；二、地理；三、时令时间；四、农事农具；五、植物；六、动物；七、房屋建筑；八、器具用品（不含农具）；九、称谓（不含亲属称谓）；十、亲属；十一、身体；十二、疾病医疗；十三、服饰、穿戴、裁缝；十四、饮食烹调；十五、红白大事、风水迷信；十六、日常生活（不包括衣食住行）；十七、交际；十八、商业钱财；十九、文体活动；二十、动作、判断；二十一、性状；二十二、代词；二十三、量词；二十四、拟声词；二十五、副词、介词、助词。多义词不分属几个义类，而按第一个义项归义类。

文中一些经常引用到的书目简称如下（括号内的是原称）：

《大词典》（《汉语大词典》罗竹凤主编，汉语大词典出版社，1990）、《大字典》（《汉语大字典》汉语大字典编辑委员会，湖北辞书出版社、四川辞书出版社，1992）、《现汉》（《现代汉语词典》第7版，中国社会科学院语言研究所词典编辑室编，商务印书馆）、《汉方》（《汉语方言大词典》许宝华、宫田一郎主编，中华书局，1999）、《现方》（《现代汉语方言大词典》综合本，江苏教育出版社，2002）

一、天文

1. 日里［$øi^{21}li^{53}$］

白天。例如桂林童谣《月亮光》：“月亮光光，照到姐姐洗衣裳，洗过白白净，打点哥哥上学堂，学堂满，挂丁榜，丁榜冲，挂莲蓬，莲蓬叶，挂竹叶，竹叶出来拜两拜，拜到明年好世界，世界多，没奈何，三两银子买个破鼎锅，日里煮饭吃，夜里敲铂锣……仔呀仔，你莫哭，望到明年早禾熟，打斤酒，买块肉，娘娘仔仔享个福。”

此词在三国时期就已出现。三国·赵爽注《周髀》：“南表里又以表高八十寸乘表间为实，实如法得八万里为表上去，日里仍以表寸为日高，影寸为日下，待日渐高候日影。”明·佚名《玉茗堂批评异梦记》：“前日是梦里写的，这是日里写的，自然不同。”《警世通言》第十四卷：“两个听得恁地说，日里吃的酒，都变做冷汗出来。”《古今小说·陈希夷四辞朝命》第十四卷：“假如日里做事是忙，夜间睡去便是闲了。”

此词还见于冀鲁官话、江淮官话、吴语、徽语、湘语、赣语、客话。（据《汉方》第695—696页）

2. 日头［$\text{øi}^{21}\text{t}^{\text{h}}\text{əu}^{21}$］

太阳。例如桂林童谣《挽姨娘、挽姨爷》：“挽姨娘，哏大日头来扯秧，挽姨爷，哏大日头来插田。”又如谜语童谣：“细细心，我有宝贝不离身，日头出山我出征，日头落岭我发兵。（谜底：萤火虫）”

唐·张鷟《朝野佥载》：“暗去也没雨，明来也没云。日头赫赤赤，地上丝氲氲。”宋·杨万里《山村》：“歇处何妨更歇些，宿头未到日头斜。”《西厢记》第四本第四折：“则离得半个日头。”明·杨慎《古今风谣》：“阴凉阴凉过河去，日头日头过山来，脚驴斑斑，脚蹦南山，南山北斗，养活家狗。”

今东北官话、冀鲁官话、胶辽官话、中原官话、晋语、兰银官话、江淮官话、徽语、吴语、湘语、赣语、客话、粤语、闽语也称太阳为“日头”。（据《汉方》第694—695页）

3. 虹［kaŋ^{24}］

彩虹。例如桂林童谣：“东虹日头，西虹雨。”

《说文·虫部》："虹，螮蝀也。"《尔雅·释天》："螮蝀，虹也。"郭璞注："俗名为美人虹。"《礼记·月令》："（季春之月）虹始见，萍始生。"唐·陈润《赋得浦外虹送人》："日影化为虹，弯弯出浦东。"宋·杨万里《初春暮雨》："忽惊暮色翻成晓，仰见双虹雨外明。"《广韵》平声东韵户公切："虹，螮蝀也。又古巷切。"桂林方言音合"古巷切"。《蜀语》："虹，音冈，去声。"《蜀籁》卷三："东杠（虹）日头，西杠（虹）雨。"此以"杠"记音。《昭通方言疏》："昭人谓虹霓曰虹，音如赣，即《诗·螮蝀》之急言也。端与见为同位之变。"

《汉方》第4145页"虹"指彩虹，引西南官话为例。

4. 分龙（雨）［fən³³loŋ²¹（y⁵³）］

雷阵雨，夏月暴雨。例如桂林童谣："东边彩虹大天晴，西边彩虹雨淋淋。夏至分龙雨涟涟，淋山淋岭不淋田。""五月分龙夏至天，雨过高山不落田，歌朋好像分龙雨，莫来哄我过时间。"

宋·陆佃《埤雅·释天》："今俗五月谓之分龙雨，曰隔辙，言夏雨多暴至，龙各有分域，雨暘往往隔一辙而异也。"宋·张侃《张氏拙轩集·雨》："今日天欲雨，农家名分龙。雨意或羞涩，沾润限西东。入夏雨已多，颇觉支体慵。"元·袁桷《清容居士集》："五月二十日甘雨如注，江南呼为分龙雨。"章炳麟《新方言·释天》："今陕西四川皆谓夏月暴雨谓偏冻雨……亦曰分龙雨。"清·厉荃《事物异名录》卷一引《月令广义》："五月二十六日雨为分龙雨，闽俗以夏至后为分龙雨。"

今西南官话、中原官话称雷阵雨为"分龙雨"（据《汉方》第740页）。

5. 雷公［lɛi²¹koŋ³³］

雷神；雷。例如桂林童谣《鼻涕龙》："燃火虫，屁股吊灯笼。下来和我耍，上天雷公打。你吃多，我吃少，吃完又㧟舀。"

雷公名始见《楚辞》，因雷为天庭阳气，故称"公"，亦作"靁公"。

《楚辞·远游》："左雨师使径侍兮，右雷公以为卫。"《汉书·郊祀志下》："东方帝太昊青灵勾芒畤及靁公、风伯庙、岁星、东宿东宫于东郊兆。"汉·王充《论衡·雷虚》："图画之工，图雷之状，纍纍如连鼓之形。又图一人，若力士之容，谓之雷公，使之左手引连鼓，右手推椎，若击之状。"唐·韩愈《陆浑山火一首和皇甫湜用其韵》："雷公擘山海水翻，齿牙嚼啮舌齶（腭）反。"

据《汉方》第 6456 页，今西南官话、客话、粤语、闽语称雷为"雷公"。另据《现方》第 4768 页，今徐州、南京、成都、柳州、金华、南昌、广州、建瓯、雷州、娄底、萍乡、于都、南宁平话、福州、海口称雷神为"雷公"。

6. 动雷（动雷公）［toŋ^{24}lɛi^{21}koŋ^{33}］

打雷。例如桂林童谣《打铁》："你一舂，我一舂，天上动雷公，冲里起大风；大风停，螃海夹虾公；你一锤，我一锤，你一舂，我一舂。"

魏晋南北朝已称"动雷"为"打雷"。梁元帝《纂要》曰："百戏起于秦汉，有鱼龙、都卢兴云、动雷、吞刀、吐火之类。"唐·许彬《经李翰林庐山屏风叠所居》："叠巘晴舒障，寒川暗动雷。"

今打雷称"动雷"见于西南官话、闽语、吴语。（据《汉方》1571 页）

7. 翻风［fã^{33}foŋ^{33}］

起风，刮风。例如桂林童谣《蜻蜓》："蜻蜓千百绕天空，不过三天雨濛濛。蜻蜓成群飞低空，不是下雨就翻风。"

唐·杜甫《荆南兵马使太常卿赵公大食刀歌》："壮士短衣头虎毛，凭轩拔鞘天为高。翻风转日木怒号，冰翼雪澹伤哀猱。"唐·韦应物的《夏花明》："炎炎日正午，灼灼火俱燃。翻风适自乱，照水复成妍。"宋·裘万顷《次余仲庸松风阁韵十九首》其十二："平池春去水溶溶，人在笙歌一部中。柳叶翻风罗带绿，荷花著雨锦衣红。"

今西南官话、客话、粤语、闽语称起风为“翻风”。（据《汉方》7408页）

8. 落雨［$lo^{21}y^{53}$］

下雨。例如桂林童谣《懂头》：“懂头懂头，落雨不愁，你有雨伞，我有懂头。”

此词最早见于南北朝时期。南朝梁简文帝《吊道澄法师亡书》：“记落雨而必然，称黑牛而匪谬。”唐·欧阳询《艺文类聚》卷八：“晋左九嫔涪沤赋曰：览庶类之肇化，何涪沤之独灵，禀阴精以运景，因落雨而结形，不系根于独立……”宋·陈师道《洛阳春·酒到横波娇满》：“攀花落雨祝东风，诮不借、周郎便。”元·萨都剌《京口城南次集·其一》：“野荠花开春欲尽，山樱子落雨初晴。”《西游记》：“他挨到那巳时方布云，午时发雷，未时落雨，申时雨止，却只得三尺零四十点。”清代小说《镜花缘》：“当时唐、林二人换了衣服，四人闲谈。因落雨不能开船。”

《汉方》5930页中“落”解释为“降下；从上面下来”，见于江淮官话、西南官话、吴语、粤语、闽语。

二、地理

9. 坳［$ŋau^{24}$］

山间平地或盆地；半山腰处平坦的地方。例如桂林童谣《打铁歌》：“张打铁，李打铁，打把剪刀送姐姐。姐姐留我歇，我不歇，我要回趨学打铁。打铁又怕赖，我就学种菜，种菜不弄钱，我要趨学卖盐。卖盐难认称，我要回趨学捡粪。捡粪又怕狗来咬，提起粪箕往回跑。一跑跑到大山坳，捡个破草帽，戴在头上哈哈笑。”

“坳”本指低洼的地方。《庄子·逍遥游》：“覆杯水于坳堂之上，则芥为之舟，置杯焉则胶，水浅而舟大也。”唐·韩愈《咏雪赠张籍》：“坳中初盖底，埡处遂成堆。”《说文新附考·土部》：“坳，地不平也。”《玉篇·土部》：“坳，鸟交切。不平也。”《集韵》于交切：“坳，地窊下也。”又于教切：“土窒。”据《集韵》提供的反切，可知“坳”虽成字于“从土幼声”，但却有两个读音：一是“于交切”，折合为今音读“āo”；二是“于教切”，折合今音读“ào”。王力《古汉语字典》：“坳，读 ào，旧读 āo”。据 1985 年 12 月国家语委和国家教委联合发布的《普通话异读词审音表》的规定，“坳”字废平声，统读去声。当然，“坳”字无论读 āo 还是读 ào，意义并无差别。“坳”由低洼的地方，引申出山间平地义。例如：《新唐书·百官志二》：“其后，复置起居舍人，分侍左右……若仗在紫宸内閤，则夹香案分立殿下，直第二螭首，和墨濡笔，皆即坳处。”宋·李曾伯《和周昞仲过踏洞滩》：“堪怜墳上舟难，争似山坳住舍安。”清·钱良择《出塞纪略》：“又行二十里，屯于迭不逊哥儿，译言山坳也，其地平而四面皆山。”

今西南官话、客话、粤语、湘语称山间平地为山坳。（据《汉方》3088 页）

10. 高头［kau³³thəu²¹］

上面。例如桂林谜语童谣：“远远看见一座城，庙里菩萨拿纸票，纸票高头有点糖，哪个猜到哪个尝。（谜底：大便）”

《敦煌变文集·燕子赋》：“取高头之规，垒泥作窟，上攀梁使，藉草为床。”项楚师说“规”为“棁”字之形讹，“‘取高头之棁’两句谓燕子向高处的棁上筑巢”①。明·汤显祖《牡丹亭》第五十四出：“斗胆相询，金榜何时揭？可有柳梦梅名字高头列？”《好逑传》第七回：“他又悄悄从厅背后屏门上，轻扒到正梁高头，缩做一团蹲下，窥视下面。”《儿女英雄传》第十八回：“只得先看了一遍高头的讲章，照着那讲章往下敷衍半日。”《官场现形记》第三十四回：“有两回上论高头，兄弟名字底下一个总是他。”

---

① 项楚. 敦煌文学丛考［M］. 上海：上海古籍出版社，1991：79.

冀鲁官话、中原官话、晋语、兰银官话、江淮官话、西南官话、徽语、吴语、湘语、赣语、湖南临武土话称“上面”为“高头”。（据《汉方》5022—5023 页）

11. 垲［k^hæ^{53}］

地方，处所。作语素，构成代词。例如桂林童谣《磨莲子》：“磨莲子，磨莲花，莲子莲花在哪家，家家都有籽，籽籽不开花，公鸡头，母鸡头，不在这头在那头，公鸡仔，母鸡仔，不在这垲在那垲，热糍粑，冷粽子，笑哑哑，哪个先生来找子。”

《广韵》上声海韵苦亥切：“垲，爽垲，高地爽明垲燥也。”《左传·昭公三年》：“请更爽垲者。”孔颖达疏：“垲，高地。”汉·张衡《西京赋》：“处甘泉之爽垲，乃隆崇而弘敷。”《新唐书·郭子仪传附郭鏦》：“别墅在都南，尤胜垲，穆宗尝幸之，置酒极欢。”桂林方言引申为地方、处所，构成代词。

今柳州也有此用法（据《现方》1567 页“那垲”、2713 页“哪垲”、3338 页“这垲”）。《汉方》第 3819 页“垲”未收此义。

12. 甿［maŋ^{33}］

量词，用于成片的地方，相当于“片，方，堵”等。例如桂林童谣《斑鸠》：“妹呀妹，你莫哭，擀起粑粑送你屋，你屋在哪甿，我屋在訾洲，訾洲，訾洲，树上打斑鸠，斑鸠不落地，飞到大河那边𥕢。”

《集韵》平声唐韵谟郎切：“甿，旷野。”《类篇·田部》：“甿，谟郎切，旷野。或书作畗。”桂林方言从旷野引申出成片的地方，如童谣中的“你屋在哪甿”，就是你家在哪里，你家在哪个地方的意思。

今柳州也有此用法。（据《现方》2221 页）

13. 阳沟［iaŋ^{21}kəu^{33}］

露在地面上的排水沟，多指房屋前后的排水沟。即明沟，与阴沟、暗沟相对。例如桂林童谣《矮子矮》：“一瓢油，两瓢油，三姊妹，爱梳头，大姐梳个蓬蓬发，二姐梳个菜花头，还有三姐不会梳，拿起头梳打绣球，一打打𧼮阳沟里，东边种白米，西边种芋头，吃完白米吃芋头，吃完芋头泪流流。”

元·佚名《居家必用事类全集》：“凡种盆花树，必先要肥土，于冬间取阳沟泥晒干，筛去瓦砾，便用大粪泼湿晒干。”明·许自昌《樗斋漫录》：“大抵屋下者为阴沟，檐前者为阳沟。”

古籍文献中出现的“杨沟”“羊沟”“央沟”当为阳沟之音借。《四友斋丛说》卷三十六《考文》：“《丹铅余录》言：今人家称出水窦曰‘央沟’，引《荀子》入其央渎为证。又《太平御览》引《庄子逸篇》为‘羊沟’。升庵云：羊沟者，不知何解。余闻羊沟者，羊善触，恐其毁墙，作沟限之故云。今世俗人又以明沟为‘阳沟’，暗沟为‘阴沟’。”按升庵谓“余闻羊沟者”云云，实出晋崔豹《古今注·都邑》：“长安御沟谓之‘杨沟’，谓植高杨于其上也。一曰‘羊沟’，谓羊喜抵触垣墙，故为沟以隔之，故曰‘羊沟’也。”所谓“杨沟谓植高杨于其上”“羊沟谓羊喜抵触垣墙，故为沟以隔之”，恐均为臆说。“御沟”指流经宫苑的河道，一般较小户人家房屋周围的排水沟宽得多，应为明沟，也即显露在外的沟，故应作阳沟，与阴沟相对。《四友斋丛说》谓“今世俗人又以明沟为‘阳沟’，暗沟为‘阴沟’”，《七修类稿》卷四十六《事物类·羊沟鸡宗》：“《中华古今注》谓：‘羊喜抵触垣墙，为沟以隔之，故曰羊沟。’予以今人暗者为‘阴沟’，则明者为‘阳沟’矣。”清刘献廷《广阳杂记》卷五：“盖潜行地中者曰‘阴沟’，则显行于地面者为‘阳沟’矣。”均得之矣。

今南京、贵阳、西安、绩溪、上海、苏州、宁波、于都、南宁平话仍称露在地面上的排水沟为“阳沟”。(据《现方》4085页)

14. 旮旯［ka^{21}la^{24}］

角落。例如桂林童谣《妹呀妹》：“妹呀妹，嫁到石山背，早砍柴，夜舂碓，哥哥骑马去𧼮接妹，家公家婆没给回，扯起围裙抹眼泪，眼泪没曾干，关起房门吃假餐，假餐没吃饱，喊她趨割草，割草没曾回，天上又响雷。响雷她害怕，躲到门旮旯，拉她出来问她有几岁。她讲她有百把两百岁。”

此词见于清代。清·文康《儿女英雄传》第二七回：“解扣松裙，在炕旮旯里换上。”清代民间通俗公案小说《施公案》第一七六回：“黄天霸这一片软硬话，把王爷气的直愣了半会，猛抬头一看，但见西北旮旯里可是配殿，一面是倒厅，不由满脸添欢，暗说：‘要赢黄天霸，何不如此这般，将他挤在旮旯之中，料想他身轻，也难跳出去。’”

此词还见于东北官话、北京官话、冀鲁官话、胶辽官话、中原官话、晋语、江淮官话。(据《汉方》2140 页)

15. （牛、猪）栏［（niəu^{21}tɕy^{33}）lã^{21}］

牛圈、猪圈。例如桂林童谣《屁来了》：“筛锯筛锯，扯倒柳树，砌座牛栏，牛栏倒了，背起鼎锅跑了。风来了，雨来了，吓得莫莫屁来了。”《养猪谣》：“姐拿锯，第拿斧，修个猪栏养大猪，猪崽大，大过牛，猪崽重，重千斤，猪崽多，数不清，猪崽排起队，一排排起到北京。”

周振鹤、游汝杰认为“牛栏”“猪栏”的栏来源于壮、侗民族，指“房屋”的“栏”——用树立的木桩构成底架，建成高出地面的房屋，屋内住人，屋下的空间养畜①。属于古百越语词。

古文献中有很多“牛栏”指关牛的简陋房屋的例子，例如：汉·焦赣《易林·需之鼎》：“胶著木连，不出牛栏，斯享羔羊，家室相安。”宋·辛弃疾《鹧鸪天》词：“闲意态，细生涯，牛栏西畔有桑麻。”宋·杨维德《遁甲符应经》：“猛虎逡巡入巳位，便移寅上第三筹，安巳上。大呼西方勾陈下。兔入牛栏伏不起，便移卯上第四筹，安丑上。”

今冀鲁官话、中原官话、西南官话、徽语、吴语、湘语、赣语、客话、粤语、闽语、湖南临武土话也有此用法。（据《汉方》第 5619—5620 页，

① 周振鹤，游汝杰. 方言与中国文化［M］. 上海：上海人民出版社，2019：239-240.

《现方》第618页“牛栏”）

16. 埲［$p^{h}ən^{33}$］

①尘土。桂林方言称“灰尘”为“埲尘”。②（尘土）扬起、弥漫、飞扬。例如桂林童谣《颠倒歌》：“号号号，官来到，骑着板，拉着轿，吹铜鼓，打喇叭，门楼绹在马底下。东西胡同南北走，十字路上人咬狗，捡起狗来就冲砖，有袋驮驴一溜烟，驮驴跌进黄泥里，埲得黄土遍了天。河里拉网捉兔子，鲤鱼来狗上西山。”此童谣中的“埲”为弥漫、飞扬之义。又如《扫把神》：“扫把扫把神神，请你上山趨割藤，割得藤来扎扫把，扫起扫把扫埲尘。”

《集韵》平声东韵蒲蒙切：“埲，尘也。”《洪武正韵》：“埲，尘也。尘随风起。”《字汇·土部》：“埲，尘随风起。”古文献用例：宋·周守忠《历代名医蒙求》：“《名医录》：村中无药，却有门徒僧道光于屋门扇上聚得一撮埲尘掩定，即血不出，痛止，两日便孱坚。”清·超永编《五灯全书·广东惠州曹源霰山本微禅师》：“东司头佛殿里，许多埲尘垃圾，从甚处得来。”“埲”本义当为灰尘，引申出尘随风起义。

今柳州、广州、江苏常州、云南昭通仍称“（粉尘状物）弥漫”、尘土扬起等称作“埲”。柳州、广州、上海、苏州、浙江等也称灰尘为“埲尘”。（据《现方》4695页、《汉方》6389页）

17. 湴泥［$p\tilde{a}^{24}ni^{21}$］

烂泥。例如桂林童谣《古怪歌》：“古怪古怪真古怪，没见今年古怪多，枫木树上鱼鳅叫，湴泥田砌鸦鹊窝。”

《玉篇·水部》：“湴，蒲监切。”《广韵》去声鉴韵蒲鉴切：“埿，深泥也。湴，同上。”《集韵》去声鉴韵薄鉴切：“埿，泥淖也。或作湴。”又“皮咸切，行淖中也。”《龙龛手鉴·水部》：“湴，蒲鉴反，深泥也。”宋·沈括《梦溪笔谈·辩证一》：“《唐六典》述五行，有禄命、驿马、湴河之目。

人多不晓滋河之义……滋，字书亦作垩。按：古文垩，深泥也。术书有滋河者，盖谓陷运，如今之空亡也。”清·俞樾《茶香室续钞·滋河》：“滋河之义，正谓如行泥淖中。”宋·刘辰翁《须溪集·意乐记》：“吾尝使人视天台贾氏墓，见其葬蛇形滋田，中者黑如雾，其族无敢拜。”

今柳州、南宁平话、广州也称烂泥为“滋泥”。（据《现方》4043页）

18. 垭［ŋa³³］

指四边高中央低的地方，两山之间狭窄的地方。例如桂林童谣《焰肚虫》：“焰肚虫，夜夜飞，过岭背，岭背有个养牛妹，穿红衫，穿红裤，踏死鸡仔叫咕跪；花手巾，抹眼泪，洗凉手巾挂门背，洗脸手巾搭门头；骑头牛，过岭头，骑头马，过山垭，山垭有株辣蓼花，吃得老妹嘴閕閕。”

《说文》未收“垭”。“垭”最初当为“垩”的异体字。《集韵》去声墓韵乌故切：“垩，白饰也。或书作‘垭’。”《龙龛手鉴·土部》：“垭，俗（字）。”《正字通》：“垭，即俗‘垩’字。”《说文·土部》：“垩，白涂也。”又因“垭”音与“隖”“坞”的音相同，故“垭”又作为这两字的异体字。《集韵》上声姥韵于五切：“隖，《说文》小障也。亦作‘垭’。”《玉篇·土部》：“坞，乌古切，村坞也。垭，同上。”《字汇·土部》：“垭，同坞。”从古字词书的收录来看，“垭”未见有“yā”或“yà”音，也未见指两山之间狭窄的地方。

“隖”和“坞”由小障义，根据相似相因引申出四边高中央低的地方、山坳之义。“坞”在古书中用例：南朝·梁武帝《子夜歌》：“花坞蝶双飞，柳堤鸟百舌。”唐·李郢《伤贾岛无可》：“萧萧竹坞斜阳在，叶覆闲阶雪拥墙。”《红楼梦》第五回：“方离柳坞，乍出花房。”“隖”在古书中用例：宋·史达祖《杏花天·清明》：“过花隖，香吹醉面。归来立马斜阳岸。隔岸歌声一片。”宋·吴文英《渡江云三犯·西湖清明》：“千丝怨碧，渐路入、仙隖迷津。”以上例句中的“隖”和“坞”指四边高中央低的地方。“坞”指山坳义，如：唐·羊士谔《山阁闻笛》：“临风玉管吹参差，山坞春深日又迟。”宋·王安石《见远亭》：“樵笛鸣晴坞，渔帆出暝湾。”《徐霞客游记·粤西游日记一》：“山遂转峡为坞，四面层圈，仅受此郛。”

因“垭”与“隖”“坞”两字通用，受其影响，“垭”孳乳出山坳义。明·文秉《烈皇小识》六：“又追败之于留马垭。”清·顾祖禹《读史方舆纪要·四川（四）·夔州府》：“官军分六哨，由大垭、小垭、月垭关并进。”

“垭”之“yā”与“yà”音当是受声符“亚”的影响发展而来。

《大字典》第482页“垭”注音“yà”时，释为两山之间狭窄的地方，标注为“〈方〉”。《新华字典》第554页注有“yā”“yà”两音，释义同《大字典》。《现代汉语词典》第1498页，注音为“yā”，释义同《大字典》，标注为“〈方〉”。

今成都、云南镇雄、澄江也有此用法。（据《现方》3530页、《汉方》3816页）

19. 竉［loŋ²⁴］

洞；缝隙。例如桂林童谣《鼻涕龙》：“鼻涕龙，吹火筒，吹上天，吓雷公；吹下地，吓土地；吹进房，吓伯娘。吹进笼，吓衣裳；吹进柜，镀金耳环十二对；吹进被窝竉，吓得娃仔不敢动。”此童谣中的“竉”为“洞”义。又如童谣《野菜掺起一扒锅》：“石竉插锹着力多，家中贫穷无奈何，肚饥挖蔸山薯煮，野菜掺起一扒锅。”该童谣中的“竉”指缝隙。

《集韵》去声送韵卢贡切：“竉，穴也。或从山，从石，从土。”《康熙字典》：“竉与硦同。亦作崆、垅。”《类篇·穴部》：“竉，卢贡切，穴也。”桂林方言从“洞穴”义引申指缝隙。

闽语称“间隙、空隙”为“竉”。（《汉方》6313页）

20. 坪［pin²¹］

小块平地。通常说“地坪”，常作地名通名。例如桂林童谣《王婆婆快烧茶》：“王婆婆快烧茶，三个客人到你家；白马坪里吃青草，你家狗仔叫喳喳。快开牛栏关白马，快赶黄狗到别家，接起客人堂屋坐，鼎锅烧水杀鸡鸭。十碗八碟把客待，难怪别人说你王婆好贤达。”此童谣中的“白马坪”指地名。

《说文·土部》：“坪，地平也。”《广韵》平声庚韵符兵切：“坪，地平。”《集韵》平声庚韵蒲兵切：“坪，平也。或书作垩。”古文献用例：唐·温庭筠《观棋》：“闲对楸枰倾一壶，黄华坪上几成卢。”清·钱琦《东郊劝农》：“纡回缘仄径，轩豁登高坪。”

“坪”古代就已常用作地名，如：《元史·地理志六》载有“野鸡坪”“上里坪”等。俞樾《茶香室三钞·娄敬得道》引明李日华《紫桃轩又缀》：“汉建信侯娄敬，晚得道，能种金，居好畤明月山北，其地曰种金坪。”

据《现方》第1240页，今柳州方言中“地坪”也指小块平地，上海、宁波方言中指大面积的场地，娄底方言中指屋场前面的平坦场地。另据《汉方》第3083页，湘语湖南长沙，闽语福建建瓯、政和、将乐、顺昌称场院（即小块平地）为“坪”。

21. 丘［$k^{h}iəu^{33}$］

成块的水田，桂林方言中常作“坵”。例如桂林童谣《麻麻牛》：“麻麻牛，犁大丘。牵匹马过全州。全州路旁有好花，摇啊摇啊到舅家。舅舅我不坐，舅娘莫酾茶，我要到后园𢱉折花，桃花李花随你折，莫折婆婆喇叭花，婆婆留到嫁屘女，嫂嫂留到走外家。”

“丘”本指“自然形成的土山”。《说文·丘部》：“丘，土之高也，非人所为也。一曰四方高，中央下为丘。”《尔雅·释丘》：“非人为之丘。”后因相似引申出田畴之义。《文选·李康〈运命论〉》：“褰裳而涉汶阳之丘，则天下之稼如云矣。”李善注：“曹子曰：愿请汶阳之田。”《新唐书·宇文融传》：“贾晋等二十九人为劝农判官，假御史，分按州县，括正丘亩，招徕户口而分业之。”

今绩溪、萍乡、福州也称水田为“丘”。（《现方》991—992页）《汉方》

第1381页“丘”未收此义。

22. 圳［tɕin²⁴］

水沟，水渠。例如桂林童谣《勉励歌》：“圆圆月，上树梢，穿华衣，套绸裙。姑斟酒，嫂泡茶，舅舅蒸煮羊扣肉；扣肉甜，扣肉香，再包牛肝给儿回。儿回儿莫哭，婆回婆不骂，长大跟婆看田水，清水圳，塞漏洞。茶了树脚歇，婆绣花，儿雕龙，婆绣一对金凤凰，儿雕一双抢宝龙。对凤飞，双龙跑，风调雨顺阳春好。圆圆月，上树梢，夜嫁女，昼出月，四个姑娘穿青衣，五个姑娘套褶裙，出嫁途中遇，梳换梳，耳环换耳环。出月路上逢，互换背带祝儿康。儿大养小鹅，儿大耕良田。三男上山吹禾叶，五女下界吹横笛，横笛真好听，‘咧咧’‘朗朗’像蝉鸣。莫学蝶儿花间耍，要学蜜蜂勤做工，勤俭钱财富，坐吃山也空。”

“圳”同“甽”。最早的本字为“甽”，“圳”为后起俗字，而后世以“圳”为通行字。《集韵》去声稕韵朱闰切：“甽，沟也。”《释名·释山》：“山下根之受留处曰甽。甽，吮也。吮得山之肥润也。”《字汇补》：“江楚间山畔水沟谓之圳。”《六书故·地理二》：“甽，子浚切，今作圳，田间沟畎也。”《朱子语类》卷二三：“如一大圳水，分数小圳去，无不流通。”清钮琇《觚剩·粤觚》：“粤中语少正音，书多俗字……通水之道为圳。音浸。”《清史稿·循吏传三·曹瑾》：“淡水溪在县东南，由九曲塘穿池以引溪水，筑埤导圳。凡掘圳四万余丈，灌田三万亩，定启闭蓄泄之法，设圳长经理之。”

此词还见于吴语、湘语、赣语、客话、粤语、闽语。（据《汉方》1609页）《现汉》第1732页“圳”释义为“田边的水沟”，标注了“〈方〉”。

23. 岭（嶺）［lin⁵³］

山。例如桂林童谣《日头落岭》：“日头落岭岭背红，鸡婆带崽进鸡笼，鸡婆有崽就带崽，栈鸡无崽带鸡公。”

“岭”本义是山道。《说文·山部新附》：“岭，山道也。”南朝宋·谢灵运《登上戍石鼓山》：“日末涧增波，云生岭逾叠。”黄节注：“岭，山道也。”引申为山，山峰义。汉·王延寿《鲁灵光殿赋》：“崇墉冈连以岭属，朱阙岩岩而双立。”晋·王羲之《兰亭集序》：“此地有崇山峻岭，茂林修竹。”《文选·孙绰〈游天台山赋〉》：“或倒景于重溟，或匿峰于千岭。”李周翰注：“直上孤立曰峰，平高而长曰岭。”宋·韩拙《山水纯全集·论山》：“洪谷子云：尖者曰峰，平者曰陵，圆者曰峦，相连者曰岭。”宋·苏轼《题西林壁》：“横看成岭侧成峰，远近高低各不同。”

“岭”指“山”义，还见于吴语、客话、粤语。（《汉方》3373 页）

24. 垅（垄）［loŋ^{53}］

① 田埂。② 地积单位，相当于“畦”。例如桂林童谣《十二垄头有垄葱》：“十二垅头有垅葱，半垅开花半垅秾，趨时折蒌头上插，归时折蒌衫袖拢。姊妹问我趨哪得，石榴山背水推来。清水推来爷洗面，浊水推来兄插田。兄插上田妹下趨，兄插下田妹送茶。送到基头着兄骂，抹干眼泪好酾茶。几久酾到茶叶底，拿起篮子捡茶芽。捡得新茶新圩卖，捡得老茶灶头熏。大秤称来有四两，小秤称来有半斤。”

“垅”亦作“垄”，指“田界、田埂”义，属古方言。《方言》卷十三“（冢）或谓之垅。”晋郭璞注：“有界埒似耕垅，因以名之。”《广韵》上声肿韵力踵切：“垅，亦作‘垄’。”《说文·土部》：“垄，丘垅也。”《集韵·肿韵》：“垅，田埒。”《汉书·陈胜传》：“胜辍耕之垄上，怅然甚久。”颜师古注：“垄上，谓田中之高处。”南朝·梁吴均《雉朝飞操》：“二月雉朝飞，横行傍垅归。”唐·王建《雉将雏》：“麦垄浅浅难蔽身，远去恋雏低怕人。”《徐霞客游记·黔游日记一》：“越隘北下坞中，被垄盈坞。”引申指地积单位。唐·元稹《论当州朝邑等三县代纳夏阳韩城两县率钱状·当州麻税》：“当州从前税麻地七十五顷六十七亩四垄，每年计麻一万一千八百七十四两，充州司诸色公用。”

《汉方》第 3083 页收“垅”指“〈量〉畦”义，引中原官话、赣语为例，未引西南官话例；第 3184 页收“垄”指“田埂”义，引北京官话例（见“垄儿”一词），也未引西南官话例。

三、时令时间

25. 正月十五［$tɕin^{33}yɛ^{21}ɕi^{21}u^{53}$］

元宵节。“正月十五”本指正月十五这一天，但桂林方言以此词为元宵节的代名词，例如桂林童谣《正月》：“正月里来正月中，正月十五揭帮工，别人只出三五吊，也要耐烦仰年工。”

“正月十五”指元宵节，唐代已见。唐·苏味道的五言律诗《正月十五夜》描写了长安市民元宵之夜的欢乐景象，标题的“正月十五”当是指元宵节。宋·陈元龙注《片玉集》：“《夜游宫》，或曰唐明皇与虢国夫人正月十五夜游宫中观灯。”正月十五本是一天，但后文“夜游宫中观灯”，即可推知此“正月十五”当是元宵节之义（中国有元宵节晚上观灯的习俗）。又如宋·罗烨《醉翁谈录·红绢密约张生负李氏娘》：“而欲与妾一面者，请来年正月十五夜，于相蓝后门，车前有双鸳鸯灯者是也。”

今哈尔滨、济南、柳州、西安、乌鲁木齐、太原、杭州、东莞、建瓯、福州、洛阳、南宁平话、徐州也称元宵节为“正月十五”。（《现方》857 页）《汉方》未收该词。

26. 八月十五［$pa^{21}yɛ^{21}ɕi^{21}u^{53}$］

中秋节。“八月十五”本指八月十五这一天，但桂林方言以此词为中秋节的代名词，例如桂林童谣《八月十五》：“一不名，二不姓，请你三姑有名姓，有名有姓下凡来，八月十五挂灯台，东一盏，西一盏，一弯弯到十里山，十里山头有蔸艾，大红术，枣红马，请你三姑下来耍。耍来打早来，莫要三更半夜你才来，轿难抬。”

“八月十五”指中秋节，唐代已见。唐·刘禹锡的五言律诗《八月十五日夜玩月》描绘了中秋夜月的美景，标题的“八月十五”当是指中秋节。清·李明嶅《乐志堂诗集》卷十二《八月十五夜月》：“又届中秋节，清光奈汝何，依然千里共孤负。”《明诗综》卷四十一《八月十五夜月》：“今夜中秋月当圆，尚未圆人皆瞻白兔，我欲问青天，把酒须来夕。”此两诗词的标题均为“八月十五夜月”，而诗词中提到的是“中秋节”，由此可知，标题的“八月十五”为中秋节之义。

今广州也称中秋节为“八月十五”。（《现方》113 页）

27. 五月五（五月初五）$[u^{53}y\varepsilon^{21}ts^{h}u^{33}u^{53}]$

端午节。“五月五”本指五月初五这一天，但桂林方言以此词为端午节的代名词。例如桂林童谣《节气歌》：“正月十五，二月社，三月清明，四月八，五月五，六月六，七月十四，八月十五，九月重阳，十月冬至，十一、十二准备过大年。”

“五月五”指端午节，唐代已见。唐·张建封《竞渡歌》：“五月五日天晴明，杨花绕江啼晓莺。”根据诗中敲锣打鼓划龙舟的描述，可知诗中的“五月五”当为端午节。唐·欧阳询《艺文类聚》卷四引《风土记》云：“端，始也。谓五月初五日也。”

“五月初五”释为端午节，引吴语、粤语、湘语为例，未引西南官话为例。（《汉方》599 页）

28. 日今 $[\o i^{21}kin^{33}]$

目前；现在。例如桂林童谣《刘胡兰姐姐真英雄》：“一朵红花红又红，刘胡兰姐姐真英雄。过去是个穷孩子，日今是个女英雄。”

此词元代已有。《元典章·吏部五·解由体式》：“日今某处居住，识会是何文字。”

据《汉方》第 693 页，西南官话见该词。

29. 晏［$ŋã^{24}$］

晚，迟。例如桂林童谣《排排坐》：“排排坐，挤糯糯。糯糯香，挤姑娘。姑娘来得早，吃个芋头饱；姑娘来得晏，吃碗芋头饭，姑娘来得迟，吃块芋头皮。”

《玉篇·日部》：“晏，于谏切。晚也。”《广韵》去声翰韵乌旰切：“晏，晚也。”《小尔雅·广言》：“晏，晚也。”《论语·子路》：“冉子退朝。子曰：‘何晏也？’”唐·韩愈《崔十六少府摄伊阳以诗及书见投因酬三十韵》：“有时来朝餐，得米日已晏。”《吕氏春秋·慎小》：“二子待君日晏，公不来至。”高诱注：“晏，暮也。”

“晏”的本义为天气晴朗，与“晚、迟”并没有关联。《说文·日部》：“晏，天清也。”“晏”的本义是“天清”，即天气晴朗。《汉书·扬雄传上》：“于是天清日晏，逢蒙列眥，羿氏控弦。”颜师古注：“晏，无云也。”《淮南子·缪称》：“晖目知晏，阴谐知雨。”高诱注：“晖目，鸩鸟也，晏，无云也。天将晏静，晖目先鸣。”《史记·孝武本纪》：“至中山，晏温，有黄云盖焉。”裴骃集解引如淳曰：“三辅谓日出清济为晏，晏而温也。”那么，“晏”的“晚、迟”之义从何而来呢？

《字源》解释曰：“一般训为‘晚’的‘晏’实际上是‘旰’的假借字。”《广韵·翰韵》：“旰，日晚也，晏也。”《说文·日部》：“旰，晚也。”《左传·襄公十四年》：“日旰不召，而射鸿于囿。”杜预注：“旰，晏也。”

今武汉、贵阳、柳州、绩溪、崇明、上海、苏州、杭州、宁波、长沙、娄底、南昌、萍乡、于都、南宁平话、建瓯、福州、海口、成都、广州、厦门、雷州也称晚、迟为“晏”。（《现方》3175页）《汉方》“晏”未收此义。

30. 旧时［$kiəu^{24}ɕi^{21}$］

从前，昔时。例如桂林童谣《旧时婚姻不合法》：“旧时婚姻不合法，还小就把八字算，总讲男家有钱米，不管拐脚是眼瞎。”

此词在汉代就已出现。汉·应劭《风俗通义》："旧时长吏质朴，子皆驾御，故曰从儿。"汉·张仲景《伤寒论》："或有旧时服药。今乃发作。故为灾怪耳。"唐·贺知章《回乡偶书·其二》："离别家乡岁月多，近来人事半消磨。惟有门前镜湖水，春风不改旧时波。"宋·辛弃疾《西江月》："七八个星天外，两三点雨山前。旧时茅店社林边，路转溪桥忽见。"

今南宁平话、广州也称"从前"为"旧时"。（据《现方》5869 页）

31. 旧年［$\mathrm{kiəu^{24}ni\tilde{e}^{21}}$］

去年。例如桂林童谣《八仙桌》："八仙桌，八仙桌，我们比高高。旧年你高我低，今年你低我高，看好，看好，我真没把脚跟翘。"

此词唐代已有。唐·张说之《岳州守岁》："歌舞留今岁，犹言惜旧年。"唐·张司业《同蒋韦二少监赠李郎中》："旧年同是此曹郎，各罢鱼符自楚乡。"虽然在唐代出现了"旧年"指去年之义的用法，但该词在明代以前，不一定是指去年，而只是遥指往昔，也可能是前年或更早。如唐代魏奉古有诗句"是遇皆新赏，兹游若旧年"，其中"旧"只为呼应"新"，具体指哪年不明确。宋末郑思肖的诗句"旧年同笑语，今日独登临"，其中"旧年"指蒙元灭宋之前的时代，是亡国诗人对往昔的追忆。到了明代以后，以"旧年"表示"去年"的用法就十分清晰了，如：《西游记》第九十三回："旧年今日，弟子正明性月之时，忽闻一阵风响。"《喻世明言》第十一卷："旧年曾作登科客，今日还期暗点头。"《初刻拍案惊奇》第五卷："今日之事，旧年间李知微已断定了。"

清代的许多文艺作品中，更是让"旧年"连带月份、季节一起出现。《红楼梦》第三十一回："可记得旧年三月里，他在这里住着。"《八洞天》第八卷："单氏不知就里，只道她旧年五月中进门，至今生产恰好十月满足。"《鸳鸯针》第四卷："他往江西做生意，还是旧年春上去的。"这些明确表示"去年"的用法，在今中原官话、晋语、江淮官话、西南官话、徽语、吴语、赣语、粤语、闽语、南宁平话和湖南土话里延续至今，这些方言区说

“旧年”一般指的就是去年。（据《汉方》1196 页）

32. 交春［kiau^{33}tɕ^{h}yn^{33}］

立春。例如桂林童谣《时令歌》：“立冬有雨一冬雨，立冬无雨一冬晴。交春有雨到清明，一日落雨一日晴。”

明代见“交春”指立春。李渔《闲情偶寄》：“草本之花，经霜必死；其能死而不死，交春复发者，根在故也。”宋应星《天工开物・乃粒第一》：“若种谷晚凉入廪，或冬至数九天收贮雪水、冰水一瓮（交春即不验）。清明湿种时，每石以数碗激洒，立解暑气，则任从东南风暖，而此苗清秀异常矣。”清代亦见用例：徐珂《清稗类钞・气候类》：“十月初可衣小毛，无大雪及大冰雹，而降雪时期恒在交春之时。”屈大均《广东新语・卷一・天语》：“雷州之俗，以雷在春前者为旧雷，交春为新雷。”

今柳州、崇明、杭州、上海、宁波、萍乡和于都也称“立春”为“交春”。（据《现方》第 1514 页）

33. 年年［niẽ^{21}niẽ^{21}］

每年。例如桂林童谣《小燕子》：“小燕子，嘴巴红，又含泥，又含虫，不怕苦，不嫌穷，年年都来住茅棚。”

“年年”指每年，最早见于晋代。晋・张华《博物志》卷十：“旧说云：天河与海通，近世有人居海渚者，年年八月，有浮槎去来，不失期。”唐・刘希夷《代悲白头翁》：“年年岁岁花相似，岁岁年年人不同。”《宋书・礼志二》：“成帝时，中宫亦年年拜陵，议者以为非礼。”元・陆仁《题金陵》诗：“忘情只有龙河柳，烟雨年年换旧条。”明・罗懋登《三宝太监西洋记》：“夜夜生兰梦，年年种玉心。”清・纳兰性德《卜算子咏柳》词：“娇软不胜垂，瘦怯那禁舞？多事年年二月风，翦出鹅黄缕。”

《汉方》第 2017 页中“年年”未收此义。

34. 日日［$\text{øi}^{21}\text{øi}^{21}$］

每天。例如桂林童谣《月娘娘》：“月娘娘，洗衣裳，洗一件，跌下塘，塘底有个钱，捞起做盘餐，盘餐有，筛老酒，老酒日日有，隔壁邻舍点火照，照得两个钱，放在枕头边，老鼠咬噶大半边，还有一半趮上天，天上有条蛇，翘起尾巴像你爷，你爷会织布，你娘会缝裤，你莫哭，帮你缝条开襠裤。”

“日日”指每天，在春秋时期就已见。《左传·哀公十六年》：“国人望君如望岁焉，日日以几。”汉《太平经》：“天使奉职之人，案行民间，使飞虫施令，促佃者趣稼，布谷日日鸣之，使民用其言。”六朝·贾思魏《齐民要术》：“比及剪遍，初者还复，周而复始，日日无穷。”唐·王昌龄《万岁楼》：“年年喜见山长在，日日悲看水独流。”宋·黄庭坚《清平乐·舞鬟娟好》：“日日梁州薄媚，年年金菊茱萸。”孙仲章《河南府张鼎勘头巾》第一折：“白云朝朝走，青山日日闲。”明·柳如是《柳如是集》：“莫言娇已尽，日日看新娇。”

《汉方》693 页中“日日”一词未收录“每天”义，只收录“老是”义。

35. 晌午［$\text{saŋ}^{53}\text{u}^{53}$］

中午。例如桂林童谣《饿死牛仔要你赔》：“看牛娃仔生得肥，没曾晌午赶牛回，饿死牛娘不要紧，饿死牛仔要你赔。”

此词最早见于宋代。《大宋宣和遗事·亨集》：“是那晌午时分，押往市曹。”宋·方一夔《田家》：“晌午鸦鸦响踏车，那边丛薄有人家。”元·无名氏《争报恩》第一折：“你晌午后先吃了人一顿拷，怎又将他来扯拽着？”《二刻拍案惊奇》卷三十四：“因是夜来困倦，直睡到晌午起来。”《红楼梦》第八回：“至晌午，贾母便回来歇息。”

“晌午”指“中午”，还见于兰银官话、湖南宁远土话、赣语。（据《汉方》4812 页）

《现汉》第 1143 页此词标注为“〈方〉”。

四、农事农具

36. 戽（戽水）[fu²⁴suɛi⁵³]

浇水，也指用戽斗（一种浇水农具）、水骨车等农具汲水灌田。例如桂林童谣《接下巴》：“水牛过沟，踩死泥鳅；泥鳅告状，告着和尚；和尚念经，念着观音；观音戽水，戽着海鬼……噻洪噻，噻洪噻，都来接下巴呀，看谁接得快。海鬼摸鱼，摸着脚鱼，脚鱼生个玻玻蛋，留给看牛娃仔送冷饭。噻洪噻，噻洪噻，都来接下巴呀，看谁接得快。”

“戽”本义指戽斗，即一种取水灌田用的农具。《玉篇·斗部》：“戽，乎古、火故二切。抒水器也。”《集韵》去声暮韵荒故切：“戽，抒水器。”《广韵》去声暮韵荒故切：“戽，戽斗。（欿）〔舀〕水器也。”引申为用戽斗、水骨车等农具汲水。《广雅·释诂二》：“戽，抒也。”王念孙疏证：“《大雅·生民》释文引《仓颉篇》云：‘抒，取出也。’”《篆隶万象名义·斗部》：“戽，呼古反。抒水也。”唐·贯休《宿深村》：“黄昏见客合家喜，月下取鱼戽塘水。”宋·欧阳修《论水入太社劄子》：“戽出积水，筑起四面垣墙。”宋·范成大《夏日田园杂兴》：“下田戽水出江流，高垄翻江逆上沟。”宋·陆游《村舍》：“山高正对烧畬火，溪近时闻戽水声。”以上诗句中的“戽”“戽水”均指用戽斗等农具取水。

今江淮官话、西南官话、吴语、湘语浇水也说“戽水”（《汉方》3735—3736 页），另据《现方》2447 页，南宁平话、客家话、粤语也有此用法。

37. 籫 [tsuã⁵³]

桂林方言把一种捕鱼的大竹篓，叫鱼籫，广口细颈深腹，颈内有倒籖，鱼能进不能出，底是空的，临时用稻草塞紧，安装在流水口捕鱼。例如桂林谜语童谣：“什么胡须生在咀？什么胡须生在喉？什么胡须生在肚？什么胡须生在头？答：猫仔胡须生在咀，鱼篑胡须生在喉，铁锁胡须生在肚，妈带胡须生在头。”

《说文·竹部》：“篑，竹器也。从竹，赞声。读若纂。”段注：“竹器也。《广雅》《方言》注皆曰：‘篑，箸筩。’”《玉篇·竹部》：“篑，竹器也，箸筩也。”《广韵》上声缓韵作管切：“竹器”。

柳州也有此用法。（据《现方》3935 页）《汉方》7512 页，“篑”指盛筷子的竹筒，未收该义。

38. 扁挑［$\mathbf{pi\varepsilon^{53}t^{h}iau^{33}}$］

扁担。例如桂林童谣《光板头》：“光板头，卖酱油，卖到河边头，踩着大石头，捡得一担油，挑起哈哈笑，扁挑留又留。”

此词宋代已见。宋·邵雍《梦林玄解》：“扁挑：扛棒担竹。”明·袁于令《隋史遗文》：“老庄家持扁挑过桥入庄，叔宝在桥南树下拴马，见那马瘦得不像模样，心中暗道：己所不欲，勿施于人。”《醒世恒言·一文钱小隙造奇冤》：“同着十来个家人，拿了许多扁挑、索子、镰刀，正来下舡。”清·全士潮《驳案新编》：“张氏用扁挑殴打班均廷两下，并即告知刘惠槐。”

今四川成都，广西柳州，江西，广东信宜、阳江也称扁担为“扁挑”。（据《汉方》4490 页、《现方》2934 页）

39. 笕［$\mathbf{ki\varepsilon^{53}}$］

连接起来引水的长竹管、水槽。例如桂林童谣《种菜》：“妹妹开门，开门做什么？开门来点火。点火做什么？点火来烧水。烧水做什么？烧水来洗面。洗面做什么？洗面好煮饭。煮饭做什么？煮饭吃了揭砍竹。砍竹做什么？砍竹来围园。围园做什么？围园来种菜。你种的菜头有好大？有支水笕这么大。你种的菜叶有好大？有顶斗笠这么大。”

“笕”古指“连接起来引水的长竹管”义。《玉篇·竹部》：“笕，以竹通水也。”《正字通·竹部》：“笕，以竹空其中通水也。”《广韵》上声铣韵古典切。唐·白居易《钱唐湖石记》：“钱唐湖一名上湖，周回三十里，北有石函，南有笕，凡放水溉田，每减一寸，可溉十五余顷。”宋·陆游《退居》：“溪烟漠漠弈棋轩，笕水潺潺种药园。”《农政全书·水利·利用圆谱》：“乃自上流用笕引水，下注于槽。”清·徐元文《登岃崱峰》：“路转千盘随石笕，崖临百丈耸丹台。”

今江淮官话、西南官话、赣语、客话有此词。（据《汉方》4894 页）

40. 梁［liaŋ²¹］

河里简易的拦水坝，仅可构成鱼梁，用于捕鱼。例如桂林童谣《扯根柳条串鱼鳃》：“莫要嚣来莫要乖，架起鱼梁难下摊，砍饼茶粘闹死你，扯根柳条串鱼鳃。”

“梁”本义是桥梁。《说文·木部》：“梁，水桥也。”《广韵》平声阳韵吕张切。引申为断水捕鱼的水坝，即鱼梁。《六书故》卷二十一：“梁，吕张切，驾木跨水以度也。（古文）续两木以度水也。其在屋则从跨两楹而负，朱儒者谓之梁，横木水中以张鱼者亦曰梁。”《诗·邶风·谷风》：“毋逝我梁，毋发我笱。”《毛传》：“梁，鱼梁；笱，所以捕鱼也。”孔颖达疏引郑司农曰：“梁，水堰。堰水而为关空，以笱承其空。”《晋书·列女传·陶侃母湛氏》：“侃少为寻阳县吏，尝监鱼梁，以一坩鲊遗母。”宋·王安石《李氏沅江书堂》：“沅江水有梁与罾，沅田桑树可蚕耕。”

据《现方》3931 页，今柳州也有此用法。《汉方》5822 页，“梁”未收此义。

41. 壅［oŋ³³］

桂林方言指一种农活，把干肥料放在作物的根部，用泥土盖住。例如桂林童谣《苦瓜苦苦开苦花》：“挑粪进园壅苦瓜，苦瓜苦苦开苦花，在屋做女也是苦，仍旧分着苦人家。日头出山揭借米，借到日头落山归。衫襟装米衫襟破，肩膊背米肩膊低，朅时衫襟才破点，归时衫襟穿得钱。”

“壅”指在植物根部培土或施肥，见于春秋时期。《篇海·类编·地理类·土部》：“壅，培也。”《管子·轻重甲》：“次日大雨且至，趣芸壅培。”《论衡·道虚》：“物黄，人虽灌溉壅养，终不能青。”三国·魏曹冏《六代论》：“虽壅之以黑坟，暖之以春日，犹不救于枯槁，何暇繁育哉！”元·王祯《农书》卷三：“第一次擺苗曰镞，第二次平垅曰布，第三次培根曰壅。”

西南官话、吴语、客话、粤语、闽语称施肥为“壅”。（《汉方》7271页）

42. 薅［xau^{33}］

用工具除草。例如桂林童谣《六月》：“六月里来日头𤊧，长工薅田用手抓；背上皮子都晒爆，汗水下田痨死蛙。”

《说文·蓐部》：“薅，拔去田草也。”《玉篇·蓐部》：“薅，拔田草也。”《广韵》平声豪韵呼毛切：“薅，除田草也。”《国语·晋语五》：“臼季使，舍于冀野，冀缺薅，其妻馌之。”韦昭注：“薅，耘也。”《汉书·王莽传中》“予之南巡，必躬载耨，每县则薅，以劝南伪。”颜师古注：“薅，耘去草也。”柳宗元《游南亭夜还叙志七十韵》：“螟蛑愿亲燎，荼堇甘自薅。”蒋之翘辑注：“薅，除草也。”《齐民要术·水稻》：“稻苗渐长，复须薅。”桂林方言义域范围缩小，指用工具除草。

“薅”指“除草”义，见于江淮官话、西南官话、闽语、粤语。（据《汉方》4207页）

五、植物

43. 藨［p^{h}au^{33}］［p^{h}o^{33}］

野生草莓，桂林方言称油茶树上结的浆果为茶藨。当指野生草莓时读［p^{h}o^{33}］，指油茶树上结的浆果时读［p^{h}au^{33}］。例如桂林童谣《丢脱扁担摘茶藨》："石面山，水难担。担上半岭桶箝爆，丢脱扁担摘茶藨。"

"藨"为古方言词。《尔雅·释草》："藨，麃也。"郭璞注："麃即莓也。今江东呼为藨莓。子似覆盆而大，赤，酢甜可啖。"《本草纲目·草部·蓬蘽》："一种蔓小于蓬蘽，一枝三叶，叶面青，背淡白而微有毛，开小白花，四月实热，其色红如樱桃者，俗名薅田藨，即《尔雅》所谓藨者也。"《广韵》平声豪韵普袍切："藨，醋莓，可食。"有个别普通话读为"au"的而桂林方言读为"o"，故此词读为"$p^{h}o^{33}$"时，音义也合。

《汉方》第7388页"藨子"指"草莓"，见于河北北部冀鲁官话。据温美姬《梅县方言古语词研究》第41页，客家话也有此词。又据练春招博士论文《客家方言词汇比较研究》第137页，闽赣方言也有此词。此外娄底湘语也有（据《现方》6024页）

44. 薸（浮薸）［$fu^{21}p^{h}iau^{21}$］

浮萍。桂林方言称浮萍为"浮薸"。例如桂林童谣《摇啊摇》："摇摇摇，摇到马东桥；鸡仔叮白米，鸭仔吃浮薸；大人吃饱寻工做，娃仔吃饱又来摇。"

"薸"为古方言词。《尔雅》郭璞注："水中浮萍，江东谓之薸。"《广韵》平声宵韵符霄切："薸，《方言》云：江东谓浮萍为薸。"并母。其实《方言》并无"薸"，刘红花已指出《广韵》此处是将《尔雅》郭璞注误为《方言》正文①。后世用例如：元·仇远《新发郡圃》："古树巢空群鸟散，荒池沙满碎薸干。"

据文渊阁《四库全书》，《诗经》三家传之一《韩诗》已见此词。《韩诗》曰："沉者曰萍，浮者曰薸。"

《汉方》7318页收此词，见于吴语、徽语、赣语、广东增城粤语、客家话、闽语及福建南平官话。《现汉》第1046页此词标注了"〈方〉"。

① 刘红花.《广韵》所记"方言"词［J］. 古汉语研究，2003（02）：19-24.

45. 菌（菌子）[kyn^{24}tsi^{53}]

蘑菇。例如桂林童谣《得吃菌头皮》："看牛得耍，看马得骑，看羊跑脚板皮，看鸡看鸭得吃菌头皮。"

《说文·艸部》："菌，地蕈也。"《玉篇·艸部》："菌，地菌。"《尔雅·释草》："中馗，菌。"郭璞注："地蕈也，似盖。今江东名为土菌，亦曰馗厨，可啖之。"《广韵》上声轸韵渠殒切："菌，地菌。"《庄子·逍遥游》："朝菌不知晦朔，蟪蛄不知春秋。"陆德明释文引司马彪曰："大芝也。天阴生粪上，见日则死，一名日及，故不知月之终始也。"《文选·张衡〈思玄赋〉》："漱飞泉之沥兮，咀石菌之流英。"李善注："菌，芝也。"北魏·贾思勰《齐民要术·素食》："菌，一名地鸡。口未开，内外全白者佳；其口开里黑者，臭不堪食。"

江淮官话、西南官话、客话、湖南临武土话称野生蘑菇为"菌子"。（据《汉方》5283 页）

46. 马蹄 [ma^{53}t^{h}i^{21}]

"马蹄"在桂林不仅指动物马的蹄子，还指荸荠。例如桂林童谣《小妹妹》："小妹妹，笑哈哈，荷花缸里搧烂泥，捡得一个小马蹄，走回家，笑哈哈。"

清代已见"马蹄"指荸荠。清·梁绍壬《两般秋雨庵随笔·菱落》："又粤人呼荸荠曰马蹄，以对龙眼，亦甚工也。"罗翙云《客方言·释草木》："马蹄，凫茈也。凫茈，俗作荸荠。"

今西南官话、客话、粤语称荸荠为"马蹄"。（据《汉方》482 页）

47. 椎（米椎）[mi^{53}tsui^{33}]

一种比板栗小的栗子，北方称为"榛子"。例如桂林童谣《虫虫飞》："虫虫飞，飞到后园捡米椎，米椎没落成，回家告诉婆，米椎没成开，回家告诉奶，飞得高，飞得低，飞进姐姐帛罗衣。”

《集韵》平声朱惟切：“椎，木名，似栗而小。或书作‘奞’。”《类篇·木部》：“椎，朱惟切。木名似栗而小。”

《汉方》第5893页中“椎”未收此义。

48. 穮［piau^{33}］

植物旺盛地生长；（新枝）长出、冒出。例如桂林童谣《柳条青青赶老鸭》：“正月里来正月花，正月柳树才穮芽，等到哪年天落雨，柳条青青赶老鸭。”

《集韵》平声宵韵卑遥切：“穮，稻田秀出者。”明·李实《蜀语》：“稻苗秀出曰放穮。”

据《汉方》第7255页“穮”指“冒出”，见于湘语、赣语、粤语，未引西南官话例。

49. 杪［miau^{53}］

植物细枝、嫩芽。例如桂林童谣《妹妹乐得笑哈哈》：“爷在果园断果杪，娘在园边摘辣蓼，果子长大卖果果，辣蓼晒干换钱钱，钱钱帮妹买衣衣，妹妹乐得笑哈哈。”

“杪”为古方言词。《说文·木部》：“杪，木标末也。”《方言》卷二：“杪，小也……木细枝谓之杪。”郭璞注：“言杪梢也。”《广韵》上声小韵亡沼切：“杪，梢也，木末也。”《后汉书·马融传》：“杪标端，尾苍蜼。”李贤注：“杪、标并木末也。”《史记·司马相如列传》：“夭蟜枝格，偃蹇杪颠，”唐·白居易《玩半开花赠皇甫郎中》：“树杪真珠颗，墙头小女儿。”清·卓尔堪《燕子矶漫兴》诗：“燕子矶头立，风声树杪听。”

据《汉方》3093页，中原官话、吴语、赣语称树梢为“杪”。

50. 䅟（䅟子）［tsʰã^{53}tsi^{53}］

一种旱地粮食作物，子实似油菜籽，磨成粉煮粥吃。例如桂林童谣《杂粮时序》：“妹莫愁，吃了红薯有芋头，若是红薯芋头吃完了，高粱䵂子又钩头。”

《龙龛手鉴·杂部》：“䵂，或作䵐、䵂，音産，粟米也。”《广韵》上声产韵所简切：“䵐，粟䵐。”

《汉方》第7386页中“䵂”未收此义。

51. 穬［kən⁵³］

一种有芒的谷物。例如桂林童谣《卖只牛牯盖门楼》：“禾秆菜花漉漉，灯盏菜煮锅粥，大哥吃了妹又哭，妹呀妹，莫哭了，大田禾又熟，江傍穬又开，开三朵，结三球，卖只牛牯盖门楼。”

《说文·禾部》：“穬，芒粟也。”段注：“《周礼·稻人》：‘泽草所生，种之芒种。’郑司农云：‘芒种，稻麦也。’按：凡谷之芒。稻麦为大。芒粟次于此。麦下曰芒谷。”《广韵》上声梗韵古猛切：“穬，谷芒。”

《汉方》第3415页，“穬”指元麦，见于江淮官话。桂林地区“穬”所指的有芒谷物，与江淮官话所指“元麦”类似。

52. 髳［moŋ²¹］

草木茂盛貌。例如桂林童谣《要吃果，把树种》：“高山上，树髳髳，枝枝叶叶摇摇动；塘有鱼，河有龙，寨底梯田重叠重，喔喔叫，大鸡公，老早喊人揭做工，蚂蚁石上来找吃，啄木鸟树上揭啄虫；灯盏子在石山上，九月苞在杂树丛；要吃果把树种，四时结果吃不穷。”

《尔雅·释诂下》：“覭髳，茀离也。”郭璞注：“草木之丛茸翳荟也。茀离，即弥离。弥离，犹蒙茏耳。”《广韵》平声东韵莫红切。《集韵·东韵》：“髳，或作跘。”《直音篇·足部》：“跘，草木丛貌。”《古今韵会举要》平声谟蓬切：“髳，草木蒙茸貌。”清·阎尔梅《锦屏山》：“仲冬天气似花朝，岩壑髳茸翠未凋。”

《汉方》第7052页中“髳”未收此义。

53. 芭芒［$pa^{33}maŋ^{33}$］

芦苇；巴茅草。例如桂林童谣《问答歌》："问：什么两头生牙齿？什么两头生尾巴？什么开花不结果？什么结果不开花？答：扁担两头生牙齿，丝带两头生尾巴，芭芒开花不结果，无花果结果不开花。"

清·郝懿行《尔雅义疏》："莣、杜荣：今莣草似茅皮，可以为绳索，履屩也……即上文孟狼尾也。一名芭芒，一名芭茅，孟芒古同声，芒茅声又相转。"清《乾隆直隶澧州志林》："菅茅，今俗称芭芒。"亦作"巴芒"。唐《三洞珠囊》："宋太元十四年到荆州，居于南郡枝江县之富城洲尾巴芒中，亦有屋宇，不障风霜，以桑柴为床，束藁插其间，有一空箪。"

《现方》758页收录"巴芒"，解释为巴茅，见于柳州。《汉方》969页也收录了"巴芒"，解释为芦苇，巴茅草，见于西南官话贵州黎平。

54. 油麻［$iəu^{21}ma^{21}$］

芝麻。例如桂林童谣《月亮在天上》："月亮月亮在天上，日头日头在柳州，人走桥面过，水往桥底流。磨子磨出米，油麻炸出油，问你榨出几缸油？三缸油。三姐妹共梳头，大姐梳个盘龙髻，二姐梳个绣花头，还有三姐没会梳，天天扎个羊角扭。"

晋·葛洪《肘后备急方》："补骨脂一斤，酒浸一宿，放干，却用乌油麻一升，和炒……"《敦煌变文集·燕子赋》："万一入王耳目，碎即恰似油麻。"宋·沈括《梦溪笔谈·药议》："胡麻直是今油麻，更无他说，予已于《灵苑方》论之。其角有六棱者、有八棱者，中国之麻，今谓之大麻是也。"明·李时珍《本草纲目·谷一·胡麻》："方茎以茎名，狗虱以形名，油麻、脂麻谓其多脂油也。"

"芝麻"称作"油麻"，还见于江淮官话、福建南平官话、徽语、湘语、吴语、客话、粤语、闽语、湖南乡话。（据《汉方》3636页、《现方》2398页）

55. 蓬［poŋ²¹］

① 植物茂盛地生长。② 量词，相当于“丛”。例如桂林谜语童谣：“头上长蓬草，脚下一坵田，八人来看水，十在肚里眠。（谜底：黄）”此童谣中的“蓬”表量词“丛”。

“蓬”本指草名。《说文·艸部》：“蓬，蒿也。从草，逢声。薄红切。”《广韵》平声东韵薄红切：“蓬，草名。”引申为植物茂盛义。《诗经·小雅·采菽》：“维柞之枝，其叶蓬蓬。”《毛传》：“蓬蓬，盛貌。”桂林方言又由植物茂盛义引申为表草木密集生长的量词。

据《现方》4723 页，上海、杭州、宁波、金华、萍乡“蓬”也可作量词，指“丛”。又据《汉方》6425 页，“蓬”指植物很快地生长，见于湘语。

56. 衍［ŋia⁵³］

桂林方言指动植物孳生繁衍，茂盛之义。例如桂林童谣《香回来》：“殿头殿尾暖洋洋，殿头有蔸金花树，殿尾有蔸细花衍。”

“衍”本谓水循河道流汇于海。《说文·水部》：“衍，水朝宗于海也。”由水汇于海呈现出的广阔景象，引申出广大、丰富等义。《说文解字注》：“衍字水在中，在中者，盛也。”《小尔雅·广言第二》：“衍，广也。”《集韵》上声狝韵以浅切：“衍，《说文》：水朝宗于海也。一曰广也，达也，乐也，散也。”《洪武正韵》：“衍，以浅切。广也。一曰水溢，又丰也，延衺也，宽也，盛也，饶也，盈也，延也。”再引申出孳生繁衍义。《管子·八观》：“荐草多衍，则六畜易繁也。”汉·扬雄《太玄·敛》：“畜盘而衍，茧纯于田。”《文选·张衡〈西京赋〉》：“筱簜敷衍，编町成篁，山谷原隰，泱漭无疆。”薛综注：“衍，蔓也。”

现代汉语“衍”表“孳生繁衍”义已不单说，一般用“滋衍”“繁衍”“衍生”等词组。

今吴语福建、莆田、仙游也称“茂盛”为“衍”。（《汉方》4286 页）

57. 梭［so^{33}］

一种植物。例如桂林谜语童谣："还小是棵草，大了一蔸梭，老来腰骨痛，只为子孙多。（谜底：稻子）"

"梭"字汉以后始见，本读私闰切（xùn），指木名，后因受"杼"的影响（《广韵》上声语韵直吕切："杼，《说文》曰：机之持纬者。"），有了织具义，用读音苏禾切（suō）表示（《广韵》平声戈韵苏禾切："梭，织具。"）。王凤阳认为"梭"字当是改进了的"杼"，东汉之后"梭"逐渐取代"杼"，"梭"可能从逡巡往来得名。① 殷寄明说，"梭"本为木名，指织具，为套用字。②《说文·木部》："梭，木也。从木，夋声。"段注："今人训织具者，用为杼字也。于其双声读之也。"臣铉等曰："今人别音稣禾切，以为机杼之属。"《章太炎说文解字授课笔记》："梭木也，私闰切。今读如疏，则为杼之借。""梭"字到晋、南北朝已常见，其本音本义也渐渐废除，指织具义的"suō"成了主流读音，并引申出穿梭、滑动等多种意义。《王力古汉语字典》《古汉语常用字字典》《现代汉语词典》《新华字典》等辞书只收有"suō"音，释为织具义。

"梭"具体指什么植物，一说为"胡桐"，即杨柳。清·邓廷桢《双研斋笔记·论说文》："嘉裕关外自哈密至伊犁道旁多胡桐树，胡桐者译音柴也。状似柳而拳曲拥肿不中屋材。析以为薪，极易然而耐久不灰，似内地木炭之佳者……土人呼为梭……汉时内地原有此木，而今无之，盖以其疏散不材，遂易之，而人亦不之识耳。"又说如橄榄。《集韵》平声仙韵逡缘切："梭，木名，如余甘。"《临海异物志》："余甘子，如梭形，大如梅子，其核两头锐，与橄榄一物异名也。"

《汉方》第5265页和《现方》第3661—3662页中的"梭"未收此义。

---

① 王凤阳. 古辞辨［M］. 吉林：吉林文史出版社，1993：258.

② 殷寄明. 汉语同源词大典（中）［M］. 上海：复旦大学出版社，2018：769.

58. 蓼［liau^{53}］

一种水生植物，可作配料、药材，刺激性气味较强。桂林童谣用例见“18. 垭”一词中的用例。

《说文·艸部》：“蓼，辛菜，蔷虞也。”《尔雅·释草》：“蔷虞，蓼。”郝懿行为之义疏：“《内则》烹𤍠用蓼，取其辛能和味，故《说文》以为辛菜。”《广韵》上声筱韵卢鸟切：“蓼，辛菜。”《诗经·商颂·良耜》：“以薅荼蓼，荼蓼朽止，黍稷茂止。”《礼记·内则》：“濡豚，包苦实蓼；濡鸡，醢酱实蓼。”唐·元稹《忆云之》：“为鱼实爰泉，食辛宁避蓼。”宋·陆游《思故山》：“两岸红蓼连菰蒲。”

据《现方》第5236页，今温州、东莞也有此词。

59. 莄［kən^{53}］

植物的茎或藤，不能表示植物的枝，与“梗”意义上有区别。例如桂林童谣《打戒指》：“荞麦开花莄子青，打个戒指做人情。一打蛤蟆跳下井，二打双狮配麒麟。三打金鸡来踩凤，四打童子拜观音。五打乌龙来吃水，六打皇帝坐中心。七打七仙下凡间，八打八仙出洞门。九打莲花团团转，十打鲤鱼跳龙门。”

《广雅·释草》：“蕖，芋也。其茎谓之莄。”王念孙疏证：“莄之为言犹茎也，茎亦可食。”《玉篇·艸部》：“莄，芋茎也。”《篆隶万象名义》：“莄，公幸反。芋茎也。”《广韵》上声耿韵古幸切：“莄，芋茎也。”《集韵》上声耿韵古幸切：“莄，《博雅》芋，其茎谓之莄。”宋·郑樵《通志二十略·昆蟲草木略第二·果類》：“芡为芀子……根谓之莜菜，茎谓之芀莄，亦堪为茹。”元·王祯《农书·百谷谱三·芡》：“其（芡）茎之柔嫩者，名为莄，人採以为菜茹。”

《汉方》第5257页将“植物的茎或藤”这一义项收录在“梗”字下，但“梗”同时也可表“植物的枝”义。通过查找“莄”和“梗”在古籍文献中的记载，我们认为表“植物的茎或藤”用“菽”这一字形更合适。

60. 桪［$təu^{33}$］

① 植物的根部。② 量词，相当于“棵”“株”。现在方言中常用俗字“蔸”代替“桪”。例如桂林童谣《四月歌》：“四月里来四月花，新打镰刀割头麻；长的短的割完了，留出蔸杷匏二麻。”此童谣中的“蔸”指植物的根部。《石山头》：“石山头，石山头上有蔸栮，三个画眉九个仔，嘴巴圞圞学唱歌。”此童谣中的“蔸”为量词。

《正字通·木部》：“桪，当钩切，音兜，木根入土无枝桠者俗曰桪。”《蜀籁》卷二：“吃菌子莫忘树杚桪，吃笋子又把杚桪撬。”或作“兜”，黄侃《蕲春语》：“今吾乡谓竹木根，皆曰兜子。析木为薪，其梼柮，亦曰兜子；株之古音，正如兜。”《长沙方言续考》二十七《株杜》：“今长沙谓根为兜，株之古音也。或曰：字当作杜。《方言》卷三云：杜，根也，东齐曰杜。郭注云：《诗》曰：彻彼桑杜。按今诗作桑土，《释文》云：《韩诗》作杜。树达按：杜乃株之音变，模侯二部相转也。”今桂林方言常作“蔸”。《大词典》收“蔸”，用法与桂林方言相同，引现代文献为例证。《大字典》亦收“蔸”，标注为“方言”。

《汉方》6775 页收“蔸”，指植物根部，见于江淮官话、赣语，欠引西南官话为例；用作量词，见于西南官话、湘语、赣语、客话、粤语、闽语。

六、动物

61. 老鸦［$lau^{53}ia^{21}$］

乌鸦。例如桂林童谣《燃火虫》：“燃火虫，今夜没来明夜来，明夜提篮拿饭来，什么饭？黄花饭。什么黄？鸡蛋黄。什么鸡？两脚鸡。什么两？称两。什么称？油抓称。什么抓？老鸦抓。什么老？人老。什么人？古人。什么古？牛屁股。”

此词唐代已有。顾况《乌夜啼》:“此是天上老鸦鸣，人间老鸦无此声。”卢仝《示添丁》:“忽来案上翻墨汁，涂抹诗书如老鸦。”又《与马异结交诗》:“(女娲)补了三日不肯归婿家，走向日中放老鸦。”张碧《惜花三首》:“老鸦拍翼盘空疾，准拟浮生如瞬息。”

安徽绩溪徽语、建瓯闽语、南昌赣语、广州粤语和苏州吴语也有此词。(据《现方》1227 页、《建瓯方言词典》97 页、《南昌方言词典》110 页、《广州方言词典》237 页和《苏州方言词典》57 页)

62. 土狗［$t^hu^{53}kəu^{53}$］

蝼蛄，一种害虫，学名叫“蝼蛄”。例如桂林童谣《动物歌》:“大蚂吃小蚂，小蚂吃蚂蚱，蚂蚱吃土狗，土狗吃泥巴。”

此词在宋以降文献中大量出现。宋·项安世《周易玩辞·鼫鼠》卷七曰:“鼫鼠，蝼蛄也。今俗称土狗者。”宋·丁易东《周易象义》卷五亦云:“鼫鼠、蝼蛄，乃今土狗也。”《通雅·动物》:“蝼蛄乃土狗也。”《警世通言》卷四十:“其余蛟党，各自逃散……有化作土狗子，不作声，不作气，躲在田傍下的。”《聊斋志异·促织》:“视之，形若土狗，梅花翅，方首长胫。”

其实，此词更早当源于扬雄时代南楚方言的“杜狗”，《方言》卷十一:“蛄……南楚谓之杜狗，或谓之蛞蝼。”清·钱绎《方言笺疏》曰:“今俗医方名蝼蛄为土狗，亦即杜狗之转也。”章炳麟《新方言·释动物》亦曰:“《方言》:‘蛄，南楚谓之杜狗。’今通谓蝼蛄为土狗，或云地狗。”可见，钱、章二位也认为“土狗”当源于“杜狗”，但“杜狗”何以变为“土狗”?钱氏认为是音转的原因。其实，据古书文献，“杜”“土”曾有假借关系:《诗·豳风·鸱鸮》:“迨天之未阴雨，彻彼桑土，绸缪牖户。”陆德明释文:“土，音杜……《韩诗》作杜，义同。”《诗·大雅·绵》:“绵绵瓜瓞，民之初生，自土沮漆。”王引之《经义述闻·毛诗中》:“‘土’当从《齐诗》读为‘杜’，古字假借耳。”扬雄《方言》卷三:“东齐谓根曰杜。”《集韵》上声姥韵引《方言》作“东齐谓根曰土”。“土”和“杜”在《广韵》有着相同的音：“徒古切”（上声姥韵定母）。但《广韵》徒古切“土”下又曰：“本音吐。”（按：“土”之本音：《广韵》上声姥韵他鲁切，透母）

据此可推知，扬雄时的“杜狗”后代变为“土狗”，起初当是假借，而后代则可能用“土”之本音（他鲁切）念“土”之“徒古切”流传在今桂林等各地的方言读音。（据《现汉方言大词典》190页，温美姬《梅县方言古语词研究》46—47页，广州、南昌、温州、柳州、成都、南京、武汉、梅县等地也为上声）

另外称作“土狗”的还见于北京官话、冀鲁官话、江淮官话、西南官话、福建南平官话、吴语、粤语、福建顺昌闽语和赣语。（据《汉方》199页和《现方》190页）长沙湘语亦同。（据《长沙方言词典》166页）

63. 灶鸡［$tsau^{24}ki^{33}$］

一种形似蟋蟀的昆虫，常在厨房出没。例如桂林童谣《聒板路》：“猫仔来，狗仔来，大家都来聒板路。猫仔爱讲古，狗仔爱吹牛，灶鸡听到来伴奏，屋子里头闹嗰嗰。”

明·彭大翼《山堂肆考》卷二百二十八“灶鸡”条曰：“灶虫，好穴于灶侧。一名灶马，一名灶鸡。形类促织，而身软长须，两股能跳，食锅中余沫。促织则有翼而黑色，性刚善斗。灶鸡则无翼而褐色，身弱而易死，其声亦曰织织。”《本草纲目》卷四十一：“灶马，释名灶鸡。”《钦定续通志》卷一百七十八：“灶马一名灶鸡。《酉阳杂俎》曰：‘灶马状如促织，稍大，脚长，好穴灶傍。俗言灶有马足食之兆。’”

今吴语、赣语、广东吴川粤语和闽语也有此词。（据《汉方》2卷2870页）成都西南官话同此。（据《现方》6323页）

64. 脚鱼［$kio^{21}y^{21}$］

鳖的俗称。例如桂林童谣《月亮球球》：“月亮球球，那边有个娃仔放水牛，水牛过沟踩到泥鳅，泥鳅告状告到和尚，和尚念经念到观音。观音点水点到小鬼，小鬼钓鱼钓到脚鱼，脚鱼生蛋留阿爸到夜送饭！”

明·王鏊《姑苏志》：“太湖渔人以三等网行湖中，最下为铁，脚鱼善沉者遇之。”清·吴敬梓《儒林外史》第四十七回：“虞华轩把成老爷请到厅上坐着，看见小厮一个个从门外进来，一个拎着酒，一个拿着鸡、鸭，一个拿着脚鱼和蹄子。”清·寄生氏《五美缘》第八回：“原来魏临川爱吃脚鱼，那妇人正来下姜葱，不想恰遇着花文芳进来。”清同治六年《宁乡县志》：“鳖曰脚鱼。”

此词也见于中原官话、江淮官话、西南官话、吴语、湘语、赣语、粤语、潮汕闽语和湖南临武土话。（据《汉方》5649 页）

65. 团鱼［$t^ho^{21}y^{21}$］

鳖的俗称。例如桂林童谣《日头大，大日头》：“日头大，大日头，爹爹带我看水牛，水牛过江，踩死蚂蟥，蚂蟥告状，告诉和尚，和尚念经，念紧观音，观音织布，讨紧媳妇，媳妇挑水，挑紧海鬼，海鬼摸鱼，摸紧团鱼，团鱼生蛋，给你送冷饭，冷饭里头有根虫，嚇紧你脸皮红。”

明·屠本畯《闽中海错疏》卷下：“鳖，一名团鱼，一名脚鱼。”宋·鲁应龙《闲窗括异志》：“近有食鳖之人，心既好食，又招宾友聚会而食，号团鱼会。”宋·杨士瀛《仁斋直指》第 2 部分：“前药愈后服此药：猪脊膂（一条）、羊脊髓（一条）、团鱼（一枚）、乌鸡（一只），四味制净去骨存肉，用酒一大碗于沙瓮内煮熟擂细再入后药。”清·奕赓《括谈》：“鳖，又名团鱼，又呼脚鱼。”《水浒传》第四回：“智深喝道：‘团鱼酒家也吃，甚么‘鳝哉’！”《绮谈市语·水族门》：“鳖，团鱼。”①

西南官话贵州沿河称龟为“团鱼”（据《汉方》1966 页）。

66. 牯［ku^{53}］

① 指兽类雄性动物。如：猪牯（公猪）、羊牯（公羊）、狗牯（公狗）。

---

① 王锳. 宋元明市语汇释［M］. 贵阳：贵州人民出版社，1997：59.

② 指男性，带有贬义。如：脓包牯（傻瓜）、牯子（男人）。例如桂林童谣《打架》："月亮光，照大巷，大巷大，大巷捡到两枝花，一枝插，一枝给外家，外家没在屋，吃冷粥，冷粥甜，收块田，田又大，起个寨，寨屋盖得高，后面背支刀，支刀利，劈着金山老婆鼻，哎哟哟，十月牛牯穿牛鼻。"

《说文》未收录"牯"，最早出现在《玉篇》。《玉篇·牛部》："牯，牝牛。"此义季少峰（1994）、周云汉（1999）和邵则遂（2003）均已指出《玉篇》释义有误，"牯"当指"牡牛"。商务印书馆出版的四部丛刊本建德周氏藏元本《大广益会玉篇》："牯，姑户切，牡牛。"明·李实《蜀语》："牡牛曰牯。"梅膺祚《字汇·牛部》："牯，公户切，音古，牡牛。"张自烈《正字通·牛部》："牯，俗呼牡牛为牯。"李时珍《本草纲目》："牛之牡者曰牯曰特。"唐·陆龟蒙《祝牛官辞》："四牸三牯，中一去乳。""牯"与"牸"对举。

桂林方言称公牛为"牛牯"，保留本义，又扩大指其他兽类雄性动物（禽类用"公"），还可用在指男性的词中，主要表示一种贬义。

《现汉》第491页"牯"只有"公牛"意义，它只用于雄性牛，不能像桂林方言一样用于各种雄性动物，也不用于指男性。

"牯"在桂林还被用于地名命名，比如"牛牯岭""马牯岭""牛牯冲"等。在古代，"牯"也常作地名用字，如：王守仁《王阳明全集》卷十六："左一小哨自密溪搜羊牯脑山，复自密溪从中大哨进攻左溪。"徐霞客《徐霞客游记·粤西游日记》："路循寨脚东溯溪入，已东北入山七里，逾羊牯岭，抵状元峰下，内有邓家村，俱邓丞相之遗也。"又《游天台山日记》："下牛牯岭，三里抵麓。"

广东台山粤语"牯"、梅县客家方言的"牯"，也用于兽类雄性动物和男性。（据《汉方》第4188页、温美姬《梅县方言古语词研究》第51页）。

67. 牸［tsi²⁴］

指兽类雌性动物。如：牛牸（母牛），羊牸（母羊），狗牸（母狗）。例如桂林童谣《掌掌》："掌掌，掌元钱，买糖吃，腻颈甜。颈丑猫仔吃脱了，老弟转归喊黄天。喊天叫地，喊出两头水牛牸。公犁田，婆犁地，犁出两条大红鲤；公吃头，婆吃尾，留出中央豞姑娣。"

"牸"古指"母牛"。《广韵》去声志韵疾置切："牸，牝牛。"《玉篇·牛部》："牸，母牛也。"汉·焦赣《易林·讼之井》："大壮（牡）肥牸，惠我诸舅，内外和穆，不忧饥渴。"《说苑·政理》："臣故畜牸牛，生子而大，卖之而买驹。"明·李实《蜀语》："牝牛曰牸。"语义扩大，指畜类的雌性。《广雅·释兽》："牸，雌也。"王念孙疏证："《史记·平准书》：'众庶街巷有马，阡陌之间成群，而乘字牝者傧而不得聚会。'是母马亦谓之牸也。"《韩非子·解老》："戎马乏则牸马出，军危殆则近臣役。"北魏·贾思勰《齐民要术·养牛羊驴骡》："陶朱公曰：子欲速富，当畜五牸"，注'牛、马、猪、羊、驴五畜之牸'。"宋·洪皓《松漠纪闻》卷上："牛马十数群，每群九牸一牡。"

此词还见于北京官话、冀鲁官话、胶辽官话、中原官话、江淮官话、湘语、赣语、客话、粤语（据《汉方》4861 页）

68. 犂（犂牛）［sa³³ŋiəu²¹］

黄牛。桂林方言称黄牛为"犂牛"。例如桂林童谣《鸡仔踩死九只牛》："月亮缩缩，牛偷贼，贼偷牛。后园甘蔗咬犂牛，鸡婆叫到牛栏顶，鸡仔踩死九只牛。白蚁想吃生疮狗，油桐沤烂朽柴头，后背塘干鱼捉獭，鲤鱼挑獭过塘头。"

《集韵》平声麻韵师加切："犂，牛名。"《类篇·牛部》："犂，师加切，牛名。"《正字通·牛部》："犂，所加切。音沙。牝牛曰犂。见《本草纲目》。"查《本草纲目》有 7 处提到了"犂牛"，具体如下："黑牛、黄牛、犂牛者良炼过用。""黄犂牛脑子一个，去皮筋，擂烂，皮硝末一觔，蒸饼六个，晒，研和。""藏器曰：水牛、黄犂牛者可用，余皆不及。""犂牛角鰓烧灰饮""华犂牛者治喉痹""黄犍犂牛、黑牯牛者良""思邈曰：犂牛、犛牛乳者为上，白羊者次之。”并未见注释“牝牛曰牸。”笔者在《本草乘雅半偈》中查到“牝曰牸，曰牸”的注解。根据《本草纲目》的解释及其他医书的记载，我们认为《本草纲目》里面的“牸牛”也可能指“黄牛”。

据《现方》4037页，柳州同桂林也称黄牛为“牸牛”。《汉方》5822页，“牸牛”指母牛，未收“黄牛”义。

69. 飞鼠［fɛi^{33}ɕy^{53}］

蝙蝠。例如桂林童谣《长牙棒》：“长牙棒敹鸡屎，敹到那边喂苦李。苦李青，摘个分，苦李黄，摘个尝，苦李大，来卖嫁，卖不脱，挑回家，回来慢慢喂飞鼠，飞鼠吃了脚又长，一飞飞到城隍城，城皇城上有苑花，公主拿花来陪嫁，陪嫁又不能穿，倒在虎头山。虎头山上伴流水，唏唏啦啦吓跑鬼。”

汉代已见“飞鼠”指蝙蝠，属古方言。《方言》卷八：“蝙蝠自关而东谓之服翼，或谓之飞鼠。”皇甫松《大隐赋》：“飞鼠专于暗矣，飞蛾专于明矣。”清·张慎仪《方言别录》卷下之二引《学海堂诗》注：“粤人谓蝙蝠曰飞鼠。”《绮谈市语·水族门·虫附》：“蝙蝠，飞鼠。”

“飞鼠”指蝙蝠，还见于客话、粤语、闽语、湖南江永土话。（据《汉方》465—466页）

70. 嚧［nu^{21}］

① 呼猪声。② 猪，在儿语中使用。例如桂林童谣《养猪谣》：“嚧嚧嚧，我妹喊我揭看嚧，妹妹讲她肚子饿，要回家里吃饓午，没得饭，自己煮，没得米，煮红薯，没得水，自己挑，没得柴，烧草束，草束划破妹妹手，妹妹躲在门背哭。”此童谣中“嚧嚧嚧”指呼猪声，“看嚧”指“看猪”。

《广韵》平声模韵落胡切：“嚧，呼猪声也。”《集韵·模韵》：“嚧，嚧嚧，呼猪声也。”《类篇·口部》龙都切：“嚧嚧，猪音。”宋·佚名《词林韵释》：“嚧，呼猪声。”1925年《威县志》：“嚧，呼猪声。”1934年《丘县志》："嚧，呼猪声。"

桂林方言 n、l 有时不分，此读成"［nu^{21}］"，又由呼猪声引申出"猪"义，但只用于儿语中。

《汉方》3353 页，"嚧"指呼猪声，见于冀鲁官话、吴语，未收西南官话为例，且未收"猪"义。

71. 犓［ts^hau^{33}］

桂林方言指有角的动物用其角去顶、撞。例如桂林童谣《车子车冬车》："（唱）车子车冬车，车到水缸边，水缸有颗米，捞又捞不起。（白）老爹爹开门，还没有起床呢！（唱）车子车冬车，车到水缸边，水缸有颗米，捞又捞不起。（白）老爹爹开门，开门做什么？讨柴刀。讨柴刀做什么？砍竹子。砍竹子做什么？破篦子。破篦子做什么？打粪箕。打粪箕做什么？拣牛屎、狗屎。拣牛屎、狗屎做什么？壅韭菜。你的屎有几高？有三泡牛屎那么高。分我羊吃没有？不分！要狗咬你羊。吃龙头！龙头有角犓你。吃龙中！龙中有刺戳你！吃龙尾，龙尾摆下金坛水。天高跌把刀仔怕不怕？不怕。"

《集韵》平声肴韵丑交切："犓，角挑也。"《类篇·牛部》："犓，丑交切。角挑也。"《篇海类编·鸟兽类·牛部》："犓，以角挑物。"

《汉方》6148 页"犓"收此义，见于粤语、闽语，未收西南官话例。

72. 菢（抱）［pau^{24}］

孵化。例如桂林童谣谜语童谣："懒菢鸡婆猫灶头，看见客来点点头。（谜底：茶罐）"

"菢"本作"抱"，属古方言词。《方言》卷八："北燕朝鲜洌水之间谓伏鸡曰抱。"《景德传灯录·侍郎问广慧和尚语》："如鸡抱卵，若是抛离起去，暖气不接，便不成种子。""菢"是后起区别字。《扬雄方言校释汇证》："抱，字亦作'菢'"《广韵》去声号韵薄报切："菢，乌孵卵也。"《集韵》去声豪韵薄报切。《龙龛手鉴·草部》："菢，薄报反，乌孵卵也。"韩愈《荐士》："鹤翎不天生，变化在啄菢。"《农政全书·牧养·鸡》："养鸡不菢法：母鸡下卵时，日逐食内夹以麻子喂之，则常生卵不菢。"

《汉方》5279 页指出，"菢"指孵化义，属古方言，未引今方言用例。据《现方》3597—3598 页，"菢"指孵化义，见于牟平、贵阳、柳州、西安、西宁、萍乡、银川、南昌、南宁平话、东莞、扬州、武汉、娄底、广州。

73. 鐓（鐓鸡）[ɕiɛ^{24}ki^{33}]

阉鸡。桂林方言把阉割过的公鸡称为"鐓鸡"。例如桂林童谣《红鐓鸡》："红鐓鸡，尾拖拖，三岁娃仔会唱歌。没要自己爷娘教，自己聪明捡个歌。"

《正字通·金部》："鐓，旧注先谏切。音线，今俗雄鸡去势谓之鐓。"明·尹直《謇斋琐缀录》："郭师孔少尝与芳洲同砚席，及芳洲自翰林归，以鐓鸡为贺礼。"《蜀方言》卷下："去鸡势曰鐓。"古书中也有用同音字"线"代替，如：宋·戴复古《访许介之途中即景》诗："区别邻家鸭，群分各线鸡。"元·马谦斋《沉醉东风·自悟》曲："线鸡肥，新篘醅。"

《大字典》《大词典》引《篇海类编》的反切"先谏切"，释为阉割雄鸡的睾丸。

今中原官话、江淮官话、西南官话、徽语、吴语、赣语、客话、粤语称"阉鸡"为"鐓鸡"。（据《汉方》7345 页）

74. 鸈（鸟鸈）[niau^{53}mɛi^{21}]

用来诱惑捕野鸟的鸟。例如桂林谜语童谣："远处望到香我，近处望到像我，与它叫老同，又怕它害我。［谜底：鸟鸈（子）］"

《集韵》平声灰韵谟怀切："鸈，诱取禽者。"《类篇·鸟部》："鸈，谋杯切。诱取禽者。"《镜花缘》第九回："想来又是猎户下的鸈子。少刻猎户看见，毫不费力就捉住了。"

今广东广州、海康、雷州，南宁平话，江西黎川、高安老屋周家，福建厦门也有此用法，称为“鶆子”或“鸟鶆”。（据《现方》3863 页、6209 页，《汉方》6765 页，1350 页）

75. 秧［iaŋ^{33}］

某些出生的小动物，如桂林地区把刚出生的小猪或幼猪叫“猪秧”或“秧猪”，相当于“猪苗”。例如桂林谜语童谣《大月亮，小月亮》：“大月亮，小月亮，两个哥哥做鎅匠；鎅匠多，无奈何，舂盘粑粑送外婆。外婆不在南山住，转来提个破鼎锅；日里提水煮饭吃，夜里提水洗菠萝。菠萝菠萝生个仔，名字叫做秧蚂蚜。秧蚂蚜头上一点血，杀猪杀羊做满。秧蚂蚜头上一点翠，杀猪杀羊做对岁。”

《说文·禾部》：“秧，禾若秧穰也。”《玉篇·禾部》：“秧，禾苗秧穰也。”《集韵》平声唐韵于郎切。“秧”是联绵词“秧穰”的节缩，指禾苗密集旺盛，生意盎然的样子，名物化之后就指密集的禾苗。因为水稻经过漫撒阶段之后，多采取集中育苗后分栽的方式种植，所以词义缩小，特指水稻幼苗，如唐·高适《广陵别郑处士》：“溪水堪垂钓，江田耐插秧。”“秧”由稻苗义后来又扩大开来，泛指可移栽的初生草木，如“花秧”“树秧”“瓜秧”“菜秧”。再扩大乃至须分窝饲养的小牲畜，如：“猪秧”“鱼秧”等。明·黄省曾《农圃书》：“今俗购鱼秧，渔人泛大江乘潮而布网取之，初如针锋然，稍大则鬻鱼池养之家。”《豫章漫钞》：“今人家池塘所蓄鱼，其种皆出九江，谓之鱼苗，或曰鱼秧。”

今济南、徐州、扬州、南京称“猪秧子”为幼猪。（据《现方》3948 页）江苏邳县“猪秧”指出生的小猪。（据《汉方》5621 页）

广西柳州，安徽绩溪，云南建水，广东珠海，上海奉贤、崇明，浙江宁波，江苏东台、南京、丹阳称“鱼苗”为“鱼秧”，济南、武汉、娄底、扬州、西安称为“鱼秧子”，徐州、杭州、成都称为“鱼秧儿”。（据《现方》3930 页，《汉方》3525—3526 页）

76. 劁［$tɕ^{h}iau^{33}$］

① 阉割。② 宰客、坑人。例如桂林童谣《矮子》："矮子矮咚铛，屙屎放床枪，喊狗喊不来，矮子学打牌，打牌又怕输，矮子学劁猪，劁猪又怕痛，矮子学打鼓，打鼓又怕苦。"

"劁"本义为割。《玉篇·刀部》："劁，刈获也。"《广雅·释言》："劁，刈也。"王念孙疏证："《小雅·白华篇》：'樵彼桑薪。樵与劁通。'"《广韵》平声宵韵昨焦切："劁，刈草。"《集韵》平声韵韵慈焦切："劁，《博雅》：断也，刈也。"又《释诂一》："劁，断也。"

今银川，万荣，丹阳，长沙，哈尔滨，徐州，南京，武汉，柳州，洛阳，西宁，乌鲁木齐，太原，忻州，绩溪，济南，贵阳，牟平也称"阉割"为"劁"，种猪或母猪阉掉睾丸或卵巢称为"劁猪"。（据《现方》5172 页、《汉方》6866 页）

77. 鸡公［$ki^{33}koŋ^{33}$］

公鸡。例如桂林童谣《鸡公仔》："鸡公仔，尾蓬松，进园叮草莫叮葱。叮了葱来撒苋菜，苋菜开花满天红。大姐进园捡一朵，二姐进园捡一厢，三姐进园没得了，关起园门哭嫁妆。"

《徐霞客游记·右江游日记》正月初一日："由严堂北五里，上鸡公坳，又名双顶。""鸡公坳"虽是地名，但以其形得名，可见当地有"鸡公"的说法。又《黔游日记一》四月二十三日："土人指其东南峰上，有洞西北向，外门如竖而内可容众，有鸡公焉，以形似名也。"《跻春台》卷一《十年鸡》："临别时夫嘱奴小心谨慎，那一支红鸡公不要看轻。"《蜀籁》卷四："鸡公相会是要啄几嘴的。"

《大词典》"鸡公"谓"雄鸡"。

"鸡公"指"公鸡"见于冀鲁官话、江淮官话、中原官话、西南官话、福建南平官话、徽语、吴语、湘语、赣语、粤语、闽语。（据《汉方》3020 页）

78. 头牲［$t^{h}əu^{21}sən^{33}$］

鸡、鸭、鹅等家畜。例如桂林童谣《坐媒人》："竹叶青，柳叶青，伯伯婏婏做媒人，带个头牲没四两，来个鱼仔没得鳞，扫净堂屋来做客，牛栏门前坐媒人。"

此词元代已见。元·佚名《元典章》："以鹰食马料为名，百般索要酒食、头牲，抢夺钱物。"明·徐光启《农政全书》："猫……花朝口，咬头牲；耳薄，不畏寒。"清·郑端编《朱子学归》："以纳图册为名，不论人户高低，每亩科配顷亩、头牲之类。"

今柳州、梅县、南宁平话、厦门、建瓯，福州家畜、禽类也称"头牲"。（据《现方》5671页、《汉方》1470页）

79. 鸡婆［$ki^{33}p^{h}o^{21}$］

母鸡。例如桂林童谣《拜到明年做世界》："东一拜，西一拜，拜到明年做世界，世界多，无奈何，量筒米，做外婆，外婆不在梁山住，转回捡得烂鼎钢。早晨拿来煮锅饭，夜晚拿来做鸡窝。鸡公打烂怪鸡婆。鸡婆没服气，跑𨂿门背透大气。"

明·冯梦龙《古今谭概·吴翟戏笔》："一个吹火通，一个舒火腿，吓得鸡婆飞上天去。"明·毛晋《六十种曲·明珠记》第二十四出："板凳从来无只脚，与鸡婆暂宿中间"清·鲍相璈《验方新编》："用猫公莰根去粗皮煮鸡婆蛋，至蛋将熟打损壳再煮。"清·杨巩《农学合编》卷一："鸡婆早，祁阳早。"

"鸡婆"指"母鸡"，见于中原官话、江淮官话、西南官话、福建南平官话、徽语、吴语、湘语、赣语、客话、粤语。（据《汉方》3024页）

80. 汤［$t^{h}aŋ^{33}$］

宰杀。例如桂林童谣《落大雨》："落大雨，涨大水，汤鸡汤鸭吃欛腿。"

汤，本义为热水、开水。《说文·水部》：“汤，热水也。”大徐本引《唐韵》：“土郎切。”《玉篇·水部》：“汤，他郎切，热水也。”《广韵》平声唐韵透吐郎切：“汤，热水。”《集韵》他郎切：“汤，《说文》：热水也。”《篆隶万象名义》：“汤，他郎反。沸水。”宰杀的六畜要用热水或沸水烫了以后拔毛才能进行烹煮，故桂林方言从“汤”本义热水，引申出宰杀的意思。“汤”在方言中俗作“劏”。《现方》5436页收录“劏”，解释为宰杀，见于广州、柳州、南宁平话。同时也指出“劏”为方言用字，本字当为“汤”（滚水）。《汉方》3341页也收录有“劏”，解释为宰杀，见于西南官话、客话、粤语、闽语；2218页收录的“汤”也有宰杀义，见于粤语。

《大词典》收有“劏”，读“tānɡ”，释为“割；宰杀”。引现代文献用例。查古代辞书、文献，均未记载有“劏”。因“汤”字从字形上不能体现出宰杀之用工具——刀，故方言造了一个俗字“劏”来代替“汤”。

81. 眄（亮眄）［liaŋ^{24}miɛ^{53}］

桂林方言“亮眄”指蜻蜓，斜着眼看说“眼睛眄眄咧”。例如桂林童谣《亮眄》：“亮眄，亮眄飞，飞到菜田基，田基有条蛇，赫着你两仔爷。”

“眄”属古方言，指斜视。《方言》卷二：“瞯、睇、晞、略，眄也……自关而西秦晋之间曰眄。”《说文·目部》：“眄，衺视也。秦语。”《广韵》上声先韵弥殄切：“眄，斜视。”《庄子·山木》：“虽羿、蓬蒙不能眄睨也。”成玄英疏：“睥睨，犹斜视。字亦有作眄字者，随字读之。”《列子·黄帝》：“口不敢言利害，始得夫子一眄而已。”《史记·鲁仲连邹阳列传》：“臣闻明月之珠，夜光之璧，以暗投人于道路，人无不按剑相眄者，何则？无因而至前也。”以上两例中的“眄”均指斜视。

蜻蜓的眼睛又大又亮，鼓鼓的突出在头部的两侧，其眼珠子是偏的，不正的，似在斜视。故桂林人称蜻蜓为“亮眄”。

《汉方》第4141页收“眄”，释为“斜着眼看”，引《方言》为例证。

82. 睐（睐睐娘）［$læ^{21}læ^{21}nia\eta^{21}$］

桂林方言称指蜻蜓为“睐睐娘”。例如桂林童谣：“睐睐娘，尾巴长，打把伞，送姑娘，姑娘嫁，你也嫁，你和姑娘做陪嫁。姑娘睡个花枕头。你却睡个草疙瘩。”

“睐”本义即指眼睛斜视。《说文·眼部》：“睐，目童子不正也。”《广雅·释诂一》：“睐，视也。”《集韵》平声咍韵郎才切：“睐，目偏也。”《文选·曹植〈洛神赋〉》：“明眸善睐，靥辅承权。”李善注：“睐，旁视也。”《古诗十九首》之十六：“眄睐以适意，引领遥相晞。”吕延济注：“眄、睐，邪视也。”

称“蜻蜓”为“睐睐娘”缘由见“81. 眄（亮眄）”中的分析。

今梅县客家话也称眼睛斜视为“睐”。（据《现方》4791 页、《汉方》6091 页）

83. 马骝［$ma^{53}lou^{21}$］

猴子。例如桂林童谣《亏了歌》：“麻雀鸟，你也好，你有毛，亏了鲤鱼水面摇。鲤鱼鲤鱼你也好，你有鳞，亏了泥鳅一个人。泥鳅泥鳅你也好，你有眼，亏了螃蟹嘴扁扁。螃蟹螃蟹你也好，你有夹，亏了螺蛳论天爬。螺蛳螺蛳你也好，你有壳，亏了蚂蚜打赤脚。蚂蚜蚂蚜你也好，你有皮，亏了鸡公论天叫。鸡公鸡公你也好，你有冠，亏了蛔虫肚里钻。蛔虫蛔虫你也好，你有暖，亏了野鸡山上喊。野鸡野鸡你也好，你有窝，亏了瞎子到处摸。瞎子瞎子你也好，你有床，亏了马骝住石头岩。”

“马骝”指猴子，古书中作“马留”，多见于宋代市语，现方言中多作“马骝”。《苕溪渔隐丛话前集·宋朝杂记下》引《桐江诗话》：“吕惠卿察访京东，吕天资清瘦，语话之际，喜以双手指画，社人目之曰‘说法马留’，又凑为七字曰‘说法马留为察访’。”宋·邵博《闻见后录》卷十：“今世猴为马留，与其人形似耳。”宋·赵彦卫《云麓漫钞》卷五：“北人谚语曰胡孙为马流。”《西游记》第十五回：“菩萨道：‘我把你这个大胆的马流，村愚的赤尻！我倒再三尽意，度得个取经人来，叮咛教他救你性命，你怎么不来谢我活命之恩，反来与我嚷闹。’”

猴子为什么会称“马骝”，有两种说法：一种说法是，古人相信在马棚中养只猴子，马就不会感染瘟疫，所以猴子又叫马骝，意为“将马留住”。李时珍在《本草纲目》中引用一本失传的《马经》，里面也有类似的记载：“马厩畜母猴，辟马瘟疫。”据说，母猴的经血流到马的饲料上，马吃完之后就不会患上马瘟。另一种说法是，“马骝”是古汉语“猱”字的反切音。上古典籍，“猴”字并不常见，古人更多使用“猱”“猿”等字来指代这种动物。后来，“猱”字逐渐没人使用，反而“马骝”这个词却继续得以留存。

《现方》3036页“马骝”指猴子，见于柳州、东莞、南宁平话。

84. 蚬［ɕiɛ^{53}］

一种形如河蚌，但相比河蚌体型却小得多的软体动物。例如桂林童谣《聋子》：“聋子哝蚬壳，点火烧屋角，烧死黄蜂仔，气死黄峰婆。”

蚬，本指一种蝶类的幼虫，又名“缢女”。《说文·虫部》：“蚬，缢女也。”《尔雅·释虫》：“蚬，缢女。”郭璞注：“小黑虫，赤头，喜自缢死，故曰缢女。”孳乳出小蛤义。《广韵》上声铣韵呼典切：“蚬，小蛤。”《隋书·文学传·刘臻》：“性好啖蚬，以音同父讳，呼为扁螺。”唐·皮日休《奉和鲁望〈渔具十五咏〉·笭箵》：“但闻虾蚬气，欲生苹藻衣。”《事文类聚后集》卷三四引宋魏泰《东轩笔录》：“曾鲁公好放生，以蚬、蛤之类人不放，而活命之多也。”

《汉方》4832页收“蚬”，释为小蚌，引吴语、闽语为例，未引西南官话例。

85. 草［tsʰau^{53}］

桂林方言中“草”，可指猪、狗、驴等牲畜、家禽的雌性性别。例如桂林童谣《芽火虫》："芽火虫，夜夜红，捉来做盏小灯笼，亮晶晶，待到明天飞了趨。芽火虫，你到哪里趨？我到隔壁吃饭趨。吃的什么饭？吃的黄花饭。什么黄？鸡蛋黄。什么鸡？称草鸡。什么称？观音称。什么光？茶盘光。什么茶？老叶茶。什么老？牛老。什么牛？青草牛。什么青？芥兰青。什么芥？海芥。什么海？湖海。什么壶？酒壶。什么酒？豆子酒。什么豆？牙齿豆。什么鸭？野鸭。什么野？野哩咯咧切。"

"草"表性别，广见于魏晋南北朝时期。"草猪"最早见晋·郭璞《尔雅·释畜》的注解；"草驴"最早见自《北齐书·杨愔传》："愔曰：'卿前在元子思坊，骑秃尾草驴，经见我不下……'""草马"最早见自颜师古《匡谬正俗》，他在文中说到，母马因为要生小驹而常牧于草，故称"草马"[①]，后有众多学者提出不同意见。

朱正義认为："称母畜为'草'，取义自'躁'或'趮'。"[②] 在郑玄注《礼记·月令》中："躁，动也。"《易·姤》初六爻辞："羸豕孚蹢躅。"王弼作注："羸豕，谓牝豕也。孚，谓务躁也。夫阴质而躁恣者，羸豕特甚也。"牝畜发情时十分"急躁"，因此以"草"命名，或可作一说。

王彦坤和李香平在《也说"草马"的"草"》中认为，从词义上看，有："《广雅·释言》：'草，造也。'"从语音上看，"草"与"造"同属于"幽"部，读音相近，音义皆合，因此"草"本义为"创造、孕育"，也因此得以表示雌性[③]。我们认为此说法较为可信。

北京官话、冀鲁官话、胶辽官话、中原官话、晋语、西南官话、江淮官话、吴语将"草"指雌性的牲畜、家禽。（据《现方》2555 页和《汉方》3878 页"草鸡"一词）

86. 鸦鹊［$ia^{21}ts^{h}o^{21}$］

喜鹊。例如桂林童谣《扯谎歌》："一个鵪哥毛又多，听我唱个扯谎歌：

---

① 颜师古.《匡谬正俗》评议［M］. 刘晓东，评议. 济南：山东大学出版社，1999：218.

② 朱正義. 关中方言古词论稿［M］. 上海：上海古籍出版社，2004：146.

③ 王彦坤，李香平. 也说"草马"的"草"［J］. 汉语史研究集刊，2009（00）：293-302.

昨天看见牛下蛋，今天看见马搭窝。七条鲤鱼街上走，八只兔子过黄河。黄河有蔸芭蕉树，芭蕉树上有个鸦鹊窝。鸦鹊窝里有田螺，一个田螺三斤多。擘了皮来九斤半，切成片，炒下锅，拿起簸箕把汤喝。”

《敦煌变文集·大目乾连冥间救母变文》：“四边更无亲伴侣，狐狼鸦鹊竞分张。”唐·元稹《有鸟二十章》之十二：“可怜鸦鹊慕腥膻，犹向巢边竞纷泊。”宋·苏轼《真兴寺阁》诗：“市人与鸦鹊，浩浩同一声。”《西游记》第十五回：“水光彻底澄清，鸦鹊不敢飞过。”《聊斋志异》卷五《阳武侯》：“见舍上鸦鹊群集，竞以翼覆漏处，异之。”《跻春台》卷四《血染衣》：“一日，忽听喜鹊啼噪，儿童嘻嗄，必达去看，才是屋后有对鸦鹊架巢哺子，几个牧童将鹊儿取下。”前言“喜鹊”，后言“鸦鹊”，可见“鸦鹊”就是“喜鹊”。

胶辽官话、中原官话、江淮官话、西南官话、吴语、客话、粤语、闽语称“喜鹊”为“鸦鹊”。(据《汉方》4049 页)

七、房舍建筑

87. 灶头［$tsau^{24}t^{h}əu^{21}$］

灶。例如桂林谜语童谣：“一个老鬼九十八，冷天灶头把火夹。无事就在灶上睡，夜里出来偷鸡杀。(谜底：猫)”

此词宋代已见。宋·徐积《宿山馆》：“倦客待沽山下酒，饥童先上灶头灯。”此“灶头”即言灶。元·张翥《雪中梁师孟叔原饷浑酒小饮闲窗偶成一章》：“岁事萧条雪拥门，家人随分具盘飧。灶头饼软团团白，缸面醅新盎盎浑。”明·施耐庵《水浒传》第六回：“回到香积厨下看时，锅也没了，灶头都塌损。”《警世通言》第二十卷：“（周三）去那灶头边摸着把刀在手，黑地里立着。”以上“灶头”亦指灶。

今西南官话、吴语、粤语和闽语见有此词（据《现方》6322 页、《汉方》2869 页）

88. 茅司［$mau^{21}sɿ^{33}$］

厕所。例如桂林童谣《新起茅司三天香》："村里干部争着当，工作难做推脱光，麻糖鸡屎头边热，新起茅司三天香。"

清·翟灏《通俗编·居处》："《传灯录》：赵州谂谓文远曰：东司上不可与说佛法。朱晖《绝倒录》载宋人《拟老饕赋》有'寻东司而上茅'句。按：俚言毛司。据此，当为茅司也。"孙锦标《南通方言疏证》："按：茅司，通俗谓之茅池，即厕也。"亦作"茅厮"，《红楼梦》第九十四回："大家头宗要脱干系，二宗听见重赏，不顾命的混找了一遍，甚至于茅厮里都找到。"也作"毛司"，明·兰陵笑笑生《金瓶梅词话》第二八回："（秋菊）分付：'取刀来，等我把淫妇剁作几截子，掠到毛司里去……'"

据《汉方》第3160—3161页、《现方》第2116页，河南林县，安徽安庆、芜湖，江苏南京、南通，湖北武汉，四川，重庆，广西柳州，福建南平，安徽绩溪、歙县，江苏启东吕四，浙江象山，湖南长沙，湖南隆回，福建南平、建阳、浦城临江、浦城石陂、崇安等地的方言中还保留着同样的用法。

89. 厂（廠）［$ts^haŋ^{53}$］

有顶无墙的简易房子。在桂林室外搭建的无墙壁的棚子称为"厂"，即棚舍。例如桂林童谣《点点单单》："点点单单，到处平安，上街扯布，有人进铺，上街卖米，卖完米厂。"

《集韵》上声养韵齿两切："厂，屋无壁也。"《类篇·广部》："厂，齿两切。屋无壁也。又尺亮切。露舍也。"北魏·贾思勰《齐民要术·养羊》："架北墙为厂。"唐·韩偓《南安寓止》："此地三年偶寄家，枳篱茅厂共桑麻。"清·黄宗羲《大学士机山钱公神道碑铭》："拟不时处决，且令有司设厂于柴市，盖用夏文潜故事也。"以上例子中的"厂"，均指棚舍。

西南官话、吴语、湘语中"厂"有此义。（据《汉方》105页）

90. 堂屋［$t^hа\eta^{21}u^{33}$］

桂林方言指老式房子的大厅或客厅。例如桂林童谣《一根藤》："堂屋中间一根藤，细细开花十二层；我家养个娇娇女，细打细敲送出门。油麻油麻你莫炸，我和媒婆讲句话；我家女儿好贤达，不要彩礼嫁给他。"

堂屋，一般设计在房屋中间，泛指正房，最早见于晋代。《晋书·艺术传·淳于智》："家人既集，堂屋五间拉然而崩。"南北朝·佚名《女青鬼律》："天正鬼迭卧，地正鬼柃木，右二鬼是宅中死煞守鬼，常住人堂屋梁上，夜主伤害人……"唐·顾非熊《下第后寄高山人》："我家堂屋前，仰视大茅巅。"《儿女英雄传》："何小姐笑道：'这个典用得恰，咱们这堂屋里正少一块匾，等喝完了酒，何不趁兴就写起来？'"因旧式农村房屋的正房一般用于会客等用途，故在桂林引申出大厅、客厅义。

据《现方》第3703页，今武汉、成都、贵阳、柳州、洛阳、西宁、银川、长沙、南昌也有此用法。《汉方》第5408页，"堂屋"指祠堂，未收此义。

91. 廊檐［$la\eta^{21}i\varepsilon^{21}$］

屋檐。例如桂林谜语童谣："一点一横，廊檐遮两边，好个黄花女，一世不见天。（谜底：安）"

此词见于宋代。宋·徐梦莘《三朝北盟会编》卷二四五引范成大《揽辔录》："至东御廊首转北，循廊檐行，几二百间。"《儒林外史》第二二回："把囤米的摺子搬在窗外廊檐下。"清·曹雪芹《红楼梦》："知是来拜，便叫小丫头叫林之孝进来。贾政出至廊檐下。"清·吴趼人《二十年目睹之怪现状》第二七回："在廊檐底下站着，专找那些引见的人去吓唬。"

今柳州西南官话、南宁平话、上海吴语也有此用法。（据《现方》3990页、《汉方》5721页）

92. 灶房［$zau^{24}fa\eta^{21}$］

厨房。例如桂林童谣《大公鸡》："大公鸡，喔！喔！喔！清早起，进灶房，吃米米，吃谷谷，叫醒弟弟莫要哭，阿妈煮早饭，阿爸生风炉，姐姐喂妹吃粥粥。”

明·无名氏《英烈传》第六回：“昨日临睡时空空一个灶房，这柴那得许多?”《跻春台》卷一《哑女配》：“樊氏急到灶房一看，并无人影，一惊而醒。”又卷四《螺旋诗》：“把鸡煎好，陈忠至灶房谈叙。”

《汉方》《现方》未收该词。据蒋宗福《四川方言词语考释》第800页，四川方言中有该词。

八、器具用品（不含农具）

93. 牙床［$ia^{21}ts^{h}uaŋ^{21}$］

桂林方言指饰有象牙雕花的床，现用作床的美称，常在民歌中指新房或闺房中的床。例如桂林童谣谜语童谣：“珍珠白姑娘，许配竹叶郎，穿衣蝺洗澡，脱衣上牙床。（谜底：粽子）”

此词在南朝时期已见。南朝梁·萧子范《落花诗》：“飞来入斗帐，吹去上牙床。”唐·李商隐《细雨》：“帷飘白玉堂，簟卷碧牙床。”唐·释道宣《四分律行事钞》：“若独坐绳床、木床、牙床，覆以马皮、象皮、锦褥、杂色卧具氍毹。”清·孔尚任《桃花扇·闹榭》：“承众位雅意，让我两个并坐牙床，又吃一回合卺双杯，倒也有趣。”

今南京也用此词，出现在民歌中。（据《现方》537页）

94. 盅［$zoŋ^{33}$］

杯子。桂林方言称口杯、杯子为“口盅”。例如桂林谜语童谣：“大雨淋淋不湿衣，口盅吃饭肚中饥。（谜底：做梦）”

盅，本指器皿空虚。《说文·皿部》：“盅，器虚也。从皿中声。《老子》曰：‘道盅而用之。’”《玉篇·皿部》：“盅，器虚也。”《广韵》平声东韵直弓切：“盅，器虚也。”引申出杯子义。清·李伯元《文明小史》第十五回：

“又取出三個茶盅，倒了三碗茶送了上來。”《儿女英雄传》第三七回：“咱俩到底也得给他老公母俩斟个盅儿哪。”

今广州、南宁平话、于都、柳州也称杯子为“口盅”。(《现方》382 页、《汉方》344 页)

95. 瓯［ŋəu³³］

杯子。例如桂林童谣《油茶歌》：“茶嘎奶奶茶嘎婆，端起瓯子话头多。一日三餐打油茶，没得油茶睡无不着。”

“瓯”本指盆、盂一类瓦器。《说文·瓦部》：“瓯，小盆也。”桂馥义证：“小盆也者，《字林》同。《三苍》：‘瓯，瓦盂也。’”《方言》卷五：“甂，陈、魏、宋、楚之间谓之题，自关而西谓之甂，其大者谓之瓯。”《广韵》平声侯韵乌侯切：“瓯，瓦器。”也指小碗、杯子。《玉篇·瓦部》：“瓯，碗小者。”《六书故》：“瓯，以盛飦小而深者曰瓯，以盛羹。”南朝梁·萧子显《南齐书·谢超宗传》：“超宗既坐，饮酒数瓯。”五代·李煜《渔父》：“花满渚，酒满瓯。”元·康进之《李逵负荆》第一折：“我则待乘兴饮两三瓯。”以上例子中的“瓯”均为“杯子”义。

今中原官话、西南官话、粤语、闽语也有此用法，多指小碗、小杯之类的器具。(据《汉方》3321 页、《现方》5420 页)

96. 甑［taŋ³³］

桂林方言指舀液体的筒状专用容器，如用来舀粪水的器具叫“粪甑”。例如桂林童谣《媒人》：“媒人是个赶山狗，半夜喊着半夜走；赶了这头赶那头，赶到男家金字碗，赶到女家大粪甑。”

《玉篇·瓦部》：“甑，题瓦也。”《类篇·瓦部》：“甑，瓯属。一曰题瓦谓之甑沟。”《集韵》平声唐韵都郎切：“甑，瓯属。”

此词也见于柳州。(据《现方》5963 页)

97. 手巾［$səu^{53}gin^{33}$］

手绢；毛巾。例如桂林谜语童谣："红手巾，包糯饭，又好吃又好看。（谜底：石榴）"

后汉·安世高译《佛说奈女只域因缘经》："一人贫人，唯有一烂坏手巾，意欲布施，惟此物恶，犹豫未决。"《孔雀东南飞》："阿女默无声，手巾掩口啼，泪落便如泻。"此类似今手绢。《资治通鉴》卷一百六十六梁敬帝绍泰元年："霸先惧泄其谋，以手巾绞棱。"胡三省注："今人盥洗，以布拭手，长七八尺，谓之手巾。"据此，类似今之毛巾。明·张岱《陶庵梦忆》卷六《绍兴灯景》："若问搭彩是何物，手巾脚布神袍纱。"《红楼梦》第四十回："凤姐手里拿着西洋布手巾，裹着一把乌木三镶银箸。"

"手巾"指"手绢"，见于冀鲁官话、中原官话、兰银官话、西南官话、福建南平官话、吴语、赣语、粤语、闽语。（据《汉方》808—809页）

98. 脚盆［$kio^{21}p^{h}eŋ^{21}$］

桂林方言中"脚盆"不仅指洗脚的盆，也指用于洗澡或洗涤其他东西的大盆。例如桂林童谣《丫头》："丫头丫头，嫁到车头，脚盆洗脸，挂耙梳头。"

元·佚名《连环计》第三折："拿大钟子来，若没大钟子，便脚盆也罢。"《水浒传》第八回："薛霸去烧一锅百沸滚汤，提将来，倾在脚盆内。"《喻世明言》卷三十八："春梅建忙掇脚盆来，教任珪洗了脚。"《儒林外史》第五十三回："聘娘慌忙站开，开了抽屉，拿出一包檀香屑倒脚盆里。"

《汉方》第5650页"脚盆"未收此义。

99. 埘［$ɕi^{21}$］

桂林方言为鸡或鸭的固定的栖宿处，用砖砌成或用木板木棍钉成。山区有建于室内墙边的，在墙上打洞供鸡鸭出入。例如桂林童谣《大月亮，小月亮》："大月亮，小月亮，哥哥出来做木匠，姐姐出来洗衣裳，婆婆出来煮糯饭。公公吃一碗，婆婆吃一碗，三个姑娘吃半碗；大也哭，小也哭，扛起棒槌打稳叔，稳叔躲进鸡埘底，蚊虫多，跳蚤多，咬着稳叔的夹脂窝。"

《说文·土部》："鸡栖垣为埘。"《尔雅·释宫第五》："鸡栖于弋为榤，凿垣而栖为埘。"邢昺疏："李巡曰：'凿墙为鸡作栖曰埘……避寒故穿墙以栖鸡。'"《广韵》平声之韵市之切："穿垣栖鸡。"《集韵》平声之韵市之切："《说文》：'鸡栖坦为塒'，今寒乡穿墙栖鸡通作'時'。"《诗·王风·君子于役》："鸡栖于埘，日之夕矣，羊牛下来。"《毛传》："凿墙而栖曰埘。"北齐·颜之推《颜氏家训·治家》："蔬果之蓄，园场之所产；鸡豚之善，埘圈之所生。"《徐霞客游记·游武彝山日记》："鸡楼岩半有洞，外隘中宏，横插木板，宛然埘榤。"以上例子中的"埘"均指鸡、鸭鸡等固定的栖宿处。

今柳州、长沙也称鸡、鸭栖宿处为"鸡埘""鸭埘"。（据《现方》4671页、6300页）

100. 鼎锅［$\mathrm{tin^{53}ko^{33}}$］

状似古鼎有耳有系的烹煮用具。例如桂林童谣《妹呀妹》："妹妹妹妹你莫哭，过了田垌外婆屋，鼎锅煮起白米饭，罐子炖起块块肉。"

此词明代已有。《通雅》卷三十三："鬵，今之鼎锅也。"《正字通·兼部》："鉹，旧注音侇。按：郭璞注：凉州呼鉹与《方言》合皆鬵鼎也。鬵，犹今南楚黔粤之鼎锅。"清·徐珂《清稗类钞·物品类》之《辰州苗器》："苗民器用颇多，如耙、锄、镰、长柄刀、斧、箩筐、背笼……鼎锅、釜、筜、碗、箸……"

今柳州、成都西南官话，黎川赣语，湖南长沙、衡阳湘语也称锅为"鼎锅"。（据《现方》4309页、《汉方》6134页）

101. 索［$\mathrm{so^{21}}$］

绳子。"索"在桂林方言中泛指各种类型的绳子。例如桂林谜语童谣：

“你望我，我望你，一根索子套起你。（谜底：扣子）”

“索”在古代即泛指绳子，《说文·米部》：“索，草有茎叶，可作绳索。”《小尔雅·广器》：“索，大者谓之索，小者谓之绳。”胡承珙义证：“索与绳散文则通，对文则别。”《书·五子之歌》：“若朽索之驭六马。”《文选·司马迁〈报任少卿书〉》：“其次关木索被棰楚受辱。”张铣注：“索，绳也。”《广韵》入声铎韵苏各切：“索，尽也，散也。又绳索。”

普通话也有“索”，但只指“大绳子或大链子”（《现汉》1311 页），一般也不单说。今福州、厦门闽语、长沙湘语、南昌赣语和成都西南官话、梅县方言，“索”也泛称各种绳子。（据《福州方言词典》413 页、《厦门方言词典》412 页、《现方》3122 页）

102. 砂罐（沙罐）[$\mathbf{sa^{33}ko^{24}}$]

用陶土和沙及煤灰烧制而无釉的罐子。例如桂林童谣《萤火虫》：萤火虫虫，挑担鸡笼，挑到哪里？挑到窑冲。什么窑？拱窑。什么拱？牛拱。什么牛？黄牛。什么黄？鸡黄。什么鸡？䥖鸡。什么䥖？全州和起灌阳县。什么灌？砂罐。什么沙？棉花纺起细细纱。什么细？木头雕起鬼仔戏。什么鬼？。什么鬼？大山来个无山鬼。什么屋？新墙瓦盖是新屋。

《西游记》第二十七回：“左手提着一个青砂罐儿，右手提着一个绿磁瓶儿。”明·张岱《陶庵梦忆·砂罐锡注》：“夫砂罐，砂也；锡注，锡也……一砂罐，一锡注，直跻之商彝周鼎之列而毫无惭色，则是其品地也。”清·沈复《浮生六记》卷二《闲情记趣》：“携砂罐去以铁叉串串罐柄，去其锅，悬于行灶中，加柴火煎茶，不亦便乎？”亦作“沙罐”。《恨海》第四回：“灶上放着一口铁锅，旁边放着一个沙罐。”

《汉方》第 2894 页收“沙罐”，引西南官话例。

103. 觚 [$\mathbf{ku^{21}}$]

一种觚形容器，喇叭形口，细腰，高圈足，如桂林旧称笔筒为“筒觚”。

例如桂林童谣《打铁歌》："张打铁，李打铁，打把剪刀送姐姐，姐姐留我歇，我不歇，我要回𡍢学打铁。打铁一，一个筒觚插支笔。打铁二，二娘问我哪里𡍢。打铁三，三根黄毛别根簪。打铁四，一个铜钱四个字。打铁五，五月轮船过端午。打铁六，六个娃娃吃肥肉。打铁七，七个姑娘打彩旗。打铁八，八个娃娃堆宝塔。打铁九，桂花园里摆好酒。打铁十，十盘瓜子十盘藕。大狗含起走，小狗咬一口，黄妈妈许了药，丢了一只脚。摇蛋壳，集蛋壳，打个屁，就是药，敷上𡍢就好咯。"

"觚"本指古代酒器。《说文·角部》："觚，乡饮酒之爵也。一曰觞受三升者谓之觚。"《广雅·释器》："二升曰觚。"《仪礼·特牲馈食礼》："实二爵二觚四觯一角一散。"郑玄注："旧说云：爵一升，觚二升，觯三升，角四升，散五升。"《广韵》平声模韵古胡切："觚，酒爵。"后引申为有棱或无棱的容器。《史记·酷吏列传序》："汉兴，破觚而为圜，斫雕而为朴。"司马贞索隐引应劭曰："觚，八棱有隅者。"

《汉方》6247 页中"觚"未收此义。

104. 盎［ŋaŋ²⁴］

桂林方言指瓢、盆一类的器具。例如桂林童谣《长大歌》："一岁在娘身上抱，两岁在娘脚上爬，三岁学爬又学走，四岁拿香𡍢抱求，五岁拿盎学淋菜，六岁拿篮折菜回，七岁拿笔学写字，八岁拿针学绣花，九岁下厨学做饭，十岁架车学纺纱，十一拿机学打布，十二织缎映彩霞，十三娘强女也强，十四功夫赛过娘，十五功多艺更熟，十六美名传四方，十七亲家来求爱，十八亲家过礼来，十九嫁妆齐备好，二十观音出园门。"

盎，属古方言。《说文·皿部》："盎，盆也。"《方言》卷五："罃、甂谓之盎。自关而西或谓之盆，或谓之盎。"《急就篇》卷三："甄、缶、盆、盎、瓮、罃、壶。"颜师古注："缶、盆、盎一类耳。缶即盎也，大腹而敛口，盆则敛底而宽上。"《后汉书·逸民传·逢萌》："〈萌〉乃首戴瓦盎，哭于市。"李贤注："盎，盆也。"《广韵》去声宕韵乌浪切："盎，盆也。"字亦作“瓫”。《说文·皿部》：“瓫，盎或从瓦。”《玉篇·瓦部》：“瓫，亦作‘盎’。”又“盎，盆也。”《庄子·德充符》：“瓮瓫大瘿齐桓公，桓公说之。”郭庆藩集释：“李（頣）云：瓮瓫，大瘿貌。”成玄英疏：“瓫，盆也。”

今徽语、客话也称瓢、盆一类的器具为“盎”。（据《汉方》4845 页）

105. 瓢羹［$p^{h}iau^{21}kən^{33}$］

勺子。例如桂林童谣《留级生》：“留级生，炒花生，打烂碗，赔瓢羹。赔又赔不起，躲倒床脚底。床脚底，有颗针，㓾着你的屁股墩。”

此词见于清代。清·唐枢《蜀籁》：“滥得瓢羹都舀不起来。”

福建南平官话、徽语、吴语、湘语、赣语、闽语也称勺子为“瓢羹”。（据《汉方》7200 页）

106. 欛（把、杷）［pa^{24}］

器物的柄。桂林方言把器物的柄称为“欛子”，如“刀柄”称“刀欛”。例如桂林童谣《麻雀鸟》：“麻雀鸟，尾巴长，偷谷偷米养姑娘。姑娘大，好揭嫁。请个姑爷打伞欛。伞欛打得溜溜光，请人吃茶汤。汤又苦，酒才香。十八罗汉脱衣裳。脱不下，请个马来脱。马会吐口水，吐进小姐的腿。”

《广韵》去声祃韵必驾切：“欛，刀柄名。”张慎仪《蜀方言》：“器柄曰欛。《唐韵》：‘欛，刀柄名。’”字本作“把”。“把”本指“握持、执”义，《说文·手部》：“把，握也。”《广韵》上声马韵博下切。孳乳出器物上手拿的部分，即柄。《正字通》：“把，去声必驾切，弓弣之属，手所握处为把。”《文选·潘岳〈射雉赋〉》：“戾翳旋把，萦随所历。”吕向注：“把，柄也。戾翳之柄，萦曲随雉之行，使不见也。”《礼记·曲礼上》“左手承弣”，唐孔颖达疏：“弣，谓弓把也。”唐·陆德明释文：“把，手执处也。”字亦作“杷”。《晋书·王蒙传》：“刘惔以犀杷麈尾置棺中。”“欛”是后起区别字。《敦煌曲子词·酒泉子》：“三尺青蛇，斩新铸就锋刃刚，沙鱼裹欛用银装，宝见七星光。”明·谢肇浙《五杂俎·物部三》：“一客窃而削之，文彩焕发，遂以为刀欛子。一日，割三棱草饲马，其欛悉消为水。”

《汉方》第2586页—2587页“把”解释为柄，见于胶辽官话、西南官话，晋语称柄为“把子”。《现方》6410页收“欛”释为器物的柄，见于崇明、南昌、于都、萍乡、徐州、扬州、忻州、南京、洛阳、万荣、武汉、成都。

107. 籫［loŋ⁵³］

桂林方言称竹制箱子为“籫”，也作地名用字，如地名“花籫”。例如桂林童谣《鸡公仔》：“鸡公仔，尾蓬松，进园扒菜又扒葱。扒起葱头种韭菜，韭菜开花满园红。大姐进园捡一朵，二姐进园捡一笼，三姐进园没得了，关起房门哭哄哄，哭得你娘心里酸，哭得你爷心也痛。你娘买个花花箱，你爷买个花花籫，抬走老爷门口过，老爷说妹嫁妆好。”

“籫”古辞书所载有两音：《广韵》平声东韵古红切：“籫，籫笠。方言。”今音读“gōng”。《广韵》上声感韵古禫切：“籫，竹名。亦作‘籫’。”《集韵》上声感韵古禫切：“匴，箱类。或作‘籫’。”今音读“gǎn”。桂林方言中“籫”的读音与古书所载不同，我们认为表箱子义的“籫”，其本字为“笼”。孙玉文认为，“笼”的原始义为竹制的圆形器物，卢红切，读“lóng”；滋生出盛土器义，力董切，读“lǒng”。[①] 显然，箱子义也属于其滋生义。《广韵》上声董韵力董切：“笼，竹器。”《中州音韵》：“笼，卢董切，箱笼。”“籫”为表“箱子”义，是“笼”的区别字。黄侃《蕲春语》：“吾乡为死者作斋，编竹为小匧以盛纸钱曰籫，而读笼上声。”

“籫”指笼、箱子，见于湖北蕲春，广东阳江、南宁平话。（据《汉方》6598页、《现方》5729页）

108. 题［ti³³］

酒、醋、油等物体的量器。例如桂林童谣《小老鼠》：“小老鼠，爬缸

① 孙玉文. 汉语变调构词考辨［M］. 商务印书馆，2015：456-457.

边，偷小题，量好油。请契娘，吃顿饭，契娘的肚子变两半。”

“题”原义指小盆，属古方言。《方言》卷五：“甂，陈魏宋楚之间谓之题。”郭璞注：“今河北人呼小盆为题”。”《广雅・释器》：“题，甂也。”王念孙疏证：“《太平御览》引《通俗文》云：小瓯曰题。”《集韵》平声齐韵田黎切：“《博雅》：‘题，瓯甂也。’”桂林方言引申为酒、醋、油等物体的量器。

今柳州也有此用法。（据《现方》4791 页）

109. 碗盏［o^{53}tsã^{53}］

碗、碟等的统称。桂林人称碗为“碗盏”，称灯为“灯盏”。例如桂林童谣《推磨扯磨》：“磨豆腐养花猪，花猪长，讨婆娘。讨个婆娘高又高，关到房门挞一跤，讨个婆娘矮又矮，汉子它是婆娘仔。讨个婆娘懒又懒，屙屎屙尿洗碗盏，讨个婆娘拙又拙，做双鞋子半个月。”

此词见于元代。元・无名氏《争报恩》第三折：“我问他讨粥钱，一个钱不曾与我，粥又吃了，连碗盏都打破了。”《儒林外史》第三回：“老太太听了，把细磁碗盏和银镶的杯盘逐件看了一遍。”《红楼梦》第七六回：“这里众媳妇收拾杯盘盏时，却少了个细茶杯。”《西游记》第六十八回：“那呆子捞个碗盏拿了，就跟行者出门。”

今湖南娄底，江西萍乡，山西永济、万荣，江苏南京、扬州、吴县、丹阳、江阴，上海崇明、松江，浙江普陀、绍兴、杭州、余姚、宁波也有此用法。（据《汉方》6451 页、《现方》4762 页）

110. 筲（筲箕）［çiau^{33}ki^{33}］

细竹篾丝编织的用于淘米、洗菜、撮垃圾的竹器。例如桂林谜语童谣《十螺富》：“一螺穷，二螺富，三螺磨豆腐，四螺洗尿布，五螺卖杂货，六螺开当铺；七螺八螺卖绸布，九螺十螺开金铺。十螺十筲箕，发财还不知。”

筲，指竹器。《说文》作“籍”或“箱”。《说文・竹部》：“籍，饭筥也。秦谓筥曰籍。”又“籍，陈留谓饭帚曰籍。一曰宋魏谓箸筩为籍。”段注：“筲，即籍字也。筲，即籍字。”《论语·子路》“斗筲之人，何足算也。”何晏集解引汉郑玄曰：“筲，竹器，容斗二升。”《礼记·杂记上》“甕甒筲衡实见间。”孔颖达疏：“筲者，盛黍稷。”《方言》卷五：“箸筩，陈楚宋魏之间谓之筲。”又卷十二：“簇，南楚謂之筲。”《仪礼·既夕礼》：“筲三：黍、稷、麦。”郑玄注：“筲，畚种类。”《汉书·公孙贺等传赞》：“斗筲之徒”颜师古注：“竹器，容斗一升。”唐·陆龟蒙《奉和袭美新秋言怀三十韵次韵》：“白菌盈枯枿，黄精满绿筲。”宋·陈元靓《岁时广记》：“七月十五日，收赤浮萍，用筲箕盛，故桶盛水，噉乾为末。”清·厉荃《事物异名录·器用·箕》：“《留青日札》：俗名竹饭器曰筲箕。又筲箕或作稍箕。”《广韵》平声肴韵所交切：“斗筲，竹器。”

今西南官话，湘语，徽语，湖南临武土话，广州、东莞粤语，金华、上海吴语，南宁平话，黎川赣语，扬州、南京江淮官话称撮垃圾的簸箕为“筲箕”。（据《汉方》6599 页、《现方》4873 页）

111. 火叉［$xo^{53}ts^{h}a^{33}$］

烧柴草煮饭或烧窑所用的工具。例如桂林童谣《燕子鸟》：“燕子鸟，飞门头，螺丝旋，旋门头。三天不吃米，四天不梳头。梳起头来插起花，打鼓打锣回外家。外家没得板凳坐，请你做个碓丫叉，外家没得菜，吃碗豆腐渣。外家没得菜，你就用嘴夹。左一夹，右一夹，外婆嫌你太邋遢。拿起火叉把你叉，吓得你，飞到梁上叫喳喳。”

宋·孟元老《东京梦华录》卷三《防火》：“及有救火家事，谓如大小桶……火叉、大索、铁猫儿之类。”此谓救火用具。曾公亮等《武经总要》前集卷十《攻城法》：“火叉，以铁为两歧。”《西游记》第七十七回：“只有一个拿火叉的，睡不稳……那小妖两三个大呵欠，把腰伸一伸，丢了火叉，也扑的睡倒，再不翻身。””此写烧火的小妖，“火叉”似即烧火的用具。《警世通言》卷二十五：“养娘取灶内火叉在手，桂大惊，奔至后园。”

今江淮官话、西南官话、吴语、湘语、湖南临武土话有此词。（据《汉方》906页）

112. 钵头［$po^{21}t^{h}əu^{21}$］

一种陶冶的器具，形状像盆。例如桂林童谣《点点大仔爱唱歌》："点点大仔爱唱歌，捶子大仔讨老婆；钵头大仔生个仔，天天拿个仔来摸。摸到三天摸死了，锄头挖眼挂耙拖；大狗吧起满山跑，小狗吧起拱棘窝。大人看见好可怜，小人看见砖两砣。"

《西游记》第五三回："拿这钵头儿去，是必多取些来。"《先醒斋广笔记》："（治痰嗽吐不已胸膈有冷物上塞饮热汤稍下）五倍子拣粗大者，安大钵头内，用煮糯米粥汤，浸盖好，安静处。"

今北京官话、西南官话、江淮官话、吴语、客话、粤语、湖南沅陵乡话也有该词。（据《汉方》4866页）

《现方》第98页"钵头"指"陶制的器具，形状像盆而较小"标注为"〈方〉"。

九、称谓（不含亲属称谓）

113. 秋娘［$tɕ^{h}iəu^{33}niaŋ^{21}$］

桂林方言指聪明能干的女孩，人们通常说："那个妹仔好秋娘咧。"例如桂林童谣《秋娘婆》："秋娘婆，养鸡不养鹅，养鸡不下蛋，气死秋娘婆。"

此词最早见于唐代。对于"秋娘"之所指，迄今为止有五种说法：1. 谢秋娘；2. 杜秋娘；3. 代指美人；4. 唐代歌妓女伶通称；（以上出自《辞源》《汉语大词辞典》）5. 南宋女子朱希真①。根据白居易《琵琶行》："曲罢曾教善才服，妆成每被秋娘妒。"唐·元稹《赠吕二校书》："共占花园争

① 《全宋词》第3854页有"希真小字秋娘，建康府朱将仕女，适同邑商人徐必用"。

赵辟，竞添钱贯定秋娘。”秋娘是唐代尤其是中唐以后对歌妓舞女或美人的通称。歌妓舞女身怀绝技，故我们认为“秋娘”也可指聪明能干的女孩。

《现方》第2759页、《汉方》第4203页“秋娘”未收此义。

114. 黄花女［uaŋ²¹xua³³ny⁵³］

处女的俗称。例如桂林童谣《点指》：“点指点指窝窝，油炸油炸叶叶，猫仔吃饭，老鼠唱歌。唱个什么歌？唱个东门李大哥，你趨东门做什么？我趨东门讨老婆，有钱讨个黄花女，无钱讨个烂哭婆，烂哭婆生个仔，名字叫做烂蚂蜴，蚂蜴头上有滴血，杀鸡杀鸭供满月，满月不包粽，虱子一大朋，满月不请酒，虱子满街走。”

明·冯梦龙《醒世恒言》卷三：“况且你身子已被人捉弄过了，就是今夜嫁人，叫不得个黄花女儿。”明·朱有炖《香囊怨》：“收下这些东西罢，我的个黄花女儿，与了你梳拢，明日只要你做一个大大的筵席。”清·翟灏《通俗编》：“今市俗有等谚语如：云秤钩打钉曳直，黄花女儿做媒自身难保。”清·胡文英《吴下方言考》：“花黄，未嫁之饰也。今俗谓女子未嫁者曰黄花女。”

今娄底、萍乡也有此用法，武汉旧时称处女为“黄花幼女”，云南玉溪西南官话称“黄花囡”。（据《现方》3606页、《汉方》5304页）

115. 拐子［kuæ⁵³tsi⁵³］

小偷，扒手。例如桂林童谣《老鼠》：“老鼠老鼠，眼睛鼓鼓，胡子翘翘，尾巴撩撩，不是侩子，就是拐子。”

“拐子”指小偷、骗子，见于明以降。明·佚名《玉茗堂批评异梦记》：“一个有名的拐子，便是一向只靠在街坊上东走西撣，拐骗钱钞。”明·凌濛初《初刻拍案惊奇》卷十六：“世间最可恶的是拐子。”《红楼梦》第四回：“因那日买了个丫头，不想系拐子拐来卖的。”清·佚名《广陵史稿》：“因科敛碾坊折色银一百二十两诈索贩贾陆陈，俗名拐子。”《三侠五义》第五回：

“张老拿着衣服出来，该值的说：“跟着他，看他是拐子！”

今西南官话贵州大方、赫章，崇明，娄底，柳州也称“小偷、扒手”为“拐子”。（据《汉方》3226页、《现方》2031页）

116. 后生［$\mathbf{x\partial u^{24}s\partial n^{33}}$］

年轻人，青年人。例如桂林童谣《李花梨花开满山》：“李花梨花开满山，冬瓜南瓜结满园，三个姑娘吹芦笙，两个后生吹横笛。想吹横笛不好听，歌儿声声如蝉鸣，风吹木叶竹叶响，从早到晚响不停。”

“后生”指年轻人在春秋战国时期已见。《论语》：“后生可畏，焉知来者之不如今也？”汉·王充《论衡·刺孟》：“谓孔子之徒，孟子之辈，教授后生，觉悟顽愚乎？”唐·裴庭裕《东观奏记》：“铢曰‘吾老不能退，一旦为后生所辱，遂乞罢。’”《古今小说·张道陵七试赵升》：“真人年六十余，自服丹药，容颜转少，如三十岁后生模样。”佚名《论语集解学而篇》：“后生谓少年也。”《二刻拍案惊奇》卷二：“娘子花朵儿般后生，恁地会忘事？”《何典》第七回：“磕了头起来，便有一个一师姑……留他进去吃清茶。”

据《汉方》第2083页，福建南平官话、徽语、吴语、赣语、客话、粤语、闽语也称年轻人为“后生”，未收西南官话为例。又据《现方》2796页，今柳州、宁波、萍乡、黎川、南宁平话、福州、东莞称年轻人为“后生”。

《现汉》第545页“后生”指“青年人”标注为“〈方〉”。

117. 告化子［$\mathbf{kau^{24}xau^{33}tsi^{53}}$］

桂林方言称“乞丐”为“告化子”或“告化佬”。例如桂林童谣《告化佬》：“告化佬，背禾稿，背上山，老虎咬，咬着手，我有酒，咬着脚，我有药，咬着屁股椏，我有豆腐渣。”

《跻春台》卷一《东瓜女》：“妈莫留他，告化子进屋不利。”又卷四《香莲配》：“我们乃作何事，如今被告化子耻笑，好不羞人。”

此词见于西南官话、江西瑞金客话、福建南平官话。(据《汉方》2706页)

118. 老庚［lau⁵³kən³³］

同龄而又结为亲密关系的人。例如桂林童谣《老表和老庚》："老表老表，你进牛栏我丢草；老庚老庚，你进牛栏我点灯。"

《跻春台》卷二《平分银》："这妇人好聪明，好在行，我明知他只有一件，在他说来好像是富豪人家，衣服多得很样，说来与夫增光，老庚真正好命哦。"又："未上十年，两老庚各买田百亩，俱生四子。"

《汉方》1653页收"老庚"指同龄人，见于中原官话、西南官话、湘语、赣语、客话。

119. 老表［lau⁵³piau³³］

对男子或男子间的客气称呼。《上树摇摇》："上树上树摇摇，摘朋葡萄。摘得多，给大哥。摘得少，给老表，老表吃不了，喂只麻雀鸟。"

《跻春台》卷一《义虎祠》："听声音知是雷老表，与天生二人把气淘。"此为老年妇女称少年。又卷四《错姻缘》："这叫啥话，二回不是喊老表了？"此为岳父对新婚女婿不满说的话。《官场现形记》第四十二回："这位老表有点秃顶，为他姓萧，乡下人都叫他为'萧秃子'。"《九尾龟》第四十四回："不像你这般脾气，就和山西老表一般，一身儿都是酸气。"

《大词典》"老表"谓"方言。年龄相近的成年男子间的客气称"。《现汉》第782页，"老表"谓"〈方〉对年龄相近的、不相识的成年男子的客气称呼"。

《汉方》第2651页收"老表"，指"年龄相近、不相识的成年男子的客气称呼"，引赣语、客话为例，未引西南官话例。

120. 同年［tʰoŋ²¹niɛ²¹］

指同年同月甚至同时生而双方相互定或结为好朋友。例如桂林童谣《打板板》："打板板，拜年年，爸爸妈妈给钱钱，买饼饼，认同年，同年没在屋，隔壁吃碗芋头粥，同年回来了，杀鸡又砍肉，点点夹给同年吃，同年吃了心满足。"

《跻春台》卷一《义虎祠》："今天啥，我同年儿送斤肉来，又莫得盐，特来跟你借一杯，明天卖了线子就还。""同年儿"谓同年朋友的儿子。又《失新郎》："若不遇着你同年伯，速命都不在了。"子女称父亲的同年朋友为"同年伯"或"同年爹"。

《汉方》第1959页收"同年"指"男女互呼称心的朋友"，引广西桂林西南官话为例，释义有所误差。

121. 妹崽［mεi²⁴tsæ⁵³］

女孩。例如桂林童谣《古怪歌》："讲古怪，唱古怪，过去古怪实在多，八洞神仙说不尽，讲起古怪笑呵呵；猪婆上山咬老虎；蚂蚜咬蛇倒转拖，黄牛下水斗狮子，蛤蟆上树捡田螺；八十老太生妹崽；十八姑娘变太婆；蜜蜂咬着鲤鱼飞，蚂蚁扛着野狗婆；山鸡下河捞鱼仔，脚鱼上山追天鹅；鸡公下蛋四两重，牯牛生仔一大窝；板凳爬上白粉墙，灯草打烂大铁锅；世间本无这些事，编来唱唱取取乐。"

《跻春台》卷一《过人疯》："你这个妹崽，今天癫了么？"又《节寿坊》："你这妹崽，好不巴家哟，为啥无故就拿些钱米与人？"又《哑女配》："为你这个妹崽，几乎把父气坏。"

《汉方》第3751页收"妹崽子"指"女孩"，引湘语、客话为例，未引西南官话例。

122. 别个［piε²¹ko²⁴］

别人；别的。例如桂林童谣《奔头》："奔头奔头，落雨不愁。别个有伞，我有奔头。"

宋·向子諲《点绛唇》词："更没别个，且莫分疏破。"《朱子语类》卷十三《学七》："他只缘私欲不能克，临事只见这个重，都不见别个了。"元·王实甫《西厢记》第五本第三折："休说别个，只这一套衣服也冲动他。"秦简夫《剪发待宾》第一折："别个书生都相请了，则有您孩儿不曾请。"《水浒传》第四十九回："推了事故，锁了牢门，教别个小节级看守了门，一径奔到东门外，望十里牌来。"《拍案惊奇》卷十五："别个有了银子，自然千方百计要寻出便益来。"

《现方》《汉方》未收该词。

十、亲属

123. 阿公［$a^{33}ko\eta^{33}$］

祖父。例如桂林童谣《月亮弯弯》："月亮弯弯，挂牛栏，穿绸裤，披彩衫，阿公砍竹做芦笙，哥哥吹笙好动人，月姑啊，你眼胀不眼胀？"

祖父称作"阿公"见于唐代。李延寿《南史·颜延之传》："尝与何偃同从上南郊，偃于路中遥呼延之曰'颜公'，延之以其轻脱，怪之，答曰：'身非三公之公，又非田舍之公，又非君家阿公，何以呼为公？'"后代书证：元·李文蔚《同乐院燕青博鱼》第一折："（燕二云）你不是歹人，是贼的阿公哩！"南戏《杀狗记》第二十出："（外）是谁？（丑）阿公，我是安童。"

今福建南平官话、吴语、湘语、粤语、厦门等地闽语、广西南宁平话、梅县客家话也见此词。（据《汉方》2985页、《现方》1952页）

《现汉》此词标注了"〈方〉"。

124. 阿婆［$a^{33}p^{h}o^{21}$］

祖母。例如桂林童谣《雷公叫》："雷公叫，雷公叫，乌云满天罩，火蛇射线乒乓响，鸡飞狗又跳。雷公叫，雷公叫，乌云满天罩，阿公寻雨帽，阿婆哈哈笑。雷公先叫，雷公先叫，大水没会到。"又如《鼻涕龙》："鼻涕龙，两分钱一筒，卖给阿婆做灯笼。"

此词本指母亲，如《乐府诗集·横吹曲辞五·折杨柳枝歌二》："阿婆不嫁女，那得孙儿抱。"唐以降指祖母，唐·李延寿《南史·齐纪下·郁林王》："帝谓豫章王妃庾氏（帝之叔祖母）曰：'阿婆，佛法言有福生帝王家。'"元·揭傒斯《梦两雏》："雨声断道风惊屋，阿婆独抱诸孙哭。"

西南官话、吴语、粤语和闽语（福建寿宁、广东潮阳）见此词。（据《汉方》2997页）

《现汉》此词标注了"〈方〉"。

125. 阿爹［$a^{33}ti\varepsilon^{33}$］

祖父。例如桂林童谣《大石头，小石头》："大石头，小石头，阿爹带我看黄牛。黄牛过江，踩紧蚂蟥，蚂蟥告状，告诉和尚，和尚念经，念紧观音，观音扑水，扑紧海鬼，海鬼点灯，烧紧你眉毛和眼睛。"

"阿爹"本指父亲。汉·戴良《失父零丁》："今月七日失阿爹，念此酷毒可痛伤。"唐·韩愈《祭女拿女文》："维年月日，阿爹阿八，使汝奶以清酒时果庶羞之奠，祭于第四小娘子拿子之灵。"明以后有"祖父"之义。明·冯梦龙《醒世恒言·一文钱小隙造奇冤》："赵一郎道：'小人靠阿爹洪福过日的，怎敢泄漏？'"按：赵一郎为赵完心腹义孙。清·张岱《夜航船》："吴人呼父曰爹，音遮。呼祖曰阿爹。"清·黄炉修《光绪梅菉赋志》："呼祖父母曰阿爹阿媤。"

今吴语、客话、闽语也称祖父为"阿爹"。（据《汉方》2996页）

126. 大［ta^{24}］

桂林称父亲为"阿大"或"大大"。例如桂林童谣《怪事多》："怪事事上多，先生小弟后生哥，生我大大我倒水，嫁我妈妈我打锣。抬起外婆门前过，外婆还在坐摇箩。牛生蛋，马生角，癞皮蚂蚜生耳朵，妹妹妹妹快来看，黑鸡婆生白蛋壳。"

"大"指"父亲"见于明代。明·沉榜《宛署杂记·民风二》："父曰爹，又曰别，又曰大。”《霓裳续谱·二月春光实可夸》：“不知道是孩子的大大，奴家的他，将来是谁家，落在那一家？”

冀鲁官话、胶辽官话、中原官话、晋语、江淮官话、西南官话、徽语、赣语称父亲为“大”。（据《汉方》233—234 页）

127. 爷［iɛ²¹］

背称父亲。例如桂林童谣《柑子黄黄心又甜》：“柑子黄黄心又甜，爷娘富贵女抵钱，爷打金簪头上插，娘打银花插两边，兄打手踺手上戴，脚底花鞋是嫂妆。”

“爷”指称父亲南北朝时已见。《玉篇·父部》以遮切：“爷，俗为父爷字。”北朝民歌《木兰诗》：“军书十二卷，卷卷有爷名。”字或作“耶”，《古文苑》卷九引《木兰诗》作“耶”，章樵注：“耶，今作爷。俗呼父为爷。”《正字通·父部》：“以蛇切。音耶。俗谓父为爷，古《木兰诗》阿爷无大儿。《杜甫诗》爷娘妻子走相送，通作‘耶’。”《篇海类编·人物类·父部》：“爷，俗呼父为爷。通作耶。”

称父亲为“爷”还见于冀鲁官话、胶辽官话、中原官话、江淮官话、徽语、吴语、赣语、湘语、客家话和闽语。（福建建阳、顺昌）。（据《汉方》2126 页）

《现汉》第 1527 页此词标注了“〈方〉”。

128. 婆娘［pʰo²¹niaŋ²¹］

① 妻子。② 妇女的通称。例如桂林童谣《月亮亮》：“月亮亮，十八丈，借我牛犁大丘，借我马，下全州，全州路上一枝花，摇摇摆摆到谢家，谢家门前有个泵按塘，两根草鱼扁担长，大的留到自家吃，小的留到讨婆娘，讨个婆娘大又大，三张板凳坐无下，讨个婆娘小又小，关到屋里无见了。”此童谣中的“婆娘”指妻子。《排排坐》：“排排坐，吃糯糯，糯糯香，炒金姜，金姜辣，买枇杷，枇杷苦，炒猪肚，猪肚烂，买鸭蛋，鸭蛋尖，尖上天，天

又高，买把刀，刀又长，买只羊，羊又花，买个瓜，瓜又甜，买只船，船又没得底，一个婆娘两个女。”此童谣中的“婆娘”指对妇女的通称。

“婆娘”指妻子，见于元以降。元·石君宝《秋胡戏妻》第四折：“谁着你戏弄人家妻儿，迤逗人家婆娘。”《水浒传》第二十四回：“带钱买酒酬奸诈，却把婆娘白送人。”《二十年目睹之怪现状》第五十六回：“他婆娘听了，便去弄饭。”《通俗常言疏证·家族》：“《辰俗杂录》：‘呼妻曰婆娘，婆而系之以娘，尊之也，非贱之也。’”“婆娘”指对妇女的通称，亦见于元代。元·王实甫《西厢记》第三本第一折：“你看人似桃李春风墙外枝，卖俏倚门儿。我虽是个婆娘，有志气。”《水浒传》第二十回：“那张三亦是个酒色之徒，这事如何不晓得？因见这婆娘眉来眼去，十分有情，便记在心里。”

东北官话、中原官话、晋语、兰银官话、江淮官话、吴语、湘语、赣语也称妻子为“婆娘”（据《汉方》5825—5826 页）。

129. 老子［$lau^{53}tsi^{53}$］

① 俗称父亲。② 对老年人的泛称。例如桂林童谣《摔酒罐》：“老子打喷鼽，大仔盘泥鳅，盘着两斤半，老子喝一罐，大仔夹一根，二仔串一串，三仔端菜锅，气得老子甩酒罐。”此童谣中的“老子”指父亲。《荞麦荞麦》：“荞麦荞麦，种子难得。结起籽籽，墨黑墨黑。打成粉子，雪白雪白。做成粑粑，浸黑浸黑。吃了打屁，总是不歇。堂屋打到火炉，火炉打到门角。公公老子看见，哎呀哎呀。”此童谣中的“老子”指对老年人的泛称。

“老子”指父亲，见于南北朝时期。南朝梁·沈约《宋书·孝义传·潘琮》：“儿年少，自能走，今为老子不走去。”宋·陆游《老学庵笔记》卷一：“予在南郑，见西邮俚俗谓父曰老子，虽年十七八，有子亦称老子。”亦指对老年人的泛称。唐·白居易《晚起闲行》诗：“皤然一老子，拥裘仍隐几。”元·秦简夫《东堂老》楔子：“如今老了，人家就叫我做东堂老子。”

据《现方》1187 页，今哈尔滨、扬州、绩溪、丹阳、杭州、南昌、南宁平话、太原、东莞也俗称父亲为“老子”。《汉方》1641 页“老子”未收此义。

130. 外家［$ue^{24}kia^{33}$］

娘家，即岳父岳母家。例如桂林童谣《排队走路》："走先头角尖，走二踩单车，走三骑白马，走四挨鬼打，走五磨剃刀，走六刮寒毛，走七肚拐大，走八有仔下，走九包粽粑，走十回外家。"

此词东汉已见。东汉·刘珍《东观汉记·吴汉传》："（吴汉）尝出征，妻子在后买田业。汉还，让之曰：'军师在外，吏士不足，何多买田宅乎！'遂以分与昆弟外家。"此"外家"谓妻子的娘家。

此词也见于中原官话、兰银官话、柳州西南官话、福州闽语、客家话。（据《汉方》1305 页、《现方》1049 页、温美姬《梅县方言古语词研究》75 页）

131. 阿舅［$a^{33}tɕiəu^{24}$］

舅父。例如桂林童谣《矮又矮》："哪个哪个的仔，矮又矮，打架又不行，动刀仔，刀仔起了绣，喊阿舅，阿舅没在屋，躲到门背哭。"

据骆晓平（1990），南朝梁·殷芸《殷芸小说》卷I已见此词。据《乐府诗集》卷第八十九"周初有谣"引《隋书·五行志上》曰："周初有童谣曰：'白杨树头金鸡鸣，只有阿舅无外甥。'按：静帝，隋氏之甥，既逊位而崩，诸舅强盛。"《乐府诗集》收录的是汉魏至唐五代的一些乐府诗歌，可见此"周"当为北周，故北周亦见"阿舅"一词。后代用例如：《水浒传》第十四回："少刻，我送雷都头那人出来时，你便叫我做阿舅，我便认你做外甥。"此词语音上，"舅"为上声群母，在桂林方言属浊上归去声例。

今中原官话、兰银官话、西南官话、福建南平官话、吴语、粤语、厦门等地闽语也称舅舅为"阿舅"。（据《汉方》2999 页）

132. 舅爷［$tɕiəu^{24}iɛ^{21}$］

背称舅父。例如桂林童谣《牛仔牛》："牛仔牛，上山吃草没抬头，儿时养得牛仔大，牛仔大了起高楼。高楼高，高楼底下撒茼蒿。脚底有个娇娇妹，七岁八岁学剪刀，剪刀跌下麻篮背，舅爷舅娘来做媒，大哥买个梧州箦，二哥买个梧州箱，抬走王家门口过，王家娃仔笑哈哈。打开箦，花泵泵；打开箱，金银首饰十二双。”

“舅父”称“舅爷”在明代就已出现。明·凌濛初《二刻拍案惊奇》：“依说是你妹子，你是舅爷了，你且在门房里坐一坐，我去报与将军知道。”《西游记》第四十三回：沙僧道：“他这里边……待要把师父与八戒蒸熟了，去请他舅爷来暖寿……只要回去具柬请客，我才上来了。”此处舅爷指鼍龙之母的二哥哥及西海龙王敖顺。清·汪辉祖《学治臆说》：“妻兄弟为舅爷也”清·徐珂撰《清稗类钞》：“妇之兄弟曰舅爷。”

江淮官话、徽语、吴语、湘语、赣语、客话、闽语、南宁平话、广州粤语也称舅父为“舅爷”。（据《汉方》6614 页、《现方》4882 页）

133. 舅娘［tɕiəu²⁴niaŋ²¹］

舅妈。例如桂林童谣《摇啊摇》：“摇啊摇，摇啊摇，摇到外婆桥，外婆舅娘对我好，买个鲤鱼烧，头不熟，尾巴焦，拿起尾巴再烧烧，外孙吃了快点摇。”

明·西周生《醒世姻缘传》第一百回：“素姐本等不待下气，只是叫寄姐斗败了的鸡，不敢展翅，见景识景，叫童奶奶也跟着称呼‘姥姥’，叫骆校尉媳妇是‘舅娘’，小虎哥媳妇是‘你妗子’。”明·陆采《明珠记》：“〔生〕全靠舅娘撺掇。〔老〕舅舅早回来也。”清·陈端生《再生缘全传》：“至亲骨肉有何嫌，休论君王国礼严。舅父、舅娘俱若此，令奴心内怎生安。”以上“舅娘”皆谓舅妈。

江淮官话、福建南平官话、吴语、湘语、赣语、客话、粤语也称舅妈为“舅娘”。（《汉方》6615 页）

134. 阿嫂［a³³sau⁵³］

嫂子。例如桂林童谣《荞麦开花杆子红》：“荞麦开花杆子红，在家做女是条龙。一夜坐到鸡开口，一夜睡到日头红。堂屋梳头阿哥骂，火屋洗脸阿嫂嫌。阿哥阿嫂你莫嫌，借你房子住三年。再过三年出了嫁，门前大丘我不要。”

关汉卿《关大王独赴单刀会》第三折：“【快活三】小可如我携亲侄访冀王，引阿嫂觅刘皇，灞陵桥上气昂昂，侧坐在雕鞍上。”南戏《杀狗记》第十四出：“（净）前日你每阿嫂有病，教我去求笺。”又：“（净）说得是，昨夜我与你每阿嫂说那羊脂玉环，他说道：‘眼见稀奇物，寿增一纪。’”以上“阿嫂”皆谓嫂子。

客话、吴语、粤语、厦门等地闽语嫂子也称为“阿嫂”。（据《汉方》2999页）

135. 姊（姊妹）［tsɿ⁵³mɛi²⁴］

桂林方言称姐妹、姐弟或兄妹为“姊妹”。例如桂林童谣《十姊妹》：“大姐头上龙凤珠，二姐搽粉配胭脂，三姐脸带桃红色，四姐脸带李花开，五姐脸带青铜镜，六姐嘴含甘草香，七姐七辫七梳头，八姐八辫九梳妆，九姐下裁开领袖，十姐拿笔写文章，一笔写断十姊妹，十姊十妹嫁官家，只图官家工好做，不图官家饭好吃，只图官家好门楣，前门三座琉璃瓦，后门清水漂莲花。”又如《七姊妹》：“七姊妹，要来达早来，莫到深更半夜来，深更半夜有露水，打湿姑娘绣花鞋。”

《说文·女部》：“姊，女兄也。”《尔雅·释亲》：“男子谓女子先生为姊，后生为妹。”《广韵》上声旨韵将几切：“《尔雅》曰：‘男子谓女子先生为姊。’”《诗·邶风·泉水》：“问我诸姑，遂及伯姊。”《毛传》：“先生曰姊。”《左传·文公八年》：“宋襄夫人襄王之姊也，昭公不礼焉。”宋·乐史《杨太真外传》：“又命杨以下，约禄山为兄弟姊妹，往来必相宴饯。”元·佚名《谢金吾》第三折：“今皇帝是俺嫡堂叔侄，先皇帝是俺同胞的那姊妹。”《醒世恒言》卷二十七：“到了次早，焦氏催促起程，姊妹们洒泪而别。”

中原官话、晋语、吴语、赣语、客话、广州粤语、厦门闽语、南宁平话、

娄底湘语也称兄弟姐妹为“姊妹”。（据《汉方》3015 页、《现方》1968—1969 页）

136. 阿哥［$a^{33}ko^{33}$］

哥哥。例如桂林童谣《一文钱，二文钱》：“一文钱，两文钱，留倒阿哥买黄连。黄连苦，买猪肚，猪肚烂，买鸭蛋。鸭蛋薄，买菱角，菱角尖，尖上天。天上打鼓划龙船，龙船破两边坐，猴子挑水街上过，别人笑他无老婆。再等三年讨一个，咪响喇叭送外婆。”

宋·无名氏《宣和遗事》后集：“如今阿哥被灵州同知使往燕京下文字，不久亦须此来。”《二刻拍案惊奇》卷三七：“走到间壁，叫声‘阿哥’！”《官场现形记》第八回：“难末，倪又勿懂哉。倪格娘有个过房儿子，算倪的阿哥，从前也勒一爿洋行里做买办格。”

中原官话、兰银官话、客话、福建南平官话、吴语、粤语和闽语（福建福清、寿宁、福鼎、永春）哥哥也称作“阿哥”。（据《汉方》2995 页，温美姬《梅县方言古语词研究》78 页）

137. 契［$k^{h}i^{24}$］

拜认的干亲。桂林方言称义父为“契爷”，称义母“契娘”。例如桂林童谣《八月十五桂花开》：“八月十五桂花开，一心想埚契娘家，契娘接我我不埚，无钱买饼买鸡鸭。”

明清时期就已出现“契”指拜认的干亲，如称结拜的弟弟为“契弟”，称义父（母）或养父（母）为“契父（母）”。明·冯梦龙《喻世明言》第十六卷：“维某年某月，契弟张劭，谨以炙鸡絮酒，致祭于仁兄巨卿范君亡灵前曰……”明·崔时佩李景云《西厢记·金兰判决》：“下官姓杜名确，字君实，幼年与契弟张君瑞同窗。”《红楼梦》第九回：“（薛蟠）因此也假来上学读书，不过是三日打鱼，两日晒网，白送些束修礼物与贾代儒，却不曾有一些进益，只图结交些契弟。”清·黄小配《大马扁》第十一回：“那怀塔布是前任文华殿大学士瑞麟的儿子，那瑞麟是当今太后的契父，看来那怀塔布与太后有个契兄妹的情分，恐怕勒他不得。”清·黄小配《廿载繁华梦》第十九回：“陈健就认田姐作契母，田姐也认陈健作干儿。”

粤语和厦门闽语、福建泰宁赣语、客话拜认的干亲也说“契”。（据《汉方》3806页、温美姬《梅县方言古语词研究》80页）

138. 媳妇［ɕi^{21}fu^{24}］

儿媳。例如桂林童谣《麻雀仔》：“麻雀仔，尾弯弯，做人媳妇实在难，大早起来还讲晏，又被家婆唻一顿，唻到仔鸡跳唧唧。”

“媳妇”指“儿媳”见于宋代。宋·孟元老《东京梦华录·娶妇》：“凡娶媳妇，先起草帖子，两家允许，然后起细帖子。”《元史·后妃传二·裕宗后伯兰也怯赤》：“后性孝谨，善事中宫，世祖每称之为贤德媳妇。”关汉卿《窦娥冤》楔子：“窦秀才留下他这女孩儿与我做媳妇儿，他一径上朝应举去了。”

据《现方》5028页，今济南、扬州、贵阳、长沙、柳州、娄底、西宁、万荣也称儿媳为“媳妇”。《汉方》6729—6730页“媳妇”未收此义。

139. 㞆［mã^{53}］

最小的，排行末位的，如称呼最小的女儿为“㞆女”。例如桂林童谣《禾雁仔》：“禾雁仔，挑树皮，挑上江头望㞆姨；䜱㞆梳个粑粑头，摘朵红花插头头，辫子又长脚又细，哏好花鞋踩青泥。”又如《凉伞妹》：“粽粑叶，卷筒筒，凉伞妹，早梳头，梳起头来娘欢喜，轿子进屋娘又愁，娘莫慌，娘莫愁，㞆女嫁揭九屋楼。九个门环九把锁，九把钥匙交妹收。东楼吃饭西楼耍，麻篮挂在紫金钩。”

㞆，方言字常作“䜱”“猊”，俗作“满”。明·田艺蘅《留青日札》：“季子曰：𥡴，力来反，子之尽也。新会曰㞆，极命反，子之至尾者也。”清同治甲子年《广东通志》：“子女晚生者多曰𥡴，或曰㞆，尾子也。㞆音米。”

清·屈大均《广东新语》："子女末生者多名曰䜌，新会则曰长仔或曰屘。"清·黄叔璥《台海使槎录·习俗》："大武郡……又所生少子，名曰'屘'，土音'满'。"罗翙云《客方言·释亲属》："俗谓少子曰满子，满当为末。"

《汉方》5203 页收录"屘"指最后生的子女，见于粤语广东广州、顺德；第 6680 页收录"满"，指排行最末的，最小的，见于西南官话、湘语、赣语、客话、粤语、土话；第 6682—6683 页收录"满叔"指排行最小的叔叔，"满崽"指最小的儿子，"满舅"指排行最小的舅父，"满满"指叔叔；第 5240 页收"殁仔""殁妹"指小女儿、小儿子，引西南官话广西桂林为例。《现方》3473 页收录"殁叔"指最小的叔父，"殁崽"指最小的儿子，"殁孃"最小的姑母，并指出"殁"是方言字，指排行最小，桂南平话和勾漏片粤语写作"晚"，是为正字。

140. 崽［tsæ⁵³］

① 孩子；儿子；男孩。② 细小的物品，幼小的鸟兽、植物。③ 詈词。④ 指有某些特征或从事某种职业的年轻人。例如桂林童谣《养崽十年长攋攋》："养崽十年长攋攋，父母奔波苦难挨，眼前不是杉树崽，还要打理方成柴。"此童谣中"养崽"的"崽"为孩子义，"树崽"的"崽"为幼小义。《燕子燕》："燕子燕，盘龙舵，狗砍材，鸡烧火，马骝挑水把街过，猫公打凳给客坐，街上行人偷眼砍，妹崽娃崽笑哈哈。"此童谣中的"娃崽"指男孩。又如谜语童谣："切脱屁股才出嫁，嫁到黄泥寨脚下。从来没见丈夫面，带着崽女回外家。（谜底：芋头）"此童谣中的"崽"为儿子义。桂林童谣《交友》："宁交老实牯，莫交烂崽头。"此童谣中的"崽"为詈词。《月光光》："蜻蜓拜，拜你姐，你姐房里有把锁，锁倒你，你不知，后面有个懵懂崽，来捉你，一捉捉倒个日本崽。"此童谣中的"崽"指具有某种特征的人。

"崽"在方言中常俗作"仔"。"崽"指儿子，为古方言词。《方言》卷十："崽者，子也。湘沅之会，凡言是子者谓之崽，若东齐言子矣。"北魏·郦道元《水经注·湕水》："至若娈婉丱童及弱年崽子，或单舟采菱，或叠舸折芰。”明·焦竑《俗书刊误·俗用杂字》：“江、湘、吴、越呼子曰崽。音宰。”明·李实《蜀语》：“谓子曰仔。”引申出幼小之义。《儿女英雄传》第五回：“那夜猫子白日里又不出窝，忽然听得人声，只道有人掏他的崽儿来了，便横冲了出来。”《红楼梦》第四三回：“方才你们送来野鸡崽子汤，我尝了一尝，倒有味儿。”桂林方言语义范围有所扩大，凡细小的物品、幼小的动植物均叫作“崽”。同时也作詈词用。《广韵·皆韵》：“崽，自高而侮人也。”清·西崖《谈徵·名部上·崽团仔》：“粤人称凶恶人亦曰烂崽。”章炳麟《新方言·释亲属》：“成都、安庆骂人，则冠以崽字。”清·高士奇《天禄识余·娈童》：“今北人骂顽童曰崽子。”《红楼梦》第五八回：“这一点小崽子，也挑么挑六，咸嘴淡舌，咬群的骡子似的！”

据《汉方》第6119页，北京官话、中原官话、晋语、兰银官话、江淮官话、西南官话、吴语、湘语、赣语、客话、粤语、闽语称孩子、儿子为“仔”；称“仔”为幼小、细小的和有某些特征的人，见于西南官话。《汉方》第1295页“仔”指小孩时，见于闽语；指男孩时，见于西南官话、赣语、粤语。

《现汉》第1628页，“崽”标注为“〈方〉”。

十一、身体

141. 脬（尿脬）[$niau^{24}p^{h}au^{33}$]

膀胱。桂林方言膀胱说“尿脬”。例如桂林童谣《猪尿脬》：“猪尿脬，像气球，油汪汪，又像肉。小猫见了咬一口，尿脬成了瘪气球。小猫转身蔫了头，两手空空往屋走。”

《说文·肉部》：“脬，膀光也。”《玉篇·肉部》：“脬，膀胱也。”《广韵》平声肴韵匹交切：“腹中水府。”《史记·扁鹊仓公列传》：“风瘅客脬，难于大小溲，溺赤。”张守节正义：“盲风瘅之病客居在膀胱。”宋·苏舜钦《奉酬公素学士见招之作》：“宾从倾颓尚未厌，直恐溃烂肠与脬。”明·李时珍《本草纲目》："治痔疮漏疮：白矾四两，青盐四两。为末，猪尿脬一个盛之，阴干。"清·蒲松龄《聊斋志异·胡四姐》："遂以猪脬裹瓶口，缄封甚固。"

按："尿脬"常作"尿泡"。罗翙云《客方言·释形体》："膀胱承溺，今谓之尿泡。"《西游记》第三一回："尿泡虽大无斤两，秤砣虽小压千斤。"明·汤显祖《牡丹亭》："〔丑扮疙童，持锹上〕猪尿泡疙疸偌卢胡，没裤。"清·汤颐琐《黄绣球》："这一大众人，偏就鼓不动一条猪大肠、猪尿泡，可还成个人吗？"

据《现方》1941页作"尿脬"，见于哈尔滨、牟平、扬州、南京、武汉、柳州、洛阳、西安、西宁、银川、万荣、太原、上海、杭州、娄底、萍乡、广州、海口。《汉方》2979页作"尿泡"，见于东北官话、中原官话、晋语、江淮官话、西南官话、湘语、赣语、客话。

142. 骿（肋骿骨）［$lə^{21}p^{h}in^{33}ku^{21}$］

肋骨。桂林方言肋骨说"肋骿骨"。例如桂林童谣《鸦片毒》："鸦片毒，炊烟落了一身肉，不信脱衣给你看，一身现出肋骿骨。"

"骿"自古就有肋骨义。《集韵》平声青韵滂丁切："骿，肋骨。"《类篇·骨部》："骿，肋骨。滂丁切。"《字汇·骨部》："骿，普丁切，音娉，肋骨。"

今柳州也称肋骨为"肋骿骨"（据《现方》1494页）。

143. 颈嗓［$kin^{53}saŋ^{53}$］

脖子。例如桂林童谣《我是广西大老肥》："喂喂喂你是谁，我是广西大老肥，眼睛大屁股肥，颈嗓扭扭像棒槌。"

此词见于清代。清·文康《儿女英雄传》第六回："心里想着且躲开了颈嗓咽喉，让那白光儿从头顶上扑空了过去"清·蔡召华《笏山记》第五十五回："小端怒的了不得，自挥点星刀，向着道姑的颈嗓斫去，那头骨碌碌坠将下来……”

《汉方》《现方》均未收“颈嗓”一词。

144. 齙（齙齖子）［$pa^{33}ia^{21}tsi^{53}$］

上牙齿长得向外突出，即“龅牙”。例如桂林童谣《对门火烧山》：“对门火烧山，烧进你屋外婆茶子山，你屋外婆出来捡茶子，跌脱你屋外婆两颗齙齖子。”

《集韵》平声麻韵邦加切：“齙，齙齖，齿出也。”又《祃韵》：“齙，齿出貌。”《篇海类编·身体类·齿部》：“齙，齙齖，齿不正也。”明·冯梦龙《醒世恒言·两县令竞义婚孤女》：“萧雅一脸麻子，眼眍齿齙，好似飞天夜叉模样。”此处“齙”指牙齿外露。

据《汉方》6048 页收“齙牙”和“齙牙子”，引吴语、闽语为例，未引西南官话例。

145. 肩膊［$tɕiɛ^{33}p^{h}o^{21}$］

肩膀。例如桂林童谣《五登村》：“有女莫嫁五登村，五登挑水上高门；牛皮缝衣都会烂，铁打肩膊也会崩。”

晋·王叔和《脉经》：“其直者，从巅人络脑，还出别下项，循肩膊内，侠脊，抵腰中，入循膂。”唐·孙思邈《千金翼方》：“在肩膊内廉，夹第六椎下两旁各三寸。”宋·宋慈《洗冤录》：“左顶下、脑角、太阳穴、耳、面脸、颈、肩膊、肘、腕、臂、手、五指爪。”《新唐书·百官志四上》：“执扇三卫三百人，择少壮肩膊齐，仪容整美者，本卫印臂，送殿中省肄习。”清·唐甄《潜书·明鉴》：“陕民之谣有之曰：挨肩膊，等闯王；闯王来，三年不上粮。”肩膊，也作“肩髆”。姜亮夫《昭通方言·疏证·释人》：“肩，髆也，今昭人浑言之曰肩髆，髆音如榜。”

吴语、湘语、赣语也称肩膀为“肩膊”。（据《汉方》6149 页）

146. 蔑（脚蔑指）[kio^{21}miɛ^{53}tɕi^{53}]

桂林方言“蔑”指“小”义，如称小脚指头为“脚蔑指”。例如桂林童谣《一二一》：“一二一一二一，挑起箩筐趜买米，买米咧人，挤又挤，挤到我咧脚蔑指，问医生，给点药，什么药？膏药。什么膏？牙膏。什么牙？豆芽。什么豆？豌豆。什么弯？台湾。什么台？戏台。什么戏？大伙同来做游戏。”

蔑，小，最小的，属古方言。《方言》卷二：“私，策，纤，茷，稺，杪，小也……木细枝谓之杪，江淮陈楚之内谓之篾。”晋郭璞注：“篾，小貌也。”《方言校笺》：“篾，戴本作‘蔑’，注同。”《易·剥》：“六二，剥床以辨，蔑贞凶。”孔颖达疏：“蔑谓微蔑，物之见削则微蔑也。”汉·扬雄《法言·学行》：“视日月而知众星之蔑也，仰圣人而知众说之小也。”宋咸注：“蔑，微也。”汉·王符《潜夫论·论荣》：“仁重而势轻，位蔑而义荣。”《资治通鉴·汉灵帝光和元年》“松、览等皆出于微蔑”胡三省注：“蔑者，微之甚，几于无也。”章炳麟《新方言·释言》：“今杭州谓之极小曰蔑，读如弥。”

今吴语也称“小”为“蔑”。（据《汉方》6775页）

147. 波罗盖 [po^{33}lo^{21}kæ^{24}]

膝盖。例如桂林童谣《种瓜》：“走走家家，走来种瓜，种了没？地还没挖。地挖好了没？挖好了。点子没？点好了，发芽没？发芽了，有几高？有波罗盖恁高。有几高？高到我的头发。开花没？开了好多花，花花朵朵像喇叭。结芦没？有个秤砣恁大，有几大？有个脸盆恁大，有几大？有空房子恁大，有几大？有天恁大，这么大，个个笑哈哈。”

此词见于明代。明·冯惟敏《海浮山堂词稿·南吕一枝花·月食救护》：“软乌刺腿丁骨存了血，磣柯查波罗盖去了皮。”《醒世姻缘传》第十回：“这话长着哩！隔着层夏布裤子，垫的波罗盖子慌！我起来说罢？”清·蒲松龄

《聊斋俚曲集·磨难曲》第二八回："三更里苦哀哉，疼又麻难顾追，十万蛆蚤这波罗盖。"

今东北官话、冀鲁官话、胶辽官话、西南官话称膝盖为"波罗盖"，也写作"波勒盖""波啰盖""波落盖""波箩盖""菠萝盖"。（据《汉方》3666页）

148. 髁（髁思头）[$k^{h}o^{33}sɿ^{33}t^{h}əu^{21}$]

桂林方言膝盖称"髁思头"。例如桂林童谣《小弟》："小弟小弟，扛把锄头，一跤跌起，跌着髁思头。"

髁，本义为臀骨。《说文·骨部》："髁，髀骨也。"段注："髁，犹言股骨也。"后引申为膝骨。《广韵》平声戈韵苦禾切："髁，膝骨。"又写作"骬"。《广韵》平声歌韵苦何："骬，膝骨。"《集韵》平声歌韵丘何切："骬，膝骨。"

此字方言常作"克"或"磕"。《汉方》2430页收录"克膝盖"指膝盖，见于广西桂林。第7010页收录"磕膝盖"指膝盖，见于陕西西安、汉中，内蒙临河，甘肃兰州，新疆乌鲁木齐。本字当作"髁"。

149. 臁（脚臁肚）[$kio^{21}naŋ^{33}tu^{53}$]

臁，指肥，桂林方言称小腿肚子为"脚臁肚"，形容肥肉很多作"肥臁臁"。例如桂林童谣《小妹仔》："小妹仔，怕纺纱，车子搬到廊檐下，跑到后园偷油麻，油麻吃不完，送给外婆吃，外婆家有狗，一咬咬住脚臁肚，一拐一拐爬回来。"

"臁"在方言中常作"囊"，属古方言。罗翙云《客方言·释形体》："腿肚谓之脚囊肚，囊当为臁；臁，肥也。今俗于足后肥处曰脚臁肚，本俗语。"《说文·肉部》："臁，益州鄙言人盛，讳其肥谓之臁。"《方言》卷二："臁，盛也……梁、益之间凡人言盛，及其所爱，伟〔讳〕其肥腻，谓之臁。"郭璞注："肥臁多肉。"《广韵》上声养韵如两切："臁，肥。蜀人云。"

唐·皮日休《遇谤》："彘既臁而必烹兮，木方蓤兮必折。"此处的"臁"指肥胖。因小腿肚子处肉很多，故桂林方言称之为"脚臁肚"。

客话、粤语也称"小腿肚子"为"脚囊肚"，吴语称为"脚肚囊"。（据《汉方》5657页、5666页）

150. 躴（躴躿）［$la\eta^{21}k^{h}a\eta^{33}$］

"躴躿"作形容人瘦高的语素，如形容人瘦高说"瘦躴躿"，又瘦又挺直说"直躴躿"。例如桂林童谣《十姐妹》："大姐大鼻梁，二姐马螂扛，三姐鹿羊面，四姐锅灰脸，五姐鸟鸡脖，六姐大膊罗，七姐瘦躴躿，八姐笑死人，九姐狐狸精，十姐大观音。"

《玉篇·身部》："躴，躴躿，长貌。"《广韵》平声唐韵鲁当切："躴，躴躿，身长貌。"又同韵苦冈切："躿，躿躴，身长。"《类篇·身部》："躿，丘冈切。长身谓之躿躴。"明·兰廷秀《韵略易通·二江阳》："躴，躴躿，长身。"清·桂馥《札朴·乡里旧闻·杂言》："身体肥长曰躴躿。"张慎仪《蜀方言》："体长曰躴躿。"明·焦竑《俗书刊误·俗用杂字》："呼长人曰躴躿。"

据《汉方》6865页"躴躿"指身材高大，见于北京官话、冀鲁官话、胶辽官话、中原官话、江淮官话、西南官话、吴语。据《现方》2113页，5230页，柳州用法同桂林。

151. 脶［lo^{21}］

螺旋形的指纹。例如桂林童谣《十脶富》："一脶穷，二脶富，三脶熬酒磨豆腐，四脶洗洗裤，五脶骑马上大路，六脶金子银子打称砣，七脶奸，八脶巧，九脶死在大路边，十脶死了无人捡。"

《玉篇·肉部》："脶，手理也。"《广韵》平声戈韵落戈切："脶，手指文也。"《集韵》平声戈韵卢戈切。《类篇·肉部》："手文谓之脶。"字亦作"螺"。宋·苏轼《前怪石供》："石似玉者……多红黄白色，其文如人指之螺，精明可爱。”现方言中多写作“螺”。

据《现方》5897页，收“螺”指螺旋形的指纹，见于武汉、东莞、崇明、南宁平话、福州、厦门。《汉方》5674页收“腡”指指纹，见于客话、江淮官话、吴语、赣方言。

152. 毛［mau^{21}］

头发。桂林方言称“头发”为“头毛”或“头发毛”。例如桂林童谣《十二垅头有煲油》：“十二垅头有煲油，三个姐姐来梳头。大姐梳出龙花髻，二姐梳变细花球，还有三姐不会梳，头毛蓬披竭看牛。看牛不见牛鞭子，看马不见马笼头，三姐梳头不会梳，拿起头梳滚绣球，一滚滚竭阳沟里，塞倒阳沟水不流。”

今普通话“毛”无此义，只指动植物皮上所生的丝状物以及鸟类的羽毛。(《现汉》880页）其实，“毛”之本义就含指头发。《说文·毛部》：“毛，眉发之属及兽毛也。”徐灏注笺：“人兽曰毛，鸟曰羽，浑言通曰毛。”《广韵》“莫袍切”，平声豪韵明母。古书“毛”特指头发不乏其例：《礼记·檀弓下》：“古之侵伐者，不斩祀，不杀厉，不获二毛。”郑玄注：“二毛，鬓发斑白。”《百喻经·以梨打破头喻》：“昔有愚人，头上无毛。”唐·贺知章《回乡偶书》：“少小离乡老大回，乡音无改鬓毛衰。”桂林方言承袭了“毛”指头发的古义。

《汉方》831页“毛”指“头发”义，见于冀鲁官话、中原官话、晋语、客话、浙江黄岩吴语和建瓯、潮汕等闽语。未引西南官话例。

153. 脑壳［nau^{53}k^{h}o^{21}］

头；脑袋。例如桂林童谣《打屁》：“打屁打得高，打到床上抛，小嘎仔抢屁吃，额头高头撞个包。打屁打得巧，打到菜锅炒，小嘎仔抢屁吃，爤了手爪爪。打屁打得低，打到床脚底，小嘎仔抢屁吃，撞脱脑壳皮。”

《太平广记》卷四百六十五《海虾》（出《岭表录异》）：“脑壳烘透，

弯环尺余，何止于杯盂也。”清·程世爵《笑林广记·债精传》：“七辈五不笑的帘子脸儿，四面都是脑杓子的脑壳。”《跻春台》卷二《捉南风》：“不知是那个没良心，丢个脑壳在我灶肉，连锅也打烂了。”《蜀籁》卷三：“树叶子落下来，都怕把脑壳打肿。”

“脑壳”指“头”，见于东北官话、中原官话、北京官话、江淮官话、西南官话、徽语、吴语、湘语、赣语、粤语、湖南临武土话。（据《汉方》5002页）

十二、疾病医疗

154. 苶［lia^{21}］

疲软无力，精神萎靡。桂林童谣用例见“22. 圳”一词中的用例。

《广韵》入声怗韵奴协切：“苶，病劣貌。”《集韵》帖韵诺叶切：“苶，疲貌。”《庄子·齐物论》：“苶然疲役而不知其所归。”成玄英疏：“苶然，疲顿貌也。”《新唐书·白敏中传》：“是时，居易足病废，宰相李德裕言其衰苶不任事。”“衰苶”犹言因生病而精神不佳貌。“苶”也有不是因病或疲倦而精神萎靡，如：北齐·颜之推《颜氏家训·勉学》：“素暴悍者，欲其观古人之小心黜己，齿弊舌存，含垢藏疾，尊贤容众，苶然沮丧，若不胜衣也。”

阳江粤语中疲倦也说“苶”，广州粤语中身体不舒服说“苶”；“苶”指精神不振还见于东北官话、中原官话、兰银官话。（据《广州方言词典》428页、《汉方》3153页“苶呆呆”“苶塌儿”“苶苶儿的”和温美姬《梅县方言古语词研究》95页）

《现方》第956页“苶”标注了“〈方〉”，释义：呆；傻；疲倦；精神不振。

155. 齉［$noŋ^{21}$］［$noŋ^{24}$］

① 鼻子发炎，流很多清鼻涕；② 说话时鼻音很重。桂林方言“齉”有

两个读音，当说一个人流很多清鼻涕时说“鼻涕齈齈［noŋ21］咧”，当一个人因感冒流鼻涕说话时鼻音很重，就说“他讲话好齈［noŋ24］咧”。例如桂林童谣《鼻涕齈》：“鼻涕齈，吹火筒，吹上天，吓雷公，吹下地，吓土地，吹进房，吓倒媳妇娘。”

《玉篇·鼻部》：“齈，鼻齈。”《集韵》平声冬韵奴冬切：“齈，鼻病。”又去声送韵奴冻切：“鼻病多涕。”《广韵》去声送韵奴冻切：“齈，多涕，鼻疾。”明·耿随朝辑《名物类考》：“多涕曰齈。”元·佚名《气英布》第三折：“怎么只将两只臭脚去熏他？他是个齈鼻子，一些香臭也不懂的。”

浙江象山吴语、梅县客家话也有该词。（据《汉方》7484 页，温美姬《梅县方言古语词研究》90 页）

156. 瘌［la21］

① 被虫刺痛。② 黄癣。头上患有黄癣桂林方言称之为“瘌瘌头”。例如桂林童谣《揦咧婆》：“揦咧婆，挨虫瘌，手起堵，跑回家，找阿妈，见阿妈，哭哑哑。”此童谣中的“瘌”指被毛毛虫等昆虫蛰。《瘌瘌头》：“瘌瘌瘌花飘，抱到花树摇，心里想开花，头上没有毛。”此童谣中的“癞”指黄癣。

《说文·疒部》：“楚人谓药毒曰痛瘌，从疒，剌声。”郭璞注：“痨、瘌皆辛螫也。按：瘌如俗语言辛辣。”《方言》：“瘌，痛也。”《广雅·释诂四》：“瘌，伤也。”《集韵》入声曷韵郎达切：“瘌，《说文》：‘楚人谓药毒曰痛瘌。’一曰伤也，疥也。”《广韵》入声曷韵庐达切。桂林方言用“瘌”指患黄癣或患过黄癣的头称之为“瘌瘌头”，当是“瘌”指“伤也”发展而来的结果引申。

据《现方》5225 页，今柳州西南官话“瘌”指使人忍受不了的刺痛。据《汉方》6905 页、6906 页，西南官话、江淮官话、吴语、粤语、赣语和闽语头上患有黄癣或因此而秃顶称之为“瘌瘌头”。

157. 癞［$læ^{24}$］

桂林称流脓脱发的恶疮或黄癣为“癞子”。头上患有黄癣，桂林方言称之为“癞子头”。例如桂林童谣《癞子》：“癞子癞，砍柴卖，砍到半夜麻回来，鸡叫了，狗叫了，癞子哥哥回来了，快烧水，快烧茶，保佑癞子生头发，生又歹多，生紧在后颈婆。”

癞，是“疠”的后起字，“疠”后代主要用于表传染病的疠疫义，表麻风病的“疠”就另造“癞”字分化了出来。《广韵》去声泰韵落盖切：“癞，疾也。《说文·疒部》作‘疠’，恶疾也。今为疫疠字。”段注：“（疠）恶疾也。按古义谓恶病包内外言之，今义别制癞字，训为恶疮。训疠为疠疫。”《史记·范雎蔡泽列传》“［豫让］漆身为厉”索隐“厉音赖，癞病也。”《医心方·三》：“凡癞病皆是恶风及犯触忌害得之，初觉皮肤不仁，或淫淫苦痒如虫行。”“癞”后来用法扩大，凡流脓脱发的恶疮、头癣都可以称“癞”，如“癞子”“癞头”等。

值得注意的是，当读“郎达切”时，“瘌”和“癞”两字可以互通。《集韵》入声曷韵郎达切：“瘌，或作癞。”《广韵》入声曷韵卢达切：“癞，疥癞。又音赖。”但从字形以及两字的起源和初始义来看，我们认为桂林方言中表黄癣病读音的［$læ^{24}$］，用“癞”表示更为合适。

中原官话、江淮官话、吴语、湘语也称黄癣病为“癞”，头上长黄癣的人为“癞子”。（据《汉方》7418页“癞”和“癞子”）

158. 鼽（打鼽）［$tɕ^{h}iəu^{21}$］

桂林方言称打喷嚏为“打喷鼽”“打鼽”。例如桂林童谣：“狗打喷鼽大天晴，要晴不晴狗骂人。”

鼽，指鼻塞不通。《说文·鼻部》：“鼽，病寒鼻窒也。”《广韵》平声尤韵巨鸠切：“鼽，《月令》云：人多鼽嚏。《说文》云：〔病〕寒鼻塞也。”《集韵》平声尤韵渠尤切。《释名·释疾病》：“鼻塞曰鼽。鼽，久也。涕久不通遂至窒塞也。”《吕氏春秋·尽数》：“精不流则气郁，郁，处头则为肿为风……处鼻则为鼽为窒。”高诱注：“鼽，齆鼻。”《淮南子·时则》：“季秋行夏令，则其国大水，冬藏殃败，民多鼽嚏。”高诱注：“火金相干，故民鼽室，鼻不通利也。”《素问·脉解篇》：“所谓客孙脉则头痛鼻鼽腹肿者，阳明并于上上者，则其孙络太阴也，故头痛鼻鼽腹肿也。”打喷嚏多由鼻子不通、不舒服引起，故桂林方言引申之。《汉方》1073 页作“打喷啾”，释为打喷嚏，引桂林为例，“啾”本字当为“鼽”。

今柳州方言称“打喷嚏”为“打阿鼽”。(据《现方》796 页)

159. 胒［øyɛ³³］

① 拗折，如桂林方言称拗到手为“胒着手”。② 折褶不平。例如桂林童谣《白鸡婆》：“白鸡婆，带鸡仔，过得河，过得海，月亮星星不准踩，踩得着，跌伤脚，跟着走，胒着手，哥哥嫂嫂喊干口。鸡蛋壳，鸭蛋壳，烧变灰，来做药，手好脚好饿不着。”

《玉篇·肉部》：“胒，足病也。”《广韵》平声歌韵于靴切：“胒，手足曲病。”桂林方言引申出“拗折、折摺不平”义。

《汉方》第 4989 页“胒”释为手足弯曲麻木而不伶俐，未收此义。

160. 痨［nau²⁴］

下药使中毒；毒死。一般写作“闹”。例如桂林童谣：“老鼠药，老鼠药，放在你屋咧板凳脚，痨死老鼠公，气死老鼠婆。”

《说文·疒部》：“痨，朝鲜谓药毒曰痨。”《方言》：“凡饮药传药而毒，北燕朝鲜之间谓之痨。”《广韵》》《集韵》去声号韵郎到切，引《说文》释义。明·李实《蜀语》：“以毒药药人曰痨。”清·唐训方《里语微实》：“以药毒人曰痨，痨音涝。”李恭《陇右方言发微》：“《说文》云：‘朝鲜谓药毒曰痨。’今陇右犹有此语。‘痨’正读‘郎刀切’音‘闹。’杨树达《长沙方言续考》：“今长沙人以药毒人毒鼠曰痨鱼、痨鼠。”黄侃《蕲春语》：“今吾乡有此音，正同《广韵》。”

北京官话、中原官话、江淮官话、西南官话、湘语、赣语也有此用法。（据《汉方》6263—6264 页）

十三、服饰、穿戴、裁缝

161. 背褡［pɛi²⁴ta³³］

背心，马甲。例如桂林童谣《回外家》：“枇杷叶，樾柑叶，亲娘带我六个月，打白粉，带翠花，毛蓝衫，青背褡，亲娘带我回外家。”

“背褡”指马甲或背心，元以降见用例。元·秦简夫《赵礼让肥》一折：“我则见他番穿着绵纳甲，斜披着一件破背褡。”明·李渔《闲情偶寄·声容部》：“背褡宜着于外，人皆知之；鸾绦宜束于内，人多未谙。”《醒世姻缘传》第七九回：“四钱八分银买了一疋平机白布，做了一件主腰，一件背褡。”黄侃《蕲春语》：“《释名·释衣物》：‘汗衣，近身受汗垢之衣也，或曰鄙袒，或曰羞袒；作之用六尺裁足覆胸背，言羞于袒而衣此耳。’案：吾乡有衣曰背褡，用六尺裁足覆胸背，左右齐肩甲而止，质以《释名》，正鼻袒之音转耳。”

该词也见于中原官话、江淮官话、福建南平官话、徽语、吴语、客家话、粤语和闽语。（据《汉方》4068 页）

162. 褛［ləu³³］

桂林方言称大衣为“大褛”，“背褛”指小孩披风。例如桂林童谣《妹仔妹仔你莫哭》：“大木匠，小木匠，哥哥起来学篾匠，大木匠，小木匠，嫂嫂起来煮早饭。妹仔妹仔你莫哭，背起背褛接妹仔。星星眨眼偷偷笑，闻到夜饭喷喷香。”

《说文·衣部》：“褛，衽也。”段注：“《方言》曰：‘褛谓之衽’。注：‘衣襟也，或曰裳际也。’……按，郭云衣襟者，谓正幅；云裳际者，谓旁幅。谓衽为正幅者，今义非古义也，衽者，杀而下者也。”《广韵》平声侯韵落侯切：“褛，衣襟。”桂林方言引申为大衣义，又因小孩披风与大衣造型相似，故“褛”又引申为背褛义。

据《汉方》6961页“褛”释为大衣、外套，引客话、粤语、闽语、西南官话为例。又据《现方》4133页，柳州方言也把小孩披风称“背褛”。

163. 襱［loŋ²¹］

桂林方言把袖筒称作“袖襱”，称裤脚管为“裤襱”。例如桂林童谣《巧姑娘》：“小板凳，腿不高；亲家母，你坐下，你姑娘，手仔巧；西瓜皮做棉衣，茄子花做扣子，金瓜花做袖襱，做出衣裳人人夸。”

“襱”属古方言。《方言》卷四：“袴（裤），齐、鲁之间谓之襱。”郭璞注：“今俗呼袴（裤）踦为襱。”《说文·衣部》：“襱，绔（裤）踦也。”朱骏声通训定声：“襱者，苏俗裤脚管。”《广雅·释器》：“绔（裤），其袑谓之襱。”《广韵》上声董韵力董切：“襱，袴（裤）。”

据《现方》第3452页，今柳州也称袖筒为“袖襱”；第5582页，福州称裤筒为“裤襱”。《汉方》5190页收“襱”，释为裤脚管，古方言，引《方言》例证。

164. 衫［sã³³］

① 上衣（和“裤”相对）。② 泛指衣服。桂林方言称单上衣为“衫”，“衫”也可泛指衣服，如“红衫”“布衫”即指红色的衣服，布做的衣服。《现汉》第1137页“衫”亦此二义，但现代汉语“衫”不单说，已作为构词语素组词而用，而桂林方言“衫”则作为单音词使用，此为古代单音词遗留之表现。例如桂林童谣《叽哩嘎喇》：“叽哩嘎喇，脚踩莲花。大姐粉白白，二姐紫檀色，三姐三朵花，四姐人未看，五姐五朵花，六姐头上有个疤，七姐七伶伶，八姐笑坏人，九姐葫芦精，十姐做观音，观音老母坐莲台，十朵莲花九朵开，还有一朵没成开，留着大姐穿——长——衫——！”

“衫”本指无袖的开衩上衣。《释名·释衣服》：“衫，芟也，芟末无袖端也。”毕沅疏证：“盖短袖无袪之衣。”据五代·马缟《中华古今注·布衫》：“三皇及周末庶人，服短褐襦，服深衣。秦始皇以布开胯，名曰衫。”后指上衣，含单衣夹衣，《方言》第四“或谓之襌襦”，晋·郭璞注：“今或呼衫为襌襦。”《六书故·工事七·衣》：“衫，今以单衣为衫。”也有指夹衣。沈从文《中国古代服饰研究·东晋竹林七贤图砖刻》：“晋《东宫旧事》称：‘太子纳妃，有白縠、白纱、白绢衫，并紫结缨。’”“晋《修复山林故事》称：‘梓宫有练单衫、复衫、白纱衫、白縠衫。’”可知当时是上中阶层通用便服。衫有单夹，不论婚丧均常用白色薄质丝绸制作。”古代又泛指衣服，《正字通·衣部》：“衫，衣之通称。”南朝梁·萧子显《南齐书·王融列传》：“融戎服绛衫，于中书省阁口断东宫仗不得进，欲立子良。”唐·张司业《送枝江刘明府》：“老着青衫为楚宰，平生志业有谁知?”《广韵》“所衔切”，平声衔韵生母。

粤语和闽语、客家话“衫”也可指上衣和泛指衣服，广西南宁平话“衫”则只泛指衣服，吴语“衫”则只指单衣。（据《汉方》3726页、《梅县方言古语词研究》99页）

165. 衫裤［$sã^{33}k^{h}u^{24}$］

衣服。“衫”和“裤”本来分指上衣和下裤，但桂林方言可指整身衣服。例如桂林童谣《月亮弯弯》：“月亮弯弯，挂牛栏，媳妇娘，撑把伞，挑担水，洗裤衫。裤衫洗得洁，今晚跟我歇。裤衫洗不白，今晚要你跟狗歇。”此童谣为了押韵，把“衫裤”说成“裤衫”。

“衫裤”合起来指整身衣服，在唐代白话作品已见用例。《敦煌变文集·不知名变文》：“初定之时无衫裤，大归娘子没沿房。”唐·王梵志《王梵志诗校释》：“家中渐渐贫，良由慵懒妇……饮酒与夫敌，不解缝衫裤。”后代沿用，宋·张师正《括异志》卷六：“时方大雪，独不积其身，麦异之，为市衫裤麻履故巾，瘗之于隙地。”宋·李焘《续资治通鉴长编》卷一百六十三："一青纱帽，市估千钱，至于衫裤，盖一身之服，不啻万钱。"又卷一百八十九："甲申，赐沿黄河诸埽役卒衫裤，若愿给钱者，人五百。"

《汉方》第3727页收了此词，见于江西莲花赣语、客家话、粤语和厦门等闽语。

166. 緅（緅带裤）［$so^{21}tæ^{24}k^hu^{24}$］

桂林方言把有裤带捆扎的裤子叫"緅带裤"，布边、扣眼用线绕着缝叫緅边、緅扣眼。例如桂林童谣《报告司令官》："报告司令官，没得裤子穿，扯了三尺布，缝条緅带裤，昨晚流了尿，今天还没干。"

《玉篇·糸部》："緅，缄也。"《广韵》入声觉韵所角切："緅，缄也。"缄，本指捆箱箧的绳子，《说文·糸部》："缄，束箧也。"引申出扎束、捆扎义，如《墨子·节葬下》："榖木之棺，葛以缄之。"谓构木的棺材，用葛藤把它捆上。

今粤语广州也有此用法。（据《汉方》7053页）

167. 联［$li\varepsilon^{21}$］

缝（衣服）。桂林方言缝衣服说"联衣服"。例如桂林童谣《半边扒锅》："讲起家中尽苦情，衣裳穿坏用草联，裤子穿坏麻布补，你讲可怜不可怜。赤脚走路心头跳，只怕石头碰脚头，新搭茅棚牛草盖，点火小心过廊檐。三个砖头架个灶，半边扒锅煮锅巴，一块锅巴三碗水，口喝粥汤还留渣。"

《说文·耳部》："联（按：繁体字为"聯"），连也。从耳，耳连于颊也；从丝，丝连不绝也。"《龙龛手鉴·耳部》："联，缀也。"《楚辞·东方朔〈七谏·沉江〉》："联蕙芷以为佩兮，过鲍肆而失香。"《警世通言·宋小官团圆破毡笠》："穿了一件新联就的洁白湖紬道袍。"

据《汉方》第5901页，该词见于晋语、中原话、西南官话、粤语和福建三明等闽语。

十四、饮食烹调

168. 羓［pa^{33}］

熏干或风干的腊制品。桂林方言把牛肉干称为“牛肉羓”“牛腊羓”。例如桂林童谣《截锯，扯锯》：“截锯，扯锯，扯棵大树，砌个牛栏，牛栏倒了，挐起鼎锅钹锅跑了，跑到七栏铺，煮酒磨豆腐，杀猪吃羓肉。”

《集韵》平声麻韵邦加切：“羓，腊属。”《新五代史·四夷附录第一》：“德光行至栾城，得疾，卒于杀胡林。契丹破其腹，去其肠胃，实之以盐，载而北，晋人谓之‘帝羓’焉。”《水浒传》第十一回：“有财帛的，来到这里，轻则蒙汗药麻翻，重则登时结果，将精肉片为羓子，肥肉煎油点灯。”清·厉鹗《辽史拾遗》卷二十四：“亦密赐羊羓十枚。”“羓”常作“巴”，《汉方》作798页收“牛肉巴”，指牛肉干，见于广西，江苏南京。本字当为“羓”。

《现方》3382页收“羓”，指经过加工的干肉，见于建瓯，福州；第605页收“牛肉羓”，指牛肉切成薄片油炸而成的一种食品。

169. 馅［$tɕi^{33}$］

桂林方言指一种油炸团子的食品。例如桂林童谣《星期天》：“星期天的早上白茫茫。捡废纸的老头排成行，队长一指挥，冲向垃圾堆。一堆一堆又一堆，卖了废纸买油馅”

《广韵》平声灰韵都回切：“馅，饼也。”《玉篇·食部》：“馅，蜀人呼蒸饼为馅。”《北史·陆法和传》：“梁人入魏，果见馅饼焉。”唐·王梵志《粗行出家儿》：“贪他油煎馅，爱若波罗蜜。”清·黄遵宪《日本国志·饮食·饼饵》：“以油煎者为油馅，火炙者曰焦馅。”

《现方》1904页收“沙馅”，指一种油炸食品。油炸糯米团叫油馅，裹白糖的糯米团叫沙馅，见于柳州。《汉方》3637页收“油馅”，指油煎的糯米圆子或饼，见于广东广州、汕头、潮州；第6234页收“馇”，指一种用糯米油炸的食品，见于广东广州。

170. 麧粝［xu²¹la²¹］

桂林方言指用多种配料做成的一种糊状小吃。例如桂林童谣《半边扒锅》：“那种大话你莫夸，昨夜三更到你家；三坨石牯架个灶，半边扒锅搞麧粝。”

麧粝，一般写作糊辣。麧，指黏糊。《集韵》暮韵胡故切：“麧，黏也。”粝，指粮食碾成的粗粉或碎而不细的“踖”。《广韵》曷韵卢达切：“粝，粗粝。”《史记·刺客列传》：“故进百金者，将用为大人粗粝之费。”司马贞索隐：“粝犹粗米也，脱粟也。”

据《现方》5556页记载，此种小吃也见于柳州，但《现方》收录为“糊辣”，释义时指出“辣”的本字当是粝。《汉方》7162页收“糊辣”，指面糊，见于广西桂林，字当为“麧粝”。

171. 鲊［tsa⁵³］

① 腌制。作语素，桂林方言把腌制的菜称为“鲊菜”。② 鱼、肉等腌制成的食品。例如桂林童谣《偏偏镲》：“偏偏镲，偏偏镲，豆腐捞鲊鲊，你一筷，我一筷，慢慢吃，慢慢耍，屋头还有十把筷。”

鲊，本指用盐、米粉腌制的鱼。《释名·释饮食》：“鲊，菹也，以盐米酿鱼以为菹，熟而食之也。”《广韵》上声马韵侧下切：“鲊，菹也，以盐米酿鱼以为菹”。《晋书·烈女传·陶侃母湛氏》：“侃少为寻阳县吏，尝监鱼梁，以一坩鲊遗母。”唐·王维《赠吴官》：“江乡鲭鲊不寄来，秦人汤饼那堪许。”明·李实《蜀语》：“以米撒盐椒酿鱼肉曰鲊。”清·厉荃《事物异名录》：“《本草纲目》：鲊，醖也。以盐糁醖酿而成也。诸鱼皆可为之，大者曰鲊。”桂林方言又引申出“腌制”义，语义范围扩大。

据《汉方》6647页“鲊”，释为用盐、辣椒和鱼、肉等腌制成的食品，引江淮官话、西南官话为例。释为腌制，引西南官话为例。

172. 煠［tsa^{21}］

烹饪方法，把大件的食物整个地用水煮，即相当于普通话的“煮”。例如桂林童谣《老头》：“老头头，煠芋头，煠不熟，打灶头。”

“煠”本指放在沸水里涮熟，《广韵》入声洽韵士洽切：“煠，汤煠。”北魏·贾思勰《齐民要术·素食》：“当时随食者取，即汤煠去腥气。”又卷八《羹臛法》：“凡丝莼，陂池种者色黄肥好，直净洗则用；野取色青，须别铛中，热汤暂煠之，然后用，不煠则苦涩。”《农桑辑要》卷五：“（蔓菁）十月初采苗煠作和菜余者，晒过留根在地。”“煠”均指在沸水中涮熟。唐·刘恂《岭表録异下》：“（水母）先煮椒桂或豈蔻，生姜缕切而煠之。”字或作“渫”，《齐民要术·种胡荽》：“作胡荽菹法，汤中渫出之。”又：“作裹菹者，亦须渫去苦汁，然后乃用之矣。”今桂林方言煮说“煠”，和古义“沸水里涮熟”有些不同，当由此发展变化来。

“煠”古代还可指把食物放在煮沸的油里弄熟，当于普通话的“炸”。宋·苏轼《十二时中偈》：“百衮油铛里，恣把心肝煠。”清·翟灏《通俗编·杂字》：“今以食物纳油及汤中一沸而出曰煠。”

据《汉方》6676页，“煠”指水煮还见于吴语、赣语、粤语和闽语。

173. 燂［t^hã^{21}］

桂林方言指用火燥，加热。例如桂林童谣《油钵无油用火燂》：“真可怜，没得油来没得盐；盐罐无盐用水淌，油钵无油用火燂。”

《说文·火部》：“燂，火热也。”《广雅·释诂三》：“燂，煖也。”《广韵》平声覃韵徒含切：“燂，火爇。”《集韵》平声盐韵徒南切，引说文为例。《礼记·内则》：“五日则燂汤请浴。”郑玄注：“燂，温也。”《周礼·冬官考工记·弓人》：“挢角欲孰于火而无燂。”郑玄注：“燂，炙烂也。”汉·枚乘《七发》：“衣裳则杂沓曼暖，燂烁热暑。”李善注引《说文》：“燂，火热也……烁，亦热也。”唐·卢仝《客淮南病》：“扬州蒸毒似燂汤，客病清枯鬓欲霜。”清·赵翼《瓯北诗话·皮日休》：“尝以皮鞠作诗嘲日休曰：‘八片尖皮砌作球，火中燂了水中揉。’”

《汉方》7286页“燂”，释为烧煮、加热义，引中原官话、吴语、客话、粤语、闽语为例，未引西南官话为例。

174. 焮［xin^{24}］

用小火焖，烤。例如桂林童谣《毛毛你莫哭》：“毛毛你莫哭，过了田垌外婆屋，茶锅煮起荷包蛋，罐子焮起白米饭。”

《玉篇·火部》：“焮，炙也。”《广韵》去声焮韵香靳切：“焮，火气。”《集韵》去声焮韵香靳切：“焮，炙也。一曰爇也。”《左传·昭公十八年》：“司马、司寇列居火道，行火所焮。”杜预注：“焮，炙也。”《金史·卫绍王纪》：“中都火，焮民居。”杜甫《火》：“热欲焚昆仑，火弥焮洲渚。”《农政全书·制造·营室》：“通用法制灰泥圬墁之，务要匀厚固密，勿有罅隙，可免焚焮之患。”

此词见于江淮官话、西南官话、湘语。（据《汉方》6276页）

175. 燣［lã^{53}］

① 用火轻微或快速烘烤。② 火速快速蔓延。例如桂林童谣《难了难》：“难了难，十条横路九条弯，盐罐无盐用水溂，油罐无油用火燣。”

《玉篇·火部》：“燣，火焱行。”《广韵》上声敢韵卢敢切：“燣，火燣。”《集韵·敢韵》：“燣，火焚也。”《淮南子·览冥》：“火燣焱而不灭，水浩洋而不息。”宋·林洪《山家清供》：“适有人携双鸳至，得之焨以油燣，下酒酱香料燠熟。”明·贾仲名《萧淑兰》第二折：“将韩王殿忽然火燣，蓝桥驿平空水渰。”元·王实甫《西厢记》第二本楔子：“这些时吃菜馒头委实口淡，五千人也不索灸煿煎燣。”

据《汉方》6919页“燣”，指用火很快烧一下之义，引徽语、吴语、赣语、闽语为例，未引西南官话为例。

176. 煨［uɛi³³］

把生的食物放在热灰里使烤熟；用文火炖熟或加热。例如桂林童谣《做女歌》："一岁在娘衫襟面，两岁在娘脚底爬，三岁学行又学走，四岁烧火学煨茶，五岁拿篮埸折花，六岁园中折菜花，七岁在屋织细麻，八岁在屋纺细纱，九岁上机学织布，十岁上机学织绸。十一岁织绸又织缎，十二功夫塞过娘，十三喊人买针线，十四脚底穿花鞋，十五梳头塞仙女，十六媒人背伞来，十七喊爷办嫁礼，十八喊爷办牙床，十九喊爷样样办，二十嫁给别家人。"

"煨"的本义是热灰。《说文·火部》："煨，盆中火。"《广雅·释言》："煨，火也。"《广韵》平声灰韵乌恢切："煨，煻煨火。"引申为"爊"义，即埋物灰中令熟。《六书故·天文下》："煨，灰火中熟物也。"《玉篇·火部》："煨，盆中火爊也。"汉·服虔《通俗文》："热灰谓之煻煨。"宋·陆游《戏咏乡里食物示邻曲》："细研罂粟具汤液，湿裹山蓣供炮煨。"又引申为用文火炖熟或加热义。《慧琳音义》卷九十六"煨尽"李善注引《广雅》："煨，犹煨煴也。"《宋史·洪皓传》："尝大雪薪尽，以马矢然火煨面食之。"《儒林外史》第二十二回："叫浑家生起炭炉子，煨出一壶茶来。"《说岳全传》第五一回："〈牛皋〉就在石中敲出火来，拾些枯枝，把牛煨得半生不熟的。"

此词还见于江淮官话、湘语。（据《汉方》6678 页）

177. 潲［sau²⁴］

用泔水、米糠、野菜、剩饭、菜叶等煮成的猪食。例如桂林童谣《月亮》："大月亮，小月亮，哥哥起来做木匠，嫂嫂出来焖糯饭，哥吃碗，嫂吃碗，妹妹回来没得吃，打烂莲花碗。哥讲杀猪给妹吃，嫂讲留猪吃旧潲。哥讲杀猫给妹吃，嫂讲留猫吃旧饭。哥讲杀鸡给妹吃，嫂讲留鸡叫二啼。哥讲杀狗给妹吃，嫂讲溜狗守门口。”

《广雅·释器》：“潲，潃也。”王念孙疏证：“《玉篇》：‘潲，臭汁也，潘也。’《集韵》：‘汛潘以食豕也。’”《广韵》去声效韵所教切：“潲，豕食。”明·赵年伯《重刊详校篇海》：“潲，所教切，音哨。潘也，臭汁也，又豕食。”

北京官话、赣语、客话、粤语、闽语、湖南临武土话也称猪食为“潲”。(《汉方》7155页)

178. 餸［iaŋ²⁴］

① 菜肴的一种加工方法，即往竹笋、苦瓜等菜中间塞肉等馅料。② 馅料。例如桂林童谣《十八餸》：“高罗汉做了个竹笋餸，矮罗汉做了个螺蛳餸。肥罗汉做了个冬瓜餸，瘦罗汉做了个柚皮餸。哭罗汉做了个辣椒餸，笑罗汉做了个豆腐餸。美罗汉做了个茄子餸，丑罗汉做了个苦瓜餸。长眉罗汉做了个葫芦餸，大胡子罗汉做了个豆芽餸。降龙罗汉做了个萝卜餸，伏虎罗汉做了个芋头餸。大嘴罗汉做了个南瓜花餸，高鼻罗汉做了个蛋卷餸。巨手罗汉做了个大蒜餸，三眼罗汉做了个香菇餸。天聋罗汉做了个油豆腐餸，地哑罗汉做了个菜包餸。”

餸，本指糕饼。《玉篇·食部》：“餸，余障切。饵也。”《广韵》去声漾韵余亮切：“餸，饵也。”《方言》卷十三：“饵谓之餻。”周祖谟《方言校笺》：“《集韵·漾韵》餸下云：‘《方言》饵也。’是《方言》旧本餻有作餸者。”王国维《书郭注〈方言〉后三》：“六朝尚无餻字，《广雅》之餻字，亦本作餸，与《方言》同。均后世所追改也。”

今柳州、南宁平话也有此用法。(据《现方》6083页)

179. 炆［uən³³］

焖，用微火炖食物。例如桂林童谣《大月亮》：“大月亮，小月亮，哥哥做木匠，嫂嫂炆糯饭，公公喂鸭子，婆婆补衣裳。东一补，西一补，补着婆婆的屁股。”

《集韵》平声文韵无分切：“炆，煴也。”微母。“煴”，《集韵》魂韵：“火微。”即“炆”亦指“火微”，由“火微”引申指用微火焖，意义可通。

据《汉方》3610页、2377页收“炆”，释为小火慢煮，引赣语、粤语、雷州闽语为例，未引西南官话为例。

《现汉》第1474页“炆”释义为“用微火炖煮食物或熬菜”，标注了“〈方〉”。

180. 饟（吃饟午）[$k^hi^{21}sa\eta^{53}u^{53}$]

桂林人称“吃午饭”为“吃饟午”。例如桂林童谣《摇啊摇》：“摇啊摇，摇啊摇，摇到外婆桥，外婆请妹吃饟午，吃完饟午又来摇。”

《说文·食部》：“饟，昼食也。”王筠句读：“‘昼’《御览》引作‘中’，谓日中也。吾乡谓午饭曰饟饭。”桂馥义证：“饟，谓日中食。”《广韵》上声养韵书两切：“饟，日西食。”因“饟”为日中食，故午饭称“饟午”。《蜀方言》卷上：“饟食曰饟午。”

因唐以降出现了表“中午”义的后起字“晌”，古书中“吃中午饭”就多用“吃晌午饭”，如：元·无名氏《冤家债主》第二折：“〈我〉留着一只手上油待吃晌午饭，不想我睡着了。”明·西周生《醒世姻缘传》：“童奶奶道：这天多昝了，你去等着吃晌午饭。”而桂林方言中是用“吃饟午”表示“吃中午饭”，无“饭”字，而“晌午”指表“中午”义，所以笔者认为用表“午饭”义的“饟”更为合适。

《汉方》1924页收“吃晌午”指“吃午饭”，引中原官话、晋语、西南官话为例；第4812页收“晌午”指“午饭”，引兰银官话、西南官话、湖南宁远土话、赣语为例。此两处的“晌”当为“饟”。

181. 打[ta^{53}]

桂林方言中有“吃”义。例如桂林童谣《捡干柴》：“麻雀仔，尾巴仔，背后山里捡干柴，捡一头，路上溜，捡一把，有餐打，捡一担，回来弄个跛跛蛋。”

“打”指吃义，属古方言，见于唐代。唐·张鷟《朝野佥载》卷四：“尝闻陇西牛，千石不用軥，今见陇西牛，卧地打草头。”唐·寒山《诗三百三首》：“唯知打大脔，除此百无能。”

《汉方》1012 页收“打”指“吃”义，引古方言例。

182. 呷［k^hia^{33}］

吃，喝。例如桂林童谣《梦莲子》：“梦莲子，梦莲花。莲蓬莲子在哪家？在薛家。薛家女，满头花，出门三段路，多谢问人家。牛问牛，骑马过塘头。牛吃路边草，一口呷，二口呷，三口卖黄瓜，四口落下地，五口红狗白狗来看家。”

呷，本指吞吐开合貌。《说文·口部》：“呷，吸呷也。”段注：“司马相如赋曰：‘翕呷萃蔡。’张揖曰：‘翕呷，衣起张也。’《海赋》：‘犹尚呀呷，余波独涌。’李善曰：‘呀呷，波相吞之貌。’”《广韵》入声狎韵呼甲切。引申出吃、喝义。《正字通·口部》：“呷，《〈说文〉长笺》：‘吸而饮曰呷。’”北魏·杨衒之《洛阳伽蓝记·景宁寺》：“呷啜鳟羹，唼嗍蟹黄。”唐·周昙《咏史·淳于髡》：“穰穰何祷手何赍，一呷村浆与只鸡。”唐·白居易《马坠强出赠同座》：“坐依桃叶枝，行呷地黄杯。”《儒林外史》第二十回：“〈牛布衣〉已是不能吃了，勉强呷了两口汤。”

据《汉方》3355 页，北京官话、西南官话、吴语、粤语称“喝”为“呷”。“吃”指“呷”，见于西南官话、湘语。

183. 夜饭［$iɛ^{24}f\tilde{a}^{24}$］

晚饭。例如桂林童谣《月亮球球》：“月亮球球，我在东门看水牛，水牛过沟，踩着泥鳅，泥鳅告状，告着和尚，和尚念经，念着观音，观音点水，点着水鬼，水鬼摸鱼，摸着脚鱼，脚鱼生蛋，留给小弟送夜饭。”

《景德传灯录》卷十二《陈尊宿》："师云：'这吃夜饭汉。'僧云：'尊宿丛林，何言吃夜饭？'"《古尊宿语录》卷六《睦州和尚语录·勘讲经论座主大师第三》："师云：'这吃夜饭汉！不能打得你去。'"《朱子语类》卷一三八："俗语'夜饭减一口，活得九十九。'曰，此出古乐府三叟诗。"《初刻拍案惊奇》卷十三："看看天色晚来，六老吃了些夜饭，自睡。"《儒林外史》卷三四回："谈了一会，各自吃了夜饭住下。"

"夜饭"指"晚饭"，见于胶辽官话、中原官话、兰银官话、江淮官话、西南官话、徽语、吴语、湘语、赣语、客话、闽语、广西南宁平话、湖南临武土话。（据《汉方》3558—3559 页）

《现方》第 1530 页"夜饭"指"晚饭"，标注为"〈方〉"。

184. 吃［k^{h}ʅ^{21}］

包括吃、喝、吸等。如饮酒谓"吃酒"。例如桂林童谣《亮火虫》："亮火虫，下地来，不吃烟，不吃茶，只吃雪豆夹油麻。"

《篇海类编·身体类·口部》："吃，饮也。"唐·杜甫《送李校书二十六韵》诗："临岐意颇切，对酒不能吃。"唐·方干李主簿《改令》："措大吃酒点盐，将军吃酒点酱。"《水浒传》第七十二回："宋江自和柴进、戴宗在茶坊里吃茶。"《拍案惊奇》卷二十四："寺僧出来迎接着，问了姓名，邀请吃茶。"明·张岱《陶庵梦忆》卷四《祁止祥癖》："如吃烟酒，鲠诘无奈，而软同沾醉。"清·孔尚任《桃花扇》续四十出："（净问介）要火吃烟么？"

"吃"指"喝、饮、抽"义，见于江淮官话、西南官话、徽语、湘语、赣语、粤语、吴语。（据《汉方》1908 页）

十五、红白大事、风水迷信

185. 出门［tɕ^{h}y^{21}mən^{21}］

出嫁。桂林方言"出门"除有"出外"和"离家远行"之义外，还指出嫁。例如桂林童谣《出嫁》："门坎底，有根藤，细细开花十二屋。我娘养我娇娇女，金锣鼓手送出门。哥哥送我闸门外，嫂嫂送我到祠堂。我到祠堂吩咐嫂，七早回家看我娘。莫给冷茶泡冷饭，莫给懒茶懒我娘。我娘想我娇娇女，我想我娘河水长。"

此义在东汉碑刻已见。《金广延母徐氏纪产碑》："考妣徐氏元初产，永寿元年出门托躯金掾季本。"后代南朝梁·沈约有文篇名为《谢女出门宫赐绢绮烛启》，其中"出门"即指出嫁。又如唐·无名氏《玉泉子》："吾有女弟未出门，子能婚乎？"又作"出门子"。《红楼梦》第九十回："人家的女孩儿出门子不是容易，再没别的想头，只盼着女婿能干，他就有日子过了。"

《汉方》1266页收了该词，见于东北官话、北京官话、冀鲁官话、中原官话、江淮官话、西南官话、吴语、湖南吉首湘语、粤语和潮汕闽语，客家话也有此义。（温美姬《梅县方言古语词研究》114—115页）

186. 利市［$li^{24}ɕɿ^{24}$］

① 吉利；好运。② 赏钱，俗称红包。桂林方言十分吉祥说"大吉利市"；长辈给出远门晚辈的祝福红包，说给个"利市"；过年拿到多少赏钱（红包）说"过年拿到几多利市"。例如桂林童谣《肥仔弟》："肥仔弟，卖豆豉，卖到年初二，捡得大利市。"

"利市"在古代本指好买卖，但也见指吉利、好运。例如：汉·焦赣《易林·观之离》："福过我里，入门笑喜，与我利市。""与我利市"即给我好运、吉利。宋·吴自牧《梦粱录·嫁娶》："房门前先以彩帛一段，横挂于楣上，碎裂其下，婿入门，众手争扯而去，谓之利市。""谓之利市"即谓之吉利。《水浒传》第六回："俺猜着这个撮鸟是个不翦径的强人。正在此间买卖。见洒家是个和尚，他道不利市，吐一口唾，走入去了。""不利市"即不吉利。

赏钱也令人高兴，故"利市"古代可指赏钱。宋·孟元老《东京梦华录·娶妇》："女家亲人有茶酒利市之类。至迎娶日，儿家以车子或花檐子发迎客引至女家门，女家管待迎客，与之彩段，作乐催妆上车檐，从人未肯起，炒咬利市，谓之起‘檐子’，与了然后行。”此“利市”即释为办喜事送给办事人的赏钱。又如：明·贾仲名《金安寿》第一折：“一个先生来化斋求利市。”《儿女英雄传》第十一回：“我这里有小小的一张弹弓，却还值得几文，这叫作‘宝剑赠与烈士’，拿去算发个利市，如何？”

桂林方言保留以上两义。《现方》第805页“利市”此二义皆标注了“〈方〉”。

今西南官话、吴语、粤语和南宁平话“利市”也指“吉利、好运”和“赏钱”，另江淮官话“利市”只指“赏钱”，广东电白闽语“利市”则只指“吉利、好运”。(据《汉方》2695页和《现方》1803页)

187. 社［ɕiɛ^{24}］

① 土地神。② 祭祀社神之所。③ 祭祀土地神的节日。桂林地区把土地神叫“社王”，祭祀土地神的节日分为：春社（又称“二月社”）、秋社（又称“八月社”）。春社的时间一般在春分前后，秋社的时间一般为立秋后第五个戊日。例如桂林童谣《十接火炉姑娘》：“火炉姑娘正月正，接你回来看花灯，火炉姑娘二月二，接你回来过个社，火炉姑娘三月三，接你回来看歌场，火炉姑娘四月四，接你回来写对子，火炉姑娘五月五，接你回来过端午，火炉姑娘六月六，接你回来吃稀粥，火炉姑娘七月七，接你回来坐上席，火炉姑娘八月八，接你回来摘棉花，火炉姑娘九月九，接你回来喝老酒，火炉姑娘十月十，接你回来把布织。”此童谣中的“社”指祭祀土地神的节日。《蚂蚁公公，蚂蚁娘娘》：“蚂蚁公公，蚂蚁娘娘，点火烧香，擳猪擳羊，竭往何方。上供社王。社王门前有口塘，你要慢点走，莫要跌下塘。”此童谣中“上供社王”指祭拜土地神，“社王门前有口塘”中的“社王”指祭祀社神之所。

我国古代把土地神和祭祀土地神的地方都叫“社”，按照民间的习俗每到播种或收获的季节，农民们都要立社祭祀，祈求或酬报土地神。桂林把土地神称为“社王”或“社公”“社王公”，此称呼先秦以前已有之。《国语·鲁语上》：“共工氏之伯九有也，其子曰后土，能平九土，故祀以为社。”韦昭注：“社，后土之神也。”《吕氏春秋·季冬》：“以供皇天上帝社稷之享。”高诱注：“社，后土之神，谓句龙也。”《白虎通·社稷》：“社者，土地之神也。”又指祭祀社神的地方。《礼记·郊特牲》：“天子大社，必受霜露风雨，以达天地之气也。是故丧国之社屋之，不受天阳也。”孔颖达疏：“《白虎通》云：天子之社坛方五丈，诸侯半之。说者又云：天子之社封五色土为之。若诸侯受封，各割其方色土与之。”《祭法》：“王为群姓立社，曰大社。王自为立社，曰王社。诸侯为百姓立社，曰国社。诸侯自为立社，曰侯社。大夫以下成群立社，曰置社。”后也指祭祀社神的节日，即社日。唐·韩偓《不见》：“此身愿作君家燕，秋社归时也不归。”唐·鲍溶《白露》诗：“迎社促燕心，助风劳雁翼。”此指秋社。《礼记·明堂位》：“是故夏礿、秋尝、冬烝、春社、秋省，而遂在蜡，天子之祭也。”宋·梅尧臣《送韩子华归许昌》：“社后清明前，燕与人归来。”此指春社。

今柳州、绩溪、萍乡、于都、金华、广州也把祭祀土地神的日子称为“社日”“过社”，柳州称掌管土地、人民的神称为“社王公”。（据《现方》1931 页）

188. 三朝（做三朝）［tsəu^{24}sã^{33}tsau^{33}］

婚后或出生后第三天见亲属叫做三朝。例如桂林童谣《咪——模》：“咪——模，老鼠唱歌，唱个什么歌？唱个东南胡子李大哥。你在青龙做什么？我在青龙讨老婆。有钱讨个花花姐，无钱讨个老茄婆。老茄婆，得个仔，变蚂蚂；老茄婆，得个女，像老鼠。老鼠头壳有点臊，杀鸡杀鸭做三朝，蚂蚂头壳有点血，杀猪杀羊做满月；蚂蚂头壳有点脆，杀猪杀羊做对岁。对岁公，请外公，外公来得急又急，两脚跤进烂溢泥。”

“三朝”指婚后或出生后第三日，见于宋代。宋·吴自牧《梦粱录·嫁娶》：“三日，女家送冠花、彩段、鹅蛋……并以茶饼鹅羊果物等合送去壻家，谓之‘送三朝礼’也。”《四游记·玉帝起赛宝通明会》：“却说那小公子灵光，才三朝便能言语。”明·陆人龙《型世言》第十六回：“把李氏嫁了，这儿子后来只认得你，当得亲生，又不听，与他做三朝，做满月，雇奶子。”明·周清原《西湖二集》第十九卷：“因是正妻无子，陆伯麟欢喜非常，做三朝、弥月，好生热闹。”清·陈端生《再生缘》第七十八回：“王府中染蛋送汤饼，亲朋贺庆，闹热异常，做三朝，排筵席。”

今丹阳、上海、苏州、长沙、萍乡、于都也有此词。（《现方》3815 页）

189. 打斋［$ta^{53}tsæ^{33}$］

桂林地区“打斋”指请和尚、道士等到家里诵经酬神，驱除妖魔。例如桂林童谣《妹呀妹》：“妹呀妹，和狗睡，睡到半夜得个妹，妹没乖，讨个道师来打斋。”

宋代已见此词。宋·王柏《侍伯兄宿履庵即事呈本老》：“诸方善人忽聚散，黄昏方打斋时钟。”宋·韩淲《青阳龙池僧索诗》：“池中应有龙去来，好为朝昏打斋粥。”《西游记》：“唐僧磕头道：贫僧是东土大唐驾下差来的……因到金平府慈云寺打斋，蒙那寺僧留过元宵看灯。”《金瓶梅》：“又许下薛姑子正月里庵里打斋，先与他一两银子，请香烛纸马。”

今柳州、南宁平话、广州粤语也有此用法。（据《现方》845 页、《汉方》1027 页）

190. 衰［$çuæ^{33}$］

倒霉，不好。例如桂林童谣《大眼妹》：“大眼妹，真是衰，屙屎屙尿挨蚊锥，见到狗仔起势追。”

古代“衰”常和“盛”“兴”相对，表示衰微、衰亡，也指“倒霉”义，如：《后汉书·虞诩传》：“后朝歌贼宁季等数千人攻杀长吏，屯聚连年，州郡不能禁，乃以诩为朝歌长。故旧皆吊诩曰：‘得朝歌何衰！’”此“衰”言倒霉。《三国志·魏志·陈群传》：“二宫上下，皆悉俱东，举朝大小，莫不惊怪。或言欲以避衰，或言欲以便处移殿舍，或不知何故。”《资治通鉴·魏明帝太和六年》引此文，胡三省注曰：“避衰，……今人谓之避灾。”避灾即避开倒霉之事。唐·王建《早春病中》诗：“师教绛服禳衰月，妻许青衣侍病夫。”“衰月”谓不吉利之月。“衰”，《广韵》平声支韵所危切，又脂韵所追切，生母。桂林方言存留此词。

今粤语、闽语、柳州西南官话和南宁平话也见该词。（《据《汉方》5020页和《现方》3347页》）

《现汉》第1220页“衰”已无“倒霉”义。

191. 祭灶［ki^24tsau^24］

桂林地区腊月二十三日祭灶神，祈求来年平安和财运。例如桂林童谣《新年》：“新年来到，糖糕祭灶；妹仔要花，娃仔要炮；老头子要戴奶仔帽，老婆子要吃大年糕。”

在汉代就已见祭灶习俗。《礼记·月令》：“孟夏祀灶。”汉·班固《白虎通》：“祭五祀，天子诸侯以牛，卿大夫以羊。一说户以羊，灶以雉……井以豚。”晋·周处《风土记》：“腊月二十四日夜，祀灶，谓灶神翌日上天，白一岁事，故先一日祀之”。宋代范成大的《祭灶诗》对祭灶习俗做了详细描述。

清朝前期和中期，祭灶一直是腊月二十四，而且至少到乾隆时期，都是腊月二十四祭祀。《清嘉录》卷十二《十二月·念四夜送灶》：“俗呼腊月二十四夜为念四夜，是夜送灶。”《清朝野史大观·清宫遗闻》中说，乾隆一朝，每年腊月二十四晚上，祀灶神于坤宁宫。从清朝中后期开始，帝王家就于腊月二十三举行祭天大典，为了“节省开支”，顺便把灶王爷也给拜了，因此北方地区多在腊月二十三过小年。南方大部分地区，仍然保持着腊月二十四过小年的古老传统。

今洛阳、西安、西宁、银川、福州、南京也有此习俗。（据《现方》3962—3963页）

192. 背时［pεi^{24}ɕi^{21}］

倒霉，运气不好。例如桂林童谣《十二月歌》：“正月背时起，二月吃借米。三月餐没餐，四月难过关。五月不奈何，六月盼割禾。七月收成好，八月吃不饱。九月算一算，十月有戏看。十一月没得钱，十二月难过年。”

晋·张协《七命》：“盖闻圣人不卷道而背时，智士不遗身而匿迹。”《太平广记》卷三一五引《吴兴掌故集·狄仁杰檄》：“应天者膺乐推之名，背时者非见几之主。”唐·刘禹锡《酬乐天见寄》：“背时犹自居三品，得老终须卜一丘。”宋·刘克庄《满江红·题范尉梅谷》：“叹出羣风韵，背时装束。”元·范康《竹叶舟》：“嗨！小生好背时也。”《二十年目睹之怪现状》第八九回：“荀才道：‘不过不肯信付我们这背时的人罢了。’”

“背时”指倒霉，见于中原官话、江淮官话、西南官话、吴语、湘语、赣语、客话、湖南临武土话。(据《汉方》4065 页)

193. 拜斗［pæ^{24}təu^{53}］

请道士来祭拜北斗星祈求增添福寿的一种仪式。例如桂林童谣《点点斑斑》：“点点斑斑，脚踩南山，南山拜斗，拜着家狗，家狗爬墙，爬着伯娘，伯娘点灯，烧着鼻子眼睛。”

拜斗这一习俗源自东汉，据《北斗星君赐福真经》《南斗星君延寿真经》记载，太上老君于汉桓帝时先后将此二真经传授张道陵天师。张天师传此两部真经让世人诵念，以求罪消孽减，增福延寿。南斗、北斗星君掌世人生死寿夭、富贵吉凶。故消灾祈福、祛病、延生常向南北斗礼拜。但从笔者查阅的古籍文献来看，“拜斗”一词在文献中的记载始见于宋代。宋·白玉蟾《万法归一歌》：“礼塔焚香诵藏经，更能拜斗与瞻星。”宋·谢枋得《迭山集》：“难以朝衣而拜斗，有谁施舍成我因缘。”元·无名氏《争报恩》第四折：“自从你下在牢里，我替你拜斗。直到如今，你饶了俺，我买饼好肉鲊，装一卓素酒，请你吃。”明·徐渭《君从》：“龙号真人亲拜斗，绣衣使者自焚香。”清·徐嗜凤《会仙记》：“淑贞偕姊妹朝暮焚香拜斗念佛，与丹忱并坐，而不复与同寝。”

今建瓯、福州也有此词。(《现方》2726页)

194. 讨［t^hau^{53}］

娶。桂林方言称娶老婆为“讨老婆”。例如桂林童谣《一只歌仔莫过河》：“一只歌仔莫过河，荔枝龙眼讨老婆，柑子马蹄又来贺，今日慈姑做家婆。”

讨，本指整治义。《说文·言部》：“讨，治也。”《广韵》上声晧韵他浩切：“讨，治也，诛也。”宋·无名氏《张协状元》戏文第十一出：“也好，也好。它若有这一项，我自与孩儿讨个新妇。”明·冯梦龙《古今小说·木绵庵郑虎臣报冤》：“我家相公要讨一房侧室。”明·梦觉道《三刻拍案惊奇》：“鲍雷道：不消说，我替你出这口气，叫那讨老婆的也受享不成。”《醒世恒言·卖油郎独占花魁》：“幸然两下相逢，你贪我爱，割舍不下，一个愿讨，一个愿嫁。”

闽语、湖南土话、赣语、吴语、徽语、客话、粤语也称娶为“讨”。(据《汉方》1420页—2425页)

195. 斋公［$tsæ^{33}koŋ^{33}$］

① 道士。② 在家吃斋念佛修行的人。例如桂林童谣《高山修道老斋公》：“正月里来正月中，二月里来二月中，洗件衣服曷帮工，二月麻雀叫哄哄，丢落爷娘在家里，犁田犁到茶时丰，丢落妻子在房中，老板送饭到田中，三言两语讲成了，老板送的什么饭？手摸笔头落纸中，高山修道老斋公。”

“斋公”指对道士的尊称，见于明代。明·凌濛初《二刻拍案惊奇》：“无尘看见李信是个道妆，叫道：‘斋公，我与你并无冤仇，何故首我？’”《儒林外史》第三回：“我听得斋公们说，打了天上的星宿，阎王就要拿去打一百铁棍。”

江淮官话、西南官话、客话、闽语称在家吃斋念佛修行的人为“斋公”（据《汉方》5957 页）

196. 吃酒［k^{h}i^{21}tɕiəu^{53}］

赴宴，参与红白喜事等宴席。例如桂林童谣《回外家》：“扎起两朵大红花，打鼓打锣回外家，外家问你是哪个，我是平乐㝡姑娘，㝡姑娘，得个仔，变猫蚂，猫蚂头角有点血，杀鸡杀做满月，外婆趨吃酒，跌断手，外婆趨寻药，跌断脚。”

《跻春台》卷一《过人疯》：“最恨那不明理岳父岳母，一家人去吃酒留他看屋。”又卷二《吃得亏》：“其人会意曰：‘我来吃酒，天黑寻门误跌在此，被他捉住。’”又卷三《双冤报》：“有仁曰：‘我姑娘讨媳妇，前去吃酒。’”

“吃酒”指“赴宴”，见于西南官话、吴语、湘语、赣语、闽语。（据《汉方》1913 页）

十六、日常生活（不包括衣食行）

197. 敨［t^{h}əu^{53}］

① 呼吸。② 休息。③ 展开。桂林方言呼吸说“敨气”，深呼吸说“敨大气”，劳作后休息一下说“敨一下”。例如桂林童谣《挑担空箩要换肩》：“歌仔唱了大半天，何不休息吃袋烟，蚂蚂跳塘要敨气，挑担空箩要换肩。”此童谣中的“敨”指呼吸。《出黄金》：“要想望远把高登，要想敨凉靠树荫，要想发家下米做，人勤地里出黄金。”此童谣中的“敨”指休息。

《集韵》上声厚韵他口切：“敨，展也。”本指把包着或卷着的东西打开。呼吸则是把体内气体呼出，再吸进新鲜空气，是为“展”。《水浒全传》第二六回：“看何九叔面色青黄，不敢敨气。”桂林方言承此词。休息亦是舒展，故又引申指休息，音合义通。

据《汉方》6251页，“敨”指呼吸、休息还见于今赣语、粤语；另吴语和闽语呼吸也说“敨气”。又据温美姬《梅县方言古语词研究》第133页，客家话中“敨”也指呼吸、休息。

198. 捋［lo^{33}］

滑落，下滑。例如桂林童谣：“裤子捋捋，有酒喝。”

捋，是“寽”的后起字，《说文》分为两个字。寽，指用手指握住条状物体向一端抹取。《说文·受部》：“寽，五指持也。”段玉裁据《集韵》改为“五指寽也”，曰：“凡今俗用五指持物引取之曰寽。”《说文·手部》：“捋，取易也。”徐灏曰：“寽、捋本一字，相承增偏旁。”《广韵》入声末韵郎括切：“捋，手捋也，取也。或作‘寽’。”孳乳出摩擦义。《尔雅·释虫》：“强丑捋。”郭璞注：“捋，以脚自摩捋。”《广韵·末韵》：“捋，摩也。”《水浒传》第二十六回：“武松捋起双袖，握着尖刀。”明·田汝成《西湖游览志余·委巷丛谈》：“逆刮蛟龙鳞，顺捋虎豹尾。”桂林方言语义范围扩大，指滑落、下滑。

今柳州也称滑落为“捋”。（据《现方》第3070页）

199. 嫽（撩）［$liau^{33}$］

戏弄，挑逗。例如桂林童谣《莫嫽》：“喊你莫嫽，你要嫽，嫽到蜜蜂叮你腰；叮你上腰不要紧，叮你下腰发大烧。”

《广韵》平声萧韵落萧切：“嫽，相嫽戏也。”《集韵》平声萧韵怜萧切：“《说文》：‘女字也。一曰相戏。’”《篆隶万象名义》：“嫽，娆也。”张慎仪《蜀方言》卷下：“相戏曰嫽。”字也作“撩”。《字汇·手部》：“撩，挑弄也。”古籍文献中也有“撩”表戏弄、挑逗义，如：唐·韩愈《次同冠峡》：“无心思岭北，猿鸟莫相撩。”宋·陆游《闭户》：“三日不作诗，幽禽语撩人。”《水浒全传》第二十六回：“何九叔见他不做声，倒捏两把汗，却把些话来撩他。”武汉、长沙方言也有此用法，夏凤梅认为武汉方言中表挑逗、戏弄义的“撩”本当写作“嫽”①，杨树达《长沙方言考》卷四：“今长沙谓小儿互相弄曰嫽或云嫽打。”

《大字典》1080页收“嫽”，音“liǎo”，释为戏弄；逗趣，引《广韵》《集韵》为例证。

《汉方》第7183页收“嫽”，释为戏弄、逗弄、招惹，见于中原官话、江淮官话、西南官话、湘语、客话、粤语；第7027—7028页收“撩”释为招惹、挑逗、挑衅，见于江淮官话、西南官话、吴语、湘语、客话、粤语、闽语。

200. 屙［o³³］

排泄（大小便）。例如桂林童谣《缺牙棒》：“缺牙棒，屙瘪在床上，狗来舔，猫来望，一望望到个缺牙棒。”

《玉篇·尸部》：“屙，乌何切，上厕也。”古书证如：《景德传灯录·大安禅师》：“吃沩山饭，屙沩山屎，不学沩山禅。”清·蒲松龄《日用俗字·身体章》：“止言屙尿不为村。”

此词还见于北京官话、中原官话、晋语、江淮官话、客家话、徽语、湘语、赣语、粤语、吴语、福建顺昌闽语和湖南临武土话。（据《汉方》5209页）

《现汉》第339页该词标注了“〈方〉”。

201. 解手［kæ⁵³səu⁵³］

（排泄）大小便。例如桂林童谣《胖娃娃》：“胖娃娃，拉架架；拉到东门口，想要𨂂解手；解手来不及，屙到裤襶底。”

《京本通俗小说·错斩崔宁》：“叙了些寒温，魏生起身去解手。”《二十年目睹之怪现状》第二十回：“我以为他到外面解手，谁知一等他不回来，

① 夏凤梅. 武汉方言本字考［J］. 人文论谭，2014（00）：29.

再等他也不回来，竟是‘溜之乎也’的去了。”

《汉方》第6644页“解手”未收此义。

202. 火烟［$xo^{53}i\varepsilon^{33}$］

炊烟。例如桂林童谣《火烟》：“火烟烟，烟出一边天。这边鸡屎臭，那边腊肉香。”

南朝梁·萧子显《南齐书·五行志》：“日入后，土雾勃勃如火烟。”元·黄镇成《避地椒历》：“远近火烟起，指点望城间。”明·朱朴《卖妇谣》：“灶前数日无火烟，腹中饿病何由痊。”桂林方言存留此词。

该词也见于闽语、客家话。（据《汉方》912页、《梅县方言古语词研究》137页）

203. 熛［$piau^{33}$］

火飞迸、飞溅。例如桂林童谣《打铁歌》：“麻子学打铁，打铁怕火熛，麻子学吹箫，吹箫又怕痛，麻子钻进洞。”

《说文·火部》：“熛，火飞也。”段注：“玄应引《三仓》云：‘熛，迸火也。’”《龙龛手·火部》：“熛，火星飞也。”《广韵》平声宵韵甫遥切：“熛，飞火。”《汉书·扬雄传》：“炎感黄龙兮，熛讹硕麟。”师古曰：“言光炎熛盛，感神物也。”《汉书》：“胜、广熛起，梁、籍扇烈。”《吴越春秋·勾践伐吴外传》：“墓中生熛风。”徐天祜注：“熛，火飞貌，风热如火飞也。”张衡《思玄赋》：“扬芒熛而降天兮。”李善注：“熛，火飞也。”《玄应音义》卷十四：“飚火”注引《三苍》：“熛，迸火也。”

今柳州、贵州、长沙、娄底也称火飞溅为“熛”。（据《现方》5560页、《汉方》7149—7150页）

204. 滚［$ku\partial n^{53}su\varepsilon i^{53}$］

沸腾。桂林方言称开水为“滚水”，把水烧开说“把水烧滚”。例如桂林童谣《蚂蜗》："蚂蜗拿来见菜刀，前脚打颤后脚跳，乌龟拿来滚水泡，要你屎出尿又猋。"

"滚"的本义是指大水奔流。《集韵》："滚，古本切，大水流貌。"因水烧开后会沸腾翻滚，因此用"滚"修饰烧开的水。"滚"指烧开、水开义见于宋以降。《朱子语类》卷十："譬之煎药，须是以大火煮滚，然后以慢火养之。"宋·庞元英《谈薮》："俗以汤之未滚为盲汤，初滚为蟹眼，渐大为鱼眼。"元·马致远《寿阳曲·洞庭秋月曲》："一锅滚水冷定也，再撺红几时得热？"《红楼梦》第五回："偏巧有一个老婆子，提着一壶滚水走来。"

"滚"本字为"涫"，《说文·水部》："涫，沸也。从水，官声。"段注："《春秋繁露》：'燔以涫汤'，《韩诗外传》作'沸汤'。然则涫、沸一也。《周礼》注曰：'今燕俗名汤热为观。观即涫。今江苏俗语，沸水曰滚水。滚水即涫。语之转也。"章太炎《新方言》云："《说文》：'涫'古丸切，今人谓水沸曰涫。读如滚，此本义也。"

《现方》第 5003 页，收"滚水"指沸水，见于扬州、南京、洛阳、银川、万荣、太原、忻州、绩溪、丹阳、上海、宁波、梅县、南宁平话、东莞、厦门。《汉方》6703 页，收"滚水"指热水。

205. 熰［ŋəu^{24}］

① 热，保温，桂林方言今天很闷热说"今天好熰"。② 不起火苗光冒烟的燃烧。例如桂林童谣《八月》："八月白露秋分晚，十五中秋桂花香；桂花熰出名贵酒，龙船下水响叮当。"此童谣中的"熰"指发酵。《睡不着》"睡不着，蚊虫叮脸又叮脚，起来熰堆木叶火，呛得眼泪直管流。"此童谣中的"熰"指不起火苗光冒烟的燃烧。

《玉篇·火部》："熰，乌侯切。炮熰也。"《集韵》去声候韵于候切："熰，暖也"。《管子·侈靡》："古之祭有时而星，有时而星熺，有时而熰，有时而朐。"尹知章注："熰，热甚也，谓旱热甚而祭。"引申出不起火苗光冒烟的燃烧义。明·冯惟敏《耍孩儿·骷髅诉冤》："坑中满把干柴熰，锅内忙将滚水煎。”《醒世姻缘传》第四八回：“走到前边，只见窗前门前都竖着秫秸点着火，待着不着的熰。”

今哈尔滨，南昌，广州，柳州，天津、山东冀鲁官话也称不起火苗光冒烟的燃烧、用小火久煮为“熰”，柳州西南官话保温、使发酵也称“熰”。（据《现方》5560 页、《汉方》3604 页）

206. 沤［ŋəu²⁴］

① 长期浸泡。② 壅埋堆积而发热发酵，如桂林方言称发酵米酒为“沤甜酒”。《老的好》：“老的好，柴蔸老的经得烧，塘角老的经得沤，葫芦老的做得漂。”此童谣中的“沤”指长期浸泡。《石山窝》：“石山窝，石山窝，石山窝里插糯禾；插出糯禾沤甜酒，沤出甜酒讨老婆。讨起老婆生个仔，生出仔来好唱歌。”

沤，本指长时间浸泡。《说文 · 水部》：“沤，久渍也。”《广雅 · 释诂二》：“沤，渍也。”《广韵》去声候韵乌候切：“沤，久渍也。”《诗经 · 陈风 · 东门之池》：“东门之池，可以沤麻。”北魏 · 贾思勰《齐民要术 · 种麻》：“获欲净，沤欲清水，生熟合宜。”孳乳出壅埋堆积而发热发酵之义。晋 · 干宝《搜神记》卷十二：“农夫止麦之化者，沤之以灰。”宋 · 朱辅《溪蛮丛笑》：“牛榔木多浆，猫猺餐饥缺食，则先以火窖地，掘根置窖中，压以石，又用火沤熟，捣作饼饵，名沤榔。”明 · 李实《蜀语》：“衣物诿烂曰沤。”

冀鲁官话、中原官话、赣语、闽语、粤语、湘语也有此用法。（《汉方》2888 页）

207. 嘈［tsʰau²¹］

喧闹，叫嚷。例如桂林童谣《燕子鸟》：“燕子鸟，尾巴长，舂谷舂米养姑娘。姑娘嫁，你没嫁，你帮姑娘背伞欘，背到半路跸一跤，打烂姑娘花油瓶，害得姑娘嫁不成。嫁不成，哭哑哑，回转家，揭种田，种田蚂蝗多，种地鸟仔恶，砍柴卖，刺又多，割草卖，黄蜂多，纺花卖，嘈耳朵。齐麻卖，劁鸡脚，你一样事都做不得。”

《玉篇·口部》：“嘈，才刀切。声也。”《广雅·释诂四》：“嘈，哢声也。”《广韵》平声豪韵昨劳切：“嘈，喧嘈。”《集韵》平声豪韵财劳切，引《广雅》为例证。《北堂书钞》卷一三〇引三国魏杨修《许昌宫赋》：“钟鼓隐而雷鸣，警跸嘈而响起。”晋·潘岳《笙赋》：“光歧俨其偕列，双凤嘈以和鸣。”《文选·王延寿〈梦赋〉》：“鸡知天曙而奋羽，忽嘈然而自鸣。”李善注引《埤苍》曰：“嘈嘈，声众也。”明·顾起元《客座赘语·诠俗》：“群口而嬲其人曰嘈。”

今现代汉语“嘈”承袭“喧闹、杂乱”义，但已不单说，用“吵”或“嘈杂”一词表“喧闹”义。桂林方言则保留了古代“嘈”作为单音节词的形式。

据《汉方》第6811页收“嘈”，释为喧嚷，引西南官话、粤语为例。

208. 黵［noŋ^{21}］

焦；糊。例如桂林童谣：“急火煮出夹生饭，锅巴烧黵也难刮。”

“黵”为本字，俗作“烿”。《玉篇·黑部》：“黵，黑黵也。”《广韵》平声钟韵女容切：“黵，黵黵。”《集韵》平声钟韵尼容切：“黵，黵黵，黑甚。”煮焦、烧糊的食物为黑色，故桂林方言孳乳出焦、糊义。俗字“烿”，是由“黵”改换意符而成。“黵”是从糊的东西的颜色上观察的，而“烿”则是从糊的东西的成因上观察的。

《汉方》第5077页收“烿”，释为糊、焦义，见于西南官话、粤语。

十七、交际

209. 搭帮［ta^{21}paŋ^{33}］

依靠，多亏。桂林方言依靠称“搭帮”，也称“搭傍”。例如桂林童谣《两个娘》：“一个蛋子两个黄，一个女儿两个娘。搭帮亲娘养大我，搭帮后娘赔嫁妆。亲爷亲娘情永记，大爷嫁妆四盒装，胭脂和到六盒粉，六盒和倒七盒装。我爷送我闸门背，我娘送我到祠堂。送到祠堂吩咐娘，莫吃懒茶泡冷饭，莫吃懒茶懒我娘。热天请娘高楼坐，冷天请娘坐在火笼床。”

此词见于清代。清·曹雪芹《红楼梦》：“又有邢夫人的嫂子，带了女儿岫烟进京来投邢夫人的，可巧凤姐之兄王仁也正进京，两亲家一处搭帮来了。”清·石玉昆《侠义传》：“三个人搭帮过日子，专于这些营生。”清·左宗棠《左文襄公奏疏》：“每月官商搭帮往来驮骡，或五六百或七八百。”

今西南官话湖南常德、广西宜山，湘语湖南长沙也称依靠、多亏为“搭帮”。(据《汉方》5990 页)

210. 聒［kua^{21}］

① 闲谈。桂林人称聊天、闲聊为“聒板路”，相当于四川话中的“摆龙门阵”。② 能说会道。例如桂林童谣《聒板路》：“猫仔来，狗仔来，大家都来聒板路。猫仔爱讲古，狗仔爱吹牛，灶鸡听到来伴奏，屋子里头闹啁啁。”

聒，本指喧闹，声音高响或嘈杂。《说文·耳部》：“聒，欢语也。”段注：“欢语也。欢者，哗也。”《广韵》入声末韵古活切：“聒，声扰。”《集韵》入声末韵古活切，引《说文》为例证。《左传·襄公二十六年》：“聒而与之语。”疏：“声乱叫谓之聒。”又由喧闹、嘈杂孳乳出频繁地称说义。《庄子·天下》：“以此周行天下，上说下教，虽天下不取，强聒而不舍也。”《水浒传》：“众人说他的名字，聒得洒家耳朵也聋了，想必其人是个真男子，以致天下闻名。”《轰天雷》：“慰亭做作忠愤之色，将凭据骗到手，又用甜言蜜语聒着复生。”聊天就是不停地说，故桂林方言又引申出闲谈、聊天义。

“聒”指闲谈，还见于安徽合肥、柳州西南官话、绩溪。（据《汉方》5901 页，《现方》4183 页、4184 页、1598 页“聒谈”“聒憨”“聒水话”“聒聊天”“好聒得”）

211. 哝［noŋ^{33}］

埋怨，唠叨。例如桂林童谣《老公公》：“老公公，眼睛矇，拿起木棒当火筒；买的芭蕉中间空，买的甘蔗生了虫；买的饼子又穿窿，来的糍粑黟喉咙。弟弟吃了发脾气，一边吃来一边哝；姐姐对着弟弟讲，以后你也会变老公公。"

《玉篇·口部》："哝，多言不中也"。《广韵》平声冬韵奴冬切："哝，多言不中"。元·无名氏《货郎旦》第一折："休犯著黄檗肚小么，数量着哝过，紧忙里做作。"明·朱有炖《善知识苦海回头》第三折："你道是九重边有谁唧哝，苦口难谐，甘言易哄。"清·洪升《长生殿·献发》："姊妹每情切来相问，为什么耳畔哝哝，总以不闻！"

今武汉、柳州、福州也有此用法。（据《现方》5719 页）

212. 啜［tsʰo⁵³］

哄骗，欺骗。例如桂林童谣《啜人》："啜着一个狗，天天帮我守门口，啜着一个猫，天天帮我看辣椒。"

《桂林市志·方言字》认为本字为"撮"，但古书亦难见其表示"哄骗"之用例；"啜"在宋以降文献中则多见指哄骗：宋·宋慈《宋提刑洗冤集录·降颁新例·检验法式》："州县司史，通行捏合虚套元告词，因啜赚元告绝词文状。""啜赚"即言哄骗。元·赵明镜《武王伐纣》："南宫括过，登于山，啜乌文画独入谷中。"元·王晔《桃花女》："则你这媒人一个个，啜人口似蜜钵，都只是随风倒舵。"此二"啜"亦谓哄骗。马致远《青衫泪》："不想老虔婆逐日嚷闹，百般啜哄，妾身只是不从。"《元典章·刑部十九·禁局骗》："［张胜］啜诱李慧光将铜钱搭龟，用局骗手法赢讫。""啜"和"哄""诱"同义连文。《水浒全传》二十五回："王婆计啜西门庆，淫妇药鸩武大郎。"《广韵》"昌悦切"，入声薛韵昌母，音亦合。故本字为"啜"。

《汉方》5434 页"啜"未收"哄骗"义，但收了"啜赚"（释为"哄骗"），见于元代官话。据《客赣研究》655 页、温美姬《梅县方言古语词研究》147 页，此词也见于安义赣语、梅县客家话。

213. 勥［$k^hiaŋ^{33}$］

欺负，看不起。桂林方言称欺负人为“勥人”。例如桂林童谣《勥人》：“大勥小，挨鬼打，小勥大，挨鬼骂。”

《说文·力部》：“勥，迫也。”段玉裁注：“勥与疆义别，疆者，有力。勥者，以力相迫也。”《广韵》平声阳韵巨良切：“勥，迫也。”《集韵》平声阳韵渠良切，引《说文》为例证。清·罗有高《四贞女传后论》：“若曰非其诚勿勥也。”

今柳州、南宁平话也称欺负为“勥”。（《现方》5305页）《汉方》第6964页“勥”未收此义。

214. 訝［$ŋa^{21}$］

难打交道，令人生厌。桂林方言说一个人讨嫌为“这个人好訝詐咧”。例如桂林童谣《摘黄花》：“狗呀狗，你看家，我到后院摘黄花。一枝黄花摘完了，再摘两枝送媒妈，媒妈媒妈你请坐，你的女儿好訝詐……有钱讨个红花女，无钱讨个煞牙婆，煞牙婆，吃饭吃得多，屙屎两大箩。屙尿成大河，放屁打铜锣。”

《集韵》上声马韵语下切：“訝，詐訝，言戾。”又上声马韵侧下切：“詐，詐訝，言戾。”

《汉方》第3710收“詐訝”指讨嫌，引西南官话广西桂林为例证；指乖戾，不相和，见于湘语湖南长沙；指霸道、蛮横，见于粤语广东广州。

215. 点卯［$tiɛ^{53}mau^{53}$］

点名，签到。例如桂林童谣《点卯歌》：“点卯点卯官官，点着谁人谁做官。点卯点卯贼贼，点着谁人谁做贼。点卯点卯盐盐，点着谁人谁卖盐。点卯点卯油油，点着谁人谁卖油。点卯点卯布布，点着谁人谁卖布。点卯点卯酱酱，点着谁人谁卖酱。点卯点卯抓抓，点着谁人谁挨抓。”

“卯”在甲骨文中用以表示地支的第四位，后扩大到用以纪时，指五时至七时，也泛指早晨。因为卯时是官府例定开始办公时进行点名报到的时间，故点名称点卯，签到应名为画卯、应卯。《西游记》第十五回：“行者道：‘你等是那几个，可报名来，我好点卯。’”又第三回：“每年献供，四时点卯。”清·李宝嘉《官场现形记》第三十四回：“别位大人先生，就是发帖子请他光陪，来虽来，不过同点卯应名一般，一来就走。”《水浒传》第二十四回：“叔叔，画了卯，早些个归来吃饭。”

今东北官话、闽语、胶辽官话也有此用法。（据《汉方》4055—4056 页）

216. 劳烦［$lau^{21}fã^{21}$］

烦劳，麻烦。例如桂林童谣《小姑歌》：“金竹麻篮挂竹边，三岁离娘在嫂边，堂屋洗脸哥也骂，厨房梳头嫂也嫌，哥莫骂，嫂莫嫌，劳烦等妹三五年，再过几年妹出嫁，只有老禾和老钱，只剩老禾平仓顶，剩下老钱伴枕眠。”

《管子·任法》：“舍大道而任小物，故上劳烦，百姓迷惑，而国家不治。”《后汉书·舆服志上》：“敬之者欲其尊严，不惮劳烦，相与起作舆轮旌旗章表，以尊严之。”《三国志·魏志·和洽传》：“方今之要，固在息省劳烦之役，损除他馀之务，以为军戎之储。”《水浒传》第六十九回：“劳烦你去走一遭，可扮做贫婆，潜入城中，做求乞的。”《西游记》第九十二回：“早说是二十八宿中的四木，老孙径来相请，又何必劳烦旨意？”

“劳烦”指“烦劳”见于西南官话、粤语。（据《汉方》2470 页）

《现汉》第 780 页“劳烦”释为“烦劳”，标注为“〈方〉”。

217. 白话［$pə^{21}xua^{24}$］

空话；没有根据或不能实现的话。例如桂林童谣《勉励歌》：“奉劝少年要用功，莫谈白话度虚空，光阴似箭催人老，日月如梭四季同。”

“白话”指“空话、谎话”见于明代。明·李贽《初潭集》卷十七“刘伶纵酒放达”评：“不是大话，亦不是白话。”《红楼梦》第五十七回：“紫鹃道：‘你妹妹回苏州家去。’宝玉笑道：‘你又说白话。苏州虽是原籍，因没了姑父姑母，无人照管，才就了来的。’”清·李宝嘉《官场现形记》第十七回：“魏竹冈道：‘闲话少说，现在我就写信去托，但是一件，空口说白话，恐怕不着力，前途要有点说法方好。’”

东北官话、中原官话、兰银官话、江淮官话、武汉西南官话、湘语也称空话、谎话为“白话”。（据《汉方》1386 页—1387 页）

218. 斢（嬥）［$t^{h}iau^{53}$］

调换。例如桂林童谣：“鸭毛斢火柴，屁股打出来。”又如：“灯红亮红，斢转背一样红。”再如《妹崽妹》：“妹崽妹，嫁到石山背，日推磨，夜舂碓。娘看见出眼泪，爷看看割心肺。哥哥看见接妹妹，嫂嫂看见斢过背。”

《广韵》上声厚韵天口切：“斢，斢斢，兵夺人物。出《字书》。”桂林方言引申为调换义。字或作“嬥”，《广韵》上声篠韵徒了切：“嬥，嬥嬥，往来貌。”由相互往来引申出“调换”义。明·陈士元《俗用杂字》：“与人交换原物曰嬥（嬥音窕）。一作誂，又作挑。《集韵》：‘嬥嬥，往来貌。’”明·焦竑《俗书刊误》卷十一：“与人交易更换原物曰嬥换（嬥音窕）。”清·翟灏《通俗编·杂字》：“俗以更易财物曰嬥换。”明陆深《俨山外纂》：“京师妇女，嫁外方为妻妾者，初看，以美者出拜，及临娶，乃以丑者易之，名曰嬥包儿。”

《大词典》第 9944 页和《大字典》第 2256 页收“斢”，当音为“tiǎo”时，释为调换，标注为“方言”。《客赣方言调查报告》写成“调”。蒋宗福《四川方言词语考释》写成“掉”：“掉换，更换……本字或作‘嬥’。‘嬥’字难认，故今用‘掉’。”《汉语方言词汇》1995 年第二版“换”合肥等地写成“斢”，指出本字为“掉”。

据《汉方》第 7000 页收“斢”，释为调换，见于江淮官话、湘语、赣语、闽语，未收西南官话例；第 7380 页“嬥”指“调换”义，引西南官话、吴语为例。

219. 𡗀鬞［noŋ^{33}naŋ^{33}］

桂林方言称拖泥带水、行动迟缓、啰嗦为“𡗀鬞”。例如桂林童谣《蚂蚂仔》：“蚂蚂仔，穿蓝鞋，𡗀𡗀鬞鬞跟娘来，娘在沟边洗韭菜，爷在湖南搭信来，要娘崽女同对待，留倒崽女穿新鞋。”

“𡗀”指“盛多，语言过度”义，属古方言。《方言》卷十：“凡人语言过度及妄施行，亦谓之𡗀。”《广韵》平声钟韵女容切：“𡗀，𡖖𡗀。”《集韵·钟韵》：“𡗀，𡖖𡗀，多也。”字亦作“𡖖”。《广雅·释诂三》：“𡖖、𡗀，多也。”王念孙疏证：“𡖖、𡗀者，𡖖之言拥，𡗀之言浓，皆盛多之意也……”《方言》卷十：“𡖖、𡗀、多也。南楚凡大而多谓之𡖖，或谓之𡗀。”《玉篇·多部》：“𡖖，大多也。”《广韵》平声钟韵于容切：“𡖖，𡖖𡗀，多貌。”引申出“举动迟缓，不轻快”义。明·岳元声《方言据·𡖖》：“举动迟缓，不轻迅，谓之𡖖。”

“鬞”亦指“多”义。《玉篇·髟部》：“鬞，毛多也。”《广韵》平声江韵女江切：“鬞，发多。”《篇海类编·身体类·髟部》：“鬞，毛发多。”

桂林方言既可以单用“𡗀”指行动缓慢义，也可以组成词组“𡗀鬞”。

《汉方》第 6247 页“𡗀”未收此义。

十八、商业钱财

220. 毫子［xau^{21}tsɿ^{53}］

硬币，北京话称“钢镚儿”。例如桂林童谣《胡椒花椒》：“硙硙胡椒，硙硙花椒，三个毫子一大包。”

“毫子”指硬币见于清代。清·吴趼人《二十年目睹之怪现状》第五十回：“没有甚么定例，码头上送到这里，约莫是两毫子左右。”又第五十七回：“咸水妹又在衣袋里随意抓了十来个毫子给他。”清·张荫桓《三洲日记》："地方官悯流佣饥饿，发帑赈济，每人日给二毫子，责以修路。"许珂《清稗类钞·方言类》："毫子，小银元也。"

今西南官话、湘语、赣语、客家话、粤语、闽语、土话称硬币为"毫子"。（据《汉方》5694）

221. 请［$tɕ^{h}in^{53}$］

买。桂林方言多指买佛龛神像、佛道经典、礼神用品等，旧时也用来指购买难以得到的东西。例如桂林童谣《掌掌掀》："掌掌掌掀，问你大娘请不请，请来三尺布，做了一条开襠裤。开襠裤露出布，裁缝师傅偷了布；不是师傅偷了布，是请得的布不够数！"旧时买布只能用布票，一人一年的布票为三尺，而一年三尺布，还不够做一套衣服，布是比较难买的，所以用"请"。

"请"表买之义见于南北朝。南朝梁·沈约《宋书·隐逸传·沈道虔》："至四月八日，每请像。请像之日，辄举家感恸焉。"唐·释道世《法苑珠林》："亢旱之时请像入宫，乘以帝辇，上加油覆。"清·宋荦《筠廊偶笔二笔》："三日后，奉太皇太后旨，请像入大内矣。"

今徐州、武汉、上海也有此用法。（据《现方》5531页）《汉方》5176页"请"，未收此义。

222. 举［ky^{53}］

① 在物价低时收买货物。② 耸起；突起。例如桂林童谣《谷雨笋举》："清明谷雨，竹笋举举。清明笋平，谷雨笋举。"前一句"竹笋举举"中的"举"为突起、耸起义，后一句"谷雨笋举"中的"举"为物价低时收买货物义。

"举"指升起、耸起义，首见于先秦时期。《诗·郑风·大叔于田》："叔在薮，火烈具举。"汉·桓宽《盐铁论·和亲》："燧燔烽举，丁壮弧弦而出斗。"宋·张震《蝶恋花》："小院绣帘才半举，衔泥紫燕双飞去。"北魏·郦道元《水经注·滱水》："众岑竞举，若竖鸟翅。"《洛水》："洛水之北，有熊耳山，双峦竞举，状同熊耳。"《淮南子·修务训》："木熙者，举梧檟。"高诱注："举，援也。""举"指在物价低时收买货物，见于西汉。司马迁《史记·仲尼弟子列传》："子贡好废举，与时转货赀。"司马贞索隐引刘氏曰："废谓物贵而卖之，举谓物贱而收买之。"

《现方》第5733页和《汉方》第4471页的"举"，均未收以上两义。

十九、文体活动

223. 沕［mi^{24}］

潜（水）。桂林方言潜水说"沕水""打沕子"。例如桂林谜语童谣："（问）什么无骨飞过山？什么无骨沕深潭？什么无骨泥里拱？什么无骨把门关？蝴蝶无骨飞过山，蚂蟥无骨沕深潭，鸭虫无骨泥里拱，螺蛳无骨把门关。"

"沕"古代指"潜藏"。《史记·屈原贾生列传》："袭九渊之神龙兮，沕深潜以自珍。"裴骃集解引徐广曰："沕，潜藏也。"司马贞索隐："张晏曰：'沕，音密，又音勿也。'"《楚辞·刘安〈招隐士〉》："罔兮沕，憭兮栗。"洪兴祖补注："沕，潜藏也。"《集韵》入声质韵莫笔切："沕，潜藏也。""沕水"即潜藏在水里，音义俱合。

《汉方》2901页收此词，引西南官话和湘语为例，据温美姬《梅县方言古语词研究》153页，客家话"沕"也有潜（水）义。

224. 罟（解罟）［$kai^{53}ku^{53}$］

桂林方言称翻花绳为"解罟"。例如桂林童谣《解罟》："解罟，解罟，三年受苦。"

"罟"古指"网"。《说文·网部》："罟，网也。"徐锴系传："罟，网之总名也。"《广雅·释器》："网谓之罟。"《广韵》上声模韵公户切："罟，网罟。”《国语·鲁语上》：“里革断其罟而弃之。”韦昭注：“罟，网也。”《易·系辞下》：“作结绳而为罔罟，以佃以渔。”《孟子·梁惠王上》：“数罟不入洿池，鱼鳖不可胜食也。”清·全祖望《国子监石鼓赋》：“山林川泽之需，委之下吏；斧斤罔罟之用，属之舆台。”翻花绳时，一个人将绳子在手间绕成一个网状的图形，另一个人用手指头钩、挑而形成新的图形，如此不断变形，如同在解开一个个的网。

《汉方》《现方》“罟”未收此义。

225. 炮仗［$p^hau^{24}tsaŋ^{53}$］

鞭炮，爆竹。例如桂林童谣《放炮仗》：“开大门放炮仗，大炮和小炮；大炮封耳放，小炮点着跑；一跤跌下地，眼泪流到嘴，起来嘴又笑。”

此词见于明代。明·郎瑛《七修类稿·诗文二·除夕元旦词》引明沉宣《蝶恋花·除夕》词：“炮仗满街惊耗鬼，松柴烧在乌盆里。”《醒世姻缘传》第五十八回：“狄希陈取出那炮仗来，有一札长，小鸡蛋子粗，扎着头子…就似铳那一般怪响。”《儿女英雄传》第三十七回：“只得拿过香盘子来，还想闪展腾挪，闹个‘捂着耳朵放炮仗’，单撒手儿去点。”

亦作“炮张”“砲杖”“礮仗”。《红楼梦》第五十四回：“外头炮张利害，留神天上吊下火纸来烧着。”《三遂平妖传》第十八回：“楼房好似破灯笼，土库浑如铁砲杖。”《官场现形记》第五十五回：“我自小被礮仗吓坏了，往常听见放鞭炮总是护着耳朵的。”

《汉方》4367页作“炮丈”，见于江淮官话、粤语；亦作“炮杖”，见于西南官话广西桂林；亦作“炮炼”，见于山东；亦作“炮熗”，见于冀鲁官话、吴语。《现代汉语方言词典》2879页作“炮仗”，见于哈尔滨、牟平、扬州、南京、柳州、贵阳、西宁、丹阳、上海、苏州、宁波、温州、金华、广州、东莞、福州、雷州、杭州。

226. 打谜子［$ta^{53}mi^{24}tsi^{53}$］

猜谜语。例如桂林谜语童谣：“打个谜子给你猜，两手拔不开。水就水，两头不挨水。船就船，两头出火烟。（谜底依次为：水、船、烟筒）”

宋·灌园耐得翁《都城纪胜·瓦含众伎》：“商谜，旧用鼓板吹《贺胜朝》，聚人猜诗谜、字谜、戾谜、社谜，本是隐语。有道谜（来客念隐语说谜，又名打谜）。”此即写猜谜语。清·李汝珍《镜花缘》第八十回：“你还是谈天，还是打谜？”清·俞达《青楼梦》第九回：“至洙泗巷口，见游人无数，围在一家门内，四人询知为打谜事，挹香道：‘我们去打几个可好？’”《二十年目睹之怪现状》第六十六回：“继之笑道：‘会打谜的打谜，不会的只管行别的令，不要紧。’”

《汉方》第1064页收“打迷子”指“猜谜语”，见于中原官话，未引西南官话例。

二十、动作、判断

227. 𧼫［$piau^{33}$］

疾奔，跳跃，跑。例如桂林童谣《妹漂亮》：“见妹生得一身娇，出门走路有人瞧，进庙烧香神鬼看，下河洗手引鱼𧼫。”

𧼫，本指轻行。《说文·走部》：“𧼫，轻行也。”桂馥义证：“轻行也者……𧼫捷轻便也。”《改并四声篇海·走部》引《玉篇》：“𧼫，轻行貌。”《广韵》平声宵韵甫遥切：“𧼫，轻行。”又宵韵抚招切，义同。《龙龛手鉴·走部》：“𧼫，行疾貌。”清·高绍陈《永清庚辛记略》：“而此次德兵，来自固安属之牛头镇，其行𧼫捷，该探飞报不及，而城已被围。”𧼫捷，即轻捷。今桂林方言引申指跳、疾奔，音当合“甫遥切”，帮母。

今西南官话柳州、云南榕江也有此用法。（据《柳州方言词典》177页、《汉方》7389页）

228. 蠡［li^{33}］

啃。例如桂林童谣《蚂蚁子》：“蚂蚁子，来报王，先来的，吃肥肉，后来的，蠡骨头。”

《说文·蚰部》：“蠡，虫齿木中也。”段注：“此非虫名，乃谓蝨之食木曰蠡也……蠡之言劙也，如刀之劙物。”《集韵》平声支韵鄰知切：“蠡，瓠勺也。一曰谷蠡，匈奴君长号；一曰虫齿木中。”桂林方言由“虫齿木”引申出用牙啃之义。

《汉方》7505 页“蠡”未收此义。

229. 揿（捦）［k^hin^{53}］

按，按住。例如桂林谜语童谣：“一个瓜，七个眼，吹的吹来捦的捦。（谜底：笛子）”

此词一般写为“揿”。“揿”为“捦”之俗字，只不过今以“揿”为通行字。《集韵》去声沁韵丘禁切：“捦，按也。”清·孙锦标《通俗常言疏证·货财》：“《通俗编·俚语集对》：‘捉猪上板凳；骑驴过纸桥。’今有嘲悭吝者云：‘猪子捦到板凳上。’言勒迫出钱财也。”清·张慎《蜀方言》卷上：“手按物使不动曰捦。”原注：“俗作揿。”后世多用俗字“揿”。《醒世恒言》卷八：“赶近前把手向刘公脸上一揿道：‘老亡八！羞不羞？’”《二刻拍案惊奇》卷一：“忽然一阵旋风，搅到经边一掀，急得辨悟忙将两手揿住，早把一叶吹到船头上。”

《汉方》第 6015 页收了该词，见于西南官话、吴语、湘语、客家话和粤语。

《现汉》第 1060 页“揿”（义为“按”）标注了“〈方〉”。

230. 敥（掞）［$iã^{24}$］

均匀地撒（粉状物）。例如桂林童谣《长牙棒》：“长牙棒，敥鸡屎，敥到那边喂苦李。苦李青，摘个分，苦李黄，摘个尝，苦李大，来卖嫁，卖不脱，挑回家，回来慢慢喂飞鼠，飞鼠吃了脚又长，一飞飞到城隍城，城隍城上有蔸花，公主拿花来陪嫁，陪嫁又不能穿，倒在虎头山。虎头山上伴流水，唏唏啦啦嚇跑鬼。”

《集韵》去声艳韵以赡切：“敥，以手散物。”或作“掞”。明·李实《蜀语》：“散物曰掞。”清·张慎仪《蜀方言》卷下：“散物曰掞。”

《汉方》第6277页收“敥”释为“撒；散布”，见于江淮官话、西南官话、徽语、湘语、赣语和客家话。

231. 釃［sæ³³］

斟，滤（酒、水等）。例如桂林童谣《迈龙车车》：“迈里迈龙车车，迈到水缸边边，问你爹爹在屋没？在屋。在屋做什么？磨镰刀。磨镰刀做什么？砍竹。砍竹做什么？围园。围园做什么？种菜。种菜做什么？又吃又卖。分给我羊吃没？没给。我喊我羊咬你狗。我喊我狗咬你羊。龙头，有角。龙二，猪仔二。龙三，猴子老三偷猪肝。龙四，四重龙门围满刺。龙五，爬起龙船打起鼓。龙六，一盘瓜子一盘肉。龙七，七个姑娘水滴滴。龙八，八个姑娘来倒茶。龙九，九个姑娘来釃酒。龙十，打开后门偷屎吃。龙摆水，摆得几高？摆得天丈高。”

“釃”本指“滤酒”义。《说文·酉部》：“釃，下酒也。”《广韵》平声支韵所宜切，释义同说文。《诗·小雅·伐木》：“伐木许许，釃酒有藇。”《毛传》：“以筐曰釃。”《后汉书·马援传》：“援乃击牛釃酒，劳飨军士。”李贤注：“釃，犹滤也。”引申为斟（酒、茶）义。清·范寅《越谚》卷下：“釃，酒自壶注杯也。”《晋书·周处传》：“王浑登建邺宫釃酒。”宋·苏轼《赤壁赋》：“釃酒临江，横槊赋诗。”元·关汉卿《陈母教子》第一折：“我和你有个比喻：似那抢风扬谷，你这等秕者先行，瓶内釃茶，俺这浓者在后。”

《汉方》第6758页“釃”未收此义。

232. 揞（揢）［ua⁵³］

舀，盛（饭、汤），如桂林方言说舀饭也说“揢饭”。例如桂林童谣《想外家》："东房里掂粗糠，西房里掂细糠；粗糠捞捞饭，细糠拌拌汤。"

《说文·手部》："捾，搯捾也。"钱坫斠诠："今谓取出物曰捾。"唐玄应《一切经音义》卷七引服虔《通俗文》："捾出曰掏。"《广韵》入声末韵乌括切："捾，取也。"《长沙方言续考》四十四《捾》："按长沙今云捾水，读乌括切之上声（原注：参前考六十七《斛》）。"按前《斛》条云："《广雅·释诂》：斛，抒也。《玉篇》音呼活乌活二切。《广韵》云：舀水也。按今长沙谓取水曰斛水，读如乌活切而变讹为上声。"《广韵·末韵》："斛，同捾。捾取也。"又《黠韵》："斛，取物也。"字或作"掂"，《集韵》上声马韵乌瓦切："吴俗谓手爬物曰掂。"引申为用手或器皿取物。《六书故》卷十四："掂，深取也。"元·佚名《陈州粜米》第一折："父亲，他那边又掂了些米去了。"《聊斋俚曲集·翻魇殃》第三回："打发他婆婆吃了，才掂了升麦子碾……"

《汉方》第6496页此义收在"掂"，见于北京官话、冀鲁官话、胶辽官话、中原官话、江淮官话、西南官话、湘语、赣语。

233. 牎（楪）［ɕia²¹］

掖，填塞。例如桂林童谣《狗崽咚咚车》："狗崽狗崽咚咚车，车到岗边，捡得鸭蛋，送给老板吃早饭，老板吃不完，鼻孔眼睛牎一团。"

《玉篇·片部》："牎，先协切，牎牒，小契。"字或作"楪"。《集韵》入声帖韵悉协切："牎，牎牒，小楔。或作楪。"《广韵》帖韵"苏叶切"，义同。楔子作用是塞进去用来填充物，故桂林方言由名词义引申为动词义，指塞进去填充。

粤语塞入也说"牎"。（据《汉方》6206页）据温美姬《梅县方言古语词研究》176页，客家话也有该词。柳州西南官话和南宁平话亦有。（据《现方》4434页）

234. 挲［ŋau³³］

（用棍子等）打。例如桂林童谣《虫虫飞》："虫虫虫虫，飞——飞羯后园吃米椎。外婆拿棍摮，两个虫虫一起飞。”

《广雅·释诂三》：“摮，击也。”《玉篇·手部》：“摮。五爻、五高二切。击貌。”《广韵》平声豪韵五劳切：“摮，击貌。”《集韵》平声豪韵牛刀切。《公羊传·宣公六年》：“（膳宰）熊蹯不熟，公怒，以斗摮而杀之。”何休注：“摮，犹摮也。摮，谓旁擊头项。”《聊斋志异·云翠仙》：“（梁有才）后遇向劝鬻妻者于途，近而哀语，遽出刀摮而杀之。”

《汉方》第 6743 页收了该词，见于客家话。柳州西南官话亦见。（据《现方》5040 页）

235. 掇［to^{33}］

用手提，端、搬。桂林方言说端水为“掇水”。例如桂林童谣《想讨老婆没有钱》：“塘头虾蟆叫连连，想讨老婆没有钱；掇张椅子陪妈坐，哄了一年又一年。”

“掇”本指“拾取”。《说文·手部》：“掇，拾取也。”《诗·周南·芣莒》：“采采芣莒，薄言掇之。”《毛传》：“掇，拾也。”宋以后见指搬取、端。宋·杨万里《火阁午睡起负暄》：“觉来一阵寒无奈，自掇胡床负太阳。”《水浒全传》第二十四回：“（武松）穿了暖鞋，掇了杌子，自近火边坐地。”《初刻拍案惊奇》卷二：“那老嬷嬷去掇盆脸水，拿些梳头家火出来。”《广韵》“丁括切”，入声末韵端母。桂林方言承“端”或“搬取”义。

《汉方》5392 页“掇”表示“用双手拿、端、搬”，见于冀鲁官话、胶辽官话、中原官话、西南官话、晋语、吴语、赣语、客家话和闽语。

《现汉》第 336 页“掇”有“双手拿、搬”义，标注了“〈方〉”。

236. 挼（挼）［no^{33}］

双手摩擦；搓揉。桂林方言搓手说“挼手”，碰伤了揉一揉说“挼一下”。例如桂林童谣《三岁娃仔学推磨》：“三岁娃仔学推磨，磨的粉子白亮亮，做的粑粑甜嫩嫩，吃得嘴巴腻喉喉，前门撞了后脑壳，后门撞了前脑壳，前后起了大包，大姐拿针剌，二姐拿油挼，变成了个猪脑壳。”

“挼”为“捼”之俗字，今通行“挼”字。《说文·手部》：“捼，推也。从手，委声。一曰两手相切摩也。”《广韵》平声戈韵奴禾切：“捼，捼莎，两手相切摩也。俗作挼。”《礼记·曲礼上》：“共饭不泽手。”汉郑玄注：“泽，谓捼莎也。”孔颖达疏：“古之礼，饭不用箸但用手，既与人共饭，手宜洁净，不得临食始捼莎手乃食，恐为人秽也。”“挼”也见用例，唐·韩愈《读东方朔杂事》：“瞻相北斗柄，两手自相挼。”其义正是“两手相切摩”。宋·程大昌《演繁露·按字》：“医有按摩法。按者以手捏捺病处也，摩者挼搓之也。”“挼搓”即来回揉搓。桂林方言保留此词。

《汉方》第4734页收“挼（捼）”，表示“用双手或手指搓揉”，见于中原官话、晋语、江淮官话、西南官话、徽语、吴语、赣语、客家话、粤语和闽语。

《现汉》第1117页收“挼”，释义为“揉搓”，标注了“〈书〉”。

237. 打索［$ta^{53}so^{21}$］

搓绳子。例：这种麻打索十分耐用。例如桂林童谣《苦连连》：“苦连连，苦连连，我送哥哥出大门。我送哥哥过大坳，我送哥哥过树林。三片树叶挡了我，抹埸眼泪见公婆。边煮饭边打索，只打五十五寸长。苦连连，苦连连。”

宋代笔记《辛巳泣蕲录》：“宗子赵希昆守宅地客三十名前来借事帐前，连夜打索百余条，散四隅。”“连夜打索”谓连夜搓绳子。或曰“打索子”，明·冯梦龙《警世通言》第二十二卷：“刘翁便取一束麻皮，付与宋金，教他打索子。”

《汉方》第1026页收“打索”，见于西南官话，据温美姬《梅县方言古语词研究》187页，也见于客家话。

238. 绹［t^hau^{21}］

拴绑；捆绑。桂林方言绑住说“绹住”，拴羊说“绹羊”。例如桂林童谣

《脚脚盘盘》："脚脚盘盘，手攀南山。南山破篾，日子弓箭。大猫绹到，小猫关到，牛皮马皮癞狗皮。和尚一下撩了腿，现在抓到你。"

"绹"字不见于《说文》，见于《尔雅》和《方言》。《尔雅·释言》："绹，绞也。"邢昺疏："绹，绳之绞也。"《诗·豳风·七月》："昼尔于茅，宵尔索绹。"《毛传》："绹，绞也。"郑玄笺："夜作绞索，以待时用。"可见，"绹"义指绞绳子。另还一说，指绳索。陈奂传疏："索者，纠绳之名，绹即绳也。索绹犹言纠绳。"《广雅·释器》："绹，索也。"《方言》卷九："车纣，自关而东，周洛、韩、郑、汝、颍而东谓之緻，或谓之曲绹。""曲淘"谓拴系在牛马后部的绳索。《广雅·释器》："绹，緧也。"緧，《说文·糸部》："马纣也。"《玉篇·糸部》："緧，牛马緧也。""緧"即拴在牲畜股后的绳索，"绹"也是此义。《广韵》"徒刀切"，平声豪韵定母。今桂林方言"绹"表示拴绑、捆绑当由"拴系在牛马后部的绳索"或"绳索"名词义演变而来。

《汉方》第5868页"绹"，释义为"用绳索栓、捆"，见于晋语、西南官话、客家话和粤语。娄底湘语、南宁平话和赣语也见此词。（据《现方》5326页）

239. 撩（撂）[liau24]

丢；抛；甩（出去）。例如桂林童谣用《狗崽咚咚车车》："狗崽咚咚车车，车到岗边，捡得鸭蛋，送给老板。老板老板你开门，开门搞什么？我有鸭蛋你要没。老板问你的鸭蛋有几大，我的鸭蛋海碗那大。老板讲，小了，没要，拿起就是一撩"。

"撂"为"撩"之俗字，今表丢弃义通行"撂"。《龙龛手鉴·手部》力吊切："撩，掷也。"唐玄应《一切经音义》卷四："撩掷，谓相撩掷也。"《三国志·魏志·典韦传》："太祖募陷阵，韦先占，将应募者数十人，皆重衣两铠，弃楯，但持长矛撩戟。"《初刻拍案惊奇》卷二十一："〈兴儿〉把包裹一撩，竟还了他。"《红楼梦》第八十一回："探春把竿一挑，往地下一撩，却是活迸的。”《醒世姻缘传》第五十三回：“把那娶妾生子的事都撩在一边去了。”“撂”也见用例，《红楼梦》第二十一回：“湘云却一把青丝，拖于枕畔；一幅桃红绸被，只齐胸盖着，衬着那一弯雪白的膀子，撂在被外。”又第三十三回：“这会子你倘或有个好歹，撂下我，叫我靠那一个?”《儿女英雄传》第十四回：“因先拣了一包碎的，约略不足百两，撂在一边。”清·李汝珍《镜花缘》第五十回：“房中所有器具，撂的满天飞舞。”

《现方》5345 页收“撩”，指扔、投掷义，见于万荣；第 5058 页收“撂”，指扔义，见于哈尔滨、扬州、西安、牟平、徐州、洛阳、丹阳、长沙、娄底。《汉方》7028 页收“撩”扔、丢、抛弃义，见于胶辽官话、江淮官话、吴语、西南官话。

240. 拌［$p^{h}\tilde{a}$］

用力摔弃；摔；扔弃。例如桂林童谣《小娃娃》：“小娃娃，拌泥巴，塞了水塘又垩坝，老爷爷，用锄挖，挖好田地又种瓜。”

“拌”为古楚方言词。《方言》卷十：“拌，弃也，楚凡挥弃物谓之拌。”《玉篇·手部》：“拌，弃也。”《广雅·释诂一》：“拌，弃也。”王念孙疏证：“拌之言播弃也……播与拌古声相近。《士虞礼》：‘尸饭播余于篚。’古文播为半，半即古拌字，谓弃余饭于篚也。”唐·温庭筠《春日偶作》：“夜闻猛雨拌花尽，寒恋重衾觉梦多。”谓猛雨把花全打落下来，犹弃掷于地矣。《广韵》“蒲旱切”，上声旱韵并母。

《汉方》第 3281 页“拌”义指“摔；打破”只见于西南官话。此外，《汉方》还收了“扔弃”义，引中原官话、江淮官话、西南官话、吴语、海南闽语为例。

241. 垩［$tɕy^{21}$］

塞、插，掖。例如桂林童谣《三姐妹》：“张大娘，李大娘，你在后园做什么？我在后园摘桃花。桃花梨花由你摘，你莫摘我镜子花。镜子高头一点油，照着妹仔好梳头。大姐梳个盘龙凤；二姐梳个凤凰头。只有三姐不愿梳，拿起梳子滚绣球，一滚滚到阳沟里，垐得阳沟水不流。”

《玉篇·土部》：“垐，塞也。”《广韵》入声屋韵侧六切：“垐，塞也。”明·李实《蜀语》：“蜀语：鼻塞曰垐。”宋·崇岳等《禅林僧宝传》卷十五：“今朝六月六，谷泉被气垐，不是上天堂，便是入地狱。”《密庵和尚语录》：“云门扇子踍跳上梵天，垐着帝释鼻孔。”古书中亦作“筑”，《新唐书·酷吏传·姚绍之》：“（姚绍之）即引力士十余曳囚至，筑其口，反接送狱中。”明·余继登《典故纪闻》卷十七：“巡盐御史乃请令运司食盐较定斤两，筑包于司。”

《汉方》《现方》未收“垐”，《汉方》第 6188 页收“筑”指“塞”，引湘语、赣语例，未引西南官话例。

242. 㓖（批）［p^hi^{21}］

用刀削、砍。例如桂林童谣《打铁歌》：“张打铁，李打铁。打把剪刀送姐姐。姐姐留我歇，我不歇。我要回𡊨学打铁，打把刀来㓖竹篾，打个鱼鼎捉鱼吃，捉得多来养哥哥，捉得少来养外婆。”

“㓖”古代即指“削”。《玉篇·刀部》：“㓖，削也。”《广韵》平声齐韵匹迷切：“㓖，㓖斫。”元·耶律楚材《和移剌继先韵三首》之三：“细切清风非易事，更将明月㓖来薄。”明·岳元声《方言据》卷下：“侧刃削物令薄曰㓖。”字或作“批”，唐·杜甫《房兵曹胡马诗》：“竹批双耳峻，风入四蹄轻。”仇兆鳌注：“批，削也。”“批”为“㓖”之通假。李新魁《潮汕方言词考释》曰：“㓖、批，中古同音不同义。㓖作削解，批作击解。批、㓖同音而通假。后来反而喧宾夺主，批行而㓖废。”

今吴语、赣语、粤语、客家话和潮汕闽语用刀削、砍也称“㓖”。（据《汉方》第 4947 页）

243. 摎［lau^{33}］

① 混合；拌合。例：豆豉摎辣椒一起炒。② 和睦相处。例：他一点都

没摎人。桂林童谣《偏偏镲》："偏偏镲镲，豆腐摎胐胐。师傅不在屋，徒弟抓两把。"

"摎"本指"缚杀"，《说文·手部》："摎，缚杀也。"段注："缚杀者，以束缚杀之也。凡以绳帛等物杀人者曰缚杀，亦曰摎，以曰绞。引申之，凡绳帛等物二股互交皆得曰摎、曰绞，亦曰纠。"故"摎"有"纠结"或"物相交"义。《广韵》平声肴韵古肴切："摎，束也。"又尤韵力求切："摎，绞，缚杀也。"又《集韵》平声肴韵力交切："摎，物相交也。"《仪礼·丧服》："殇之绖，不摎垂。"郑玄注："不摎垂者，不绞其带之垂者。"《文选·郭璞〈江赋〉》："骊虬摎其址"，李善注引宋衷《太玄经注》曰："摎，犹纠也。"古书也见"摎"用于人，指交往、和睦相处，《管子·大匡》："夫过之乱也，智人不得作内事，朋友不能相合摎，而国乃可图也。"尹知章注："摎，交人也。朋友不能相交合，则党与弱，故乃可图。"桂林方言承此二义，音合《集韵》平声肴韵"力交切"。

《汉方》第6805页"摎"未收"混合、拌合"义，有"相处"义，见于客家话。

244. 欶（嗽、哝、嗍）［so^{21}］

吸、吮、吸吮。例如桂林童谣《油炸糍》："油炸糍，马煮角，三斤油，没够嗍。"

"欶"本指用口吸，《说文·欠部》："欶，吮也。"桂馥义证："本书吮欶也。《广韵》：'欶，口嗽也。'《通俗文》：'含吸曰欶。'"唐·韩愈孟郊《纳凉联句》："车马获同驱，酒醪欣共欶。"黄侃《蕲春语》："今语以口内吸曰欶。"《广韵》"所角切"，入声觉韵生母。字亦作"嗽""哝""嗍"。《集韵》觉韵色角切："欶，《说文》：吮也。或作嗽、哝、嗍。"汉·王充《论衡·验符》："民嗽吮之，甘如饴蜜。"《汉书·佞幸传·邓通》："文帝尝病痈，邓通尝为上嗽吮之。""嗽吮"同义连文。三国·魏·嵇康《五言赠秀才诗》："双鸾匿景曜，戢翼太山崖。抗首嗽朝露，晞阳振羽仪。"桂林方言

“欶”指“吸”，范围有所扩大，不仅指用口吸，还指吸汗等，为其“用口吸”之引申。

《汉方》第4796页收了“啾”，表示“吸；吮吸；含吸”，见于中原官话、吴语和闽语；第5271页收“欶”，释义为“吮吸”，见于江淮官话、西南官话、吴语、江西西北部赣语和闽语。

245. 步［pu^{24}］

盯梢，监视；跟随。例如桂林童谣《板凳好》：“板凳好，板凳好，天天给我当马骑，步着天天喂青草。”

“步”本指步行，行走。《说文》：“步，行也。”《书·召诰》：“王朝步自周。”郑玄注：“步，行也。”《广韵》去声暮韵薄故切：“步，行步。”引申为跟随。《国语·周语下》：“目以处义，足以步目，今晋侯视远而足高，目不在体，而足不步目，其心必异矣。”唐·孟郊《柬齐会别》：“此地有君子，芳兰步葳蕤。”明·汤显祖《南柯记·寻寤》：“步影寻踪，皆如所梦。”桂林方言又由“跟随”义引申为盯梢，监视。

今柳州、武汉西南官话也有此用法。（据《现方》1758页、《汉方》2609页）

246. 斗（鬬）［$təu^{24}$］

① 遇。如因某事巧遇一起说“斗在一起”。② 安装、拼合。③ 对接。④ 拼凑、凑集，如“凑份子钱”说“斗份子钱”。例如桂林童谣《大月亮》：“大月亮，小月亮，哥妹出去做木匠，哥哥斗得十二簀，妹妹斗得十二箱，抬把老爷门口过，老爷说是好嫁妆。哥哥得钱去买马，妹买丝线结笼头，又买鞍垫和铜铃，哥妹换旧穿新妆，骑马回家把歌唱，谁见都说多雄壮，爷娘一见夸长短。”此童谣中的“斗”指安装。又如谜语童谣：“清早起，嘴鬬嘴。（吹火筒）”此童谣中的“斗”指对接。

今简化字“斗”来源于“斗、鬥、鬭”三字，斗和鬥均最早出自甲骨文①，后鬥加上声符，分化出“鬭”字，三字本义各有所指，后“鬥”和“鬭”二字都被废除，假借“斗”代替。桂林方言“斗”所载义项当来源于“鬭”。“鬭”本义为“相遇”。《说文·斗部》：“鬭，遇也。”段注：“凡今人云鬭接者，是遇之理也。”《广韵》去声侯韵都豆切，引说文释义。《集韵》去声侯韵丁候切。孳乳出安装、拼合义，《国语·周语下》：“谷洛鬭，将毁王宫。”唐·独孤霖《书宣州叠嶂楼》：“因命植栋鬭梁出城屋之脊。”又孳乳出凑集、拼凑义，唐《敦煌变文集》：“白玉鬭成龙凤巧，黄金缕出象牙边。”《古今小说·新桥市韩五卖春情》：“我们鬭分银子，与你作贺。”《金瓶梅·第一回》：“都鬭分子，来与武松人情。”

据《汉方》第928页“斗（鬥、鬦、鬭）”释为“遇见”义时，引江淮官话、西南官话例。未收②③④义。据《现方》3006—3007页，武汉、柳州、绩溪、金华、南昌、建瓯、长沙、黎川、南宁平话、广州、雷州、海口“斗”指“安装、拼合、拼凑”等义。

247. 剟（擆）［to^{21}］

（用棍子等物）打，戳，刺。例如桂林童谣《拿起杆杆到处剟》：“肥仔的妈，管金叉，拿起叉叉到处叉；肥仔的爸，蝙蝠侠，天上飞来地上爬；肥仔的婆，魂斗罗，拿起杆杆到处剟。”

“剟”本指刊削，删除。《说文·刀部》：“剟，刊也。”《广雅·释诂三》：“剟，削也。”《广韵》入末韵丁括切：“剟，削也，击也。”后也引申指刺，戳。《史记·张耳陈余列传》：“吏治榜笞数千，刺剟，身无可击者，终不复言。”司马贞索隐：“掇，亦刺也。应劭云：以铁刺之。”唐·韩愈等《征蜀联句》：“剟肤浃疮痍，败面碎剠刮。”《敦煌曲校录·十二时》：“若非尖刃陌心穿，即是长枪胸上剟。”清·蒲松龄《聊斋志异·孙生》：“床头常

① 李学勤. 字源［M］. 天津古籍出版社，辽宁人民出版社，2013：219、1242.

设锥簪之器以自卫，孙屡被刺劙，因就别榻眠。”字或作“撴”，如《跻春台》卷三《南乡井》：“大牛用光棍乱撴，僧忍不住痛，喊了一‘嗨哟’!”又卷四《活无常》：“克勤气急，拿棍把他撴入泥中。”亦作“夺”。唐枢《蜀籁·糸部》：“纸糊笼灯，一夺就穿。”《汉方》第1742页收“夺”指打，戳，引西南官话为例。但字书中未见“撴”，当为方言造字。古书中亦难见“夺”表示“打，戳”之用例。

《汉方》第5322页“劙”指“刺，扎”义，引北京官话、西南官话、湘语为例。

248. 棒（棓）［paŋ²⁴］

（用棍棒）击打。例如桂林童谣《推磨捶磨》：“推磨捶磨。推的粑粑黑麻麻，隔壁叔婆吃一个，吃了心里不快活，半夜起来寻茶喝，锤子棒到后脑壳。拜郎中，抓点药，拜社王，求秘方，拜道士，敲破锣，敲着敲着好吃的叔婆死了火。”

“棒”为“棓”的后起字，本义指棍、杖，后世废“棓”行“棒”。《说文·木部》：“棓，棁也。”段注：“棓，棒正俗字。”《广韵》上声讲韵步项切：“棓，杖也。《魏志》云：‘曹操为北部尉，门左右县五色棓各十枚。’”又：“棒，同棓。杖也。”孳乳出用棍棒打义。《广韵·讲韵》：“棒，同棓。打也。”《北齐书·琅玡王俨传》：“魏氏旧制，中丞出，清道，与皇太子分路行，王公皆遥住车，去牛，顿轭于地，以待中丞过，其或迟违，则赤棒棒之。”宋·孔平仲《续世说·方正》：“道穆令卒棒破其车，公主深恨，泣以诉帝。”

据《现方》4228页收“棒”，指用棍子击打义，见于南宁平话，未引西南官话例。《汉方》5884页“棒”，未收此义。

249. 攦［li⁵³］

折断；割。例如桂林童谣《小小妹妹嘴莫多》：“小小妹妹嘴莫多，嘴上生个甘菠萝。请个医生治不好，请个师公冲堂锣，半夜冲锣半夜死，锄头挖眼挂耙拖，家狗拖起打圈转，野狗拖起拱篷壳。你妈出来攦猪菜，捡到你的射公脚。”

《集韵》上声纸韵辇尒切：“攦，折也。”来母。《庄子·胠箧篇》：“毁绝钩绳，而弃规矩，攦工倕之指，而天下始人有其巧矣。”成玄英疏：“攦，折也，割也。”陆德明释文：“攦，李云：折也；催云：撕之也。”宋·范仲淹《四民诗·工》：“宜哉老成言，欲攦般输指。”清·王应奎《箬包船纪事》：“或为矐其目，或为攦其枝。”

《现方》6334 页、《汉方》4715 页收“攦”，指撕义，均未收“折断、割”义。

250. 搙（摝）[nu^{21}]

（用棍棒）搅动。例如桂林童谣《月亮走》：“月亮走，我也走，我帮外婆背背篓，一背背到石门口，开石门，接石榴，看见三姊妹在梳头，大姐梳的金花头，二姐梳的银花头，三姐没会梳，梳个鸟仔窝，鸟仔来生蛋，搙糖又搙烂。”

“搙”在古代指振动、摇动。字或作“摝”。《玉篇·手部》：“搙，《周礼》曰：‘三鼓搙铎。’谓掩上振之为搙。”（按：《周礼·夏官·大司马》：“三鼓搙铎。”郑玄注：“掩上振之为搙。”）《广韵》入声屋韵庐谷切：“搙，振也”，亦引《周礼》。《集韵·屋韵》：“搙，振也，或作摝。”又《送韵》：“搙，摇也。”宋·陈旉《农书·薅耘之宜》：“不问草之有无，必遍以手排搙，务令稻根之傍，液液然而后已。”桂林方言指搅动，义有变异。

今吴语和闽语也有“搙”，其义指“摇；摇动；晃动”，是古本义之遗留；湖南浏阳赣语“搙”义指“用棍棒挑或拨动”，与桂林方言相似；雷州闽语用锄搅拌泥浆说“搙涂仔”，“搙”也指搅动。（据《汉方》6797 页和《现方》5066 页）

251. 揙［piɛ⁵³］

（用手）打，敲打。例如桂林童谣《摇篮妹》：“一岁二岁摇篮妹，三岁四岁揙泥巴，五岁六岁学织麻，七岁八岁学纺纱，九岁十岁学织布，十一十二学插花，十三十四做陪嫁，十五十六嫁婆家，十七十八岁成长大，抱个娃娃回外家。”

《说文·手部》：“揙，抚也。从手，扁声。”段注：“揙，搏也。”王筠句读：“今本皆作‘搏也’。”《玉篇·手部》：“揙，搏也，击也。”《集韵》上声狝韵俾缅切：“揙，搏也。”

“揙”指“打”义，还见于广东闽语，哈尔滨、建瓯。（据《汉方》6040页、《现方》4176页）

252. 揞［an²⁴］

暗藏，掩藏。例如桂林童谣《奶奶救》：“扁担摇摇，有个奶仔砍柴烧。懒汉砍一头，勤快砍一挑。回来偷粥吃，跌烂马瓢。揞到奶奶床头。奶奶告诉妈妈，妈妈打，奶奶救，笑得鼻孔起扭扭。”

“揞”属古方言词。《方言》卷六：“揞，藏也。荆楚曰揞。”《广雅·释诂四》：“揞，藏也。”王念孙疏证：“《方言》：‘揞，犹掩也。’方俗语有侈敛耳。今俗语犹谓覆物为揞矣。”

《广韵》上声感韵乌感切：“揞，手覆。”《集韵》去声勘韵乌绀切：“揞，掩也。”桂林方言音合“乌绀切”。唐·卢同《月蚀诗》：“传闻古老说，蚀月虾蟆精。径圆千里入汝腹，汝此痴骸阿谁生……恐是眶睫间，揞塞所化成。”元·乔吉《一枝花·私情》：“风声儿惹起如何揞？”

《汉方》6016页“揞”指掩藏、覆盖义，见于冀鲁官话、晋语、徽语、吴语、赣语、客话、粤语、闽语，未引西南官话为例。

253. 踭［kʰia²¹］

跨步，跨过。例如桂林童谣《妹呀妹》：“妹呀妹，你莫哭，踭过阳沟是你屋，篱笆围，是你房，扁担架，是你床，打开箱，花衣裳，打开簀，花品种，打开柜，银子镯头十二对。哪对好，对对好，留倒明年讨浼嫂。”

《说文·足部》：“踂，足所履也。从足，叚声。”《广韵》平声麻韵胡加切：“踂，脚下。”清·唐训方《里语征实》卷上：“阔步曰踂。踂，其遮切，音茄，俗作茄去声。”《蜀方言》卷上：“足所履曰踂。”

此词见于西南官话、赣语。（据《汉方》7251页）

254. 擘［po^{21}］

用手把东西掰开，剥。例如桂林童谣《玩耍歌》：“打一，擘你皮。打二，二郎山。打三，紫布罗裙扣布衫。打四，高粱瓦屋贴对子。打五，划起龙舟过端午。打六，取起砧板切腊肉。打七，七十岁婆婆坐上席。打八，八十岁婆婆纺绵纱。打九，一盘瓜子一盘藕。打十，天上落雨地上湿。”

《说文·手部》：“擘，撝也。”段注：“擘豚，谓手裂豚肉也。今俗语谓裂之曰擘开，其字如此。”《玉篇·手部》：“擘，补革切。擘裂也。”《广雅·释诂一》：“擘，分也。”又《释言》：“擘，剖也。”《广韵》入声麦韵博厄切：“擘，分擘。”《礼记·内则》：“炮之，涂皆干，擘之。”《史记·刺客列传》：“既至王前，专诸擘鱼，因以匕首刺王僚，王僚立死。”《文选·张衡〈西京赋〉》：“剖析毫厘，擘肌分理。”李周翰注：“虽毫厘肌理之间亦能分擘。”《北齐书·高百年传》：“妃把玦哀号，不肯食，月余亦死，玦犹在手，拳不可开，时年十四，其父光自擘之，乃开。”

客家话、粤语、闽语、中原官话、晋语、西南官话、吴语称用手分开为“擘”。（据《汉方》7377页）

255. 刉（刏、解、锞、鎅）［kæ^{24}］

锯，割断，划破。例如桂林童谣《木匠锞线》：“唏里哗啦，木匠锞线，锞得慢，吃碗饭，盖得久，吃杯酒。”

“刉”亦作“刏”，方言中俗作“锞”“鎅”。《说文·刀部》作“刏”：

"划伤也。一曰断也。"桂馥义证："划伤也者，《广韵》：'钊，刺也，封伤也。'通作扢。《吴都赋》：'所以挂扢而为创痏。'即封、钊。"《周礼·秋官·士师》："凡钊珥，则奉犬牲。"郑玄注："衅礼之事，用牲，毛者曰钊，羽者曰衈。"《龙龛手鉴·刀部》："钊，俗。刉，正。"《玉篇·刀部》："刉，九祈切。切、刺也。又公外切。"《山海经·中山经》："刉一牝羊，献血。"郭璞注："刉，犹封也。"《集韵》去声代韵居代切："刉，割也。"古书中亦作"解"，北魏·贾思勰《齐民要术·伐木》："虽春夏不蠹，犹有剖析开解之害，又犯时令，非急无伐。"《金瓶梅词话》第六十七回："我的儿，你肚子里枣胡解板儿——能有几句儿。"现方言中根据"解"义，增加偏旁作"鎅"或"锲"表示。

南宁平话、广州粤语也称"锯、割断"为"刉"。（据《现方》991页、《汉方》1297页）

256. 折［$tsə^{21}$］

摘，摘取。例如桂林童谣《卖龙车车》："卖龙卖龙车车，还龙还龙愿愿，买个猪头还大愿，大愿不吃猪头肉，买个狗崽来看屋。狗崽狗崽你看屋，我趨后园折红花，红花折完了，抓到一串大蚂蚱。"

"折"本义指折断、弄断。《说文·艸部》："折，断也。"《广韵》入声薛韵旨热切："拗折。"引申出摘取、掐取义。《文选·古诗十九首·庭中有奇树》："攀条折其荣，将以遗所思。"唐·韩愈《利剑》："使我心腐剑锋折，决云中断开青天。"唐·杜秋娘《金缕衣》："花开堪折直须折，莫待无花空折枝。"元·张寿卿《红梨花》第四折："折一枝红梨花，插在那扇子上。"

《汉方》2550页"折"指摘义，引中原官话为例，欠引西南官话为例。

257. 跴（踏）［$ts^{h}a^{33}$］

踩，踏。例如桂林童谣《磨米》："磨米磨东车，磨到水缸边，水缸有颗米，一脚趿到底。”

《玉篇·足部》：“趿，策涉切，踏。”《篇海类编·身体类·足部》：“趿，踏也。”《五灯会元·临济宗》：“赤脚趿泥冷似冰。”《西游记》第三十八回：“行者先举步趿入，忍不住跳将起来，大呼小叫。”《冷眼观》第十七回：“仲芳听了，便随着那宁波老，三步两趿的走去。”字或作“踷”，《分韵撮要·第二十六家贾嫁》平声渣小韵：“踷，足踏也。”元·马致远《青杏子·悟迷》：“柳户花门从潇洒，不再踷，一任教人道情分寡。”佚名《连环计》第三折：“有劳太师贵脚来踷贱地，王允不及远迎，乞恕死罪。”《西游记》第九十八回：“维河架海还容易，独木单梁人怎踷！”

《汉方》4837页收“趿”，释为踩，踏义，见于粤语广东广州；第7247页“踷”未收“踩”义。

258. 揰［$ts^hoŋ^{24}$］

撞，遇，碰。例如桂林童谣《杨家有只羊》：“杨家有只羊，黄家有堵墙。杨家的羊，揰倒黄家的墙；黄家的墙，压死杨家的羊。杨家要黄家赔羊，黄家要杨家赔墙。”

《集韵》去声用韵昌用切：“揰，推击也。”《正字通·手部》：“揰，昌用切，音铳。推击也。”北齐·颜之推《颜氏家训·勉学》：“又《礼乐志》云：‘给太官挏马酒’。李奇注：‘以马乳为酒也。揰挏乃成。’二字并从手。揰挏，此谓撞捣挺挏之，今为酪酒亦然。”《汉书·礼乐志》李奇注作“揰挏”。清·唐训方《里语微实》：“冲之曰揰。推击也。”

柳州、建瓯、广州撞、碰义也指“揰”。（据《现方》4161页）北京官话、中原官话、赣语、闽语也有该义。（据《汉方》6016页）

259. 揖［$oŋ^{53}$］

推，挤，搡。例如桂林谜语童谣：“三头六耳七乳婆，揖的揖来拖的拖，有事同倒做，无事各了各。（谜底：犁田）”

《说文·手部》："搑，推捣也。"段注："《汉书》：而僕又以茸蚕室。师古曰：'茸，因人勇反，推也。谓推致蚕室之中也'。如颜说：则茸者，搑之假借字，而陇切。"《玉篇·手部》："搑，如容切。推而捣也。又而勇切。"《广韵》上声肿韵而陇切："搑，推捣貌也。"《集韵》上声肿韵乳勇切，引《说文》为例。陈训正《甬谚名谓籀记》："搑，推捣也。而陇切。今俗称微动曰搑。推使微有所动亦曰搑。"王纶《新方言杂记》："《说文》：'搑，推擣也。'徐灏曰：'今粤俗推谓之搑。'"

中原官话、江淮官话、西南官话、吴语、广东潮州闽语、南宁平话有该词。(据《汉方》5985 页、《现方》4112 页)

260. 跙［tɕʰiɛ⁵³］［tɕʰiɛ²⁴］

① 避让；② 迅速离开。"跙"在桂林方言有两个读音，当表示迅速离开义时读［tɕʰiɛ⁵³］，当表示避让义时读［tɕʰiɛ²⁴］。例如桂林童谣《落雨》："落雨落得大，懒人扯大炮，落雨落得小，懒人跙脚跑。"此童谣中的"跙"表迅速离开义。《妹呀妹》："妹呀妹，嫁到南山背，日里砍柴，夜里舂碓，爸爸看见滴眼泪，妈妈看见痛心肺，哥哥看见接妹回，嫂嫂看见跙过背。"此童谣中的"跙"表避让义。

《集韵》上声马韵浅野切："跙，躐跙，足利。"桂林方言引申出迅速离开义。《集韵》去声祃韵七夜切："跙，邪（斜）足也。"方成珪考正："《类篇》'也'作'立'。"桂林方言引申出"避让"义。

《现方》4319 页收"跙"，释为走开，离去，见于柳州、广州，未收"避让"义。《汉方》6105 页"跙"，以上两义均未收。

261. 搂［ləu³³］

用手或工具等挖取、挖掘。例如桂林童谣《月亮愁愁》："天上月亮愁愁，有个姑娘看水牛，水牛过沟，踩着泥鳅，泥鳅告状，告着和尚，和尚念经，念着观音，观音点水，点着小鬼，小鬼搂墙，搂着红娘，红娘点灯，点着挽娘的眼睛。”

《说文·手部》：“搂，曳聚也。”段注：“搂，亦曳也。”《篆隶万象名义·手部》：“搂，牵也，曳也，擢也，取也。”《广韵》平声侯韵落侯切：“搂，探取。”桂林方言引申出“挖掘”义。

今江淮官话、吴语、赣语、梅县客家话也称“挖掘”为“搂”。（据《现方》5056页、《汉方》6032页）

262. 𪘏［ŋə^{24}］

① 磨。② 用钝器锯。例如桂林谜语童谣：“娘生我，比娘长，利刀𪘏断抱上床，五着子来检验，捡出尸骨五寸长，埋在土里又翻阳。（谜底：插红薯）”

《集韵》入声没韵敳纥切：“𪘏，齿相齸也。”敳，《广韵》平声咍韵五来切。齸，同齹。《龙龛手鉴·齿部》：“‘齸’同‘齹’。”《说文·齿部》：“齹，齿差也。”段注：“此与‘齻’训‘齿差’义异。谓齿相摩切也。齿与齿相切。必参差上下之。差即今磋磨字也。引申之义，摩物曰齸。”锯东西时需要来回摩擦，故桂林方言引申为用钝器锯义。

今柳州也有该词（据《现方》5113页）。

263. 磑（硙）［ŋæ^{21}］

研磨。桂林童谣用例见“220. 毫子”中的用例。

“磑”也作“硙”。《说文·石部》：“磑，䃺也。古者公输班作‘硙’。”《玉篇·石部》：“磑，午对、居衣、公哀三切，坚石也，磨也。”《集韵》平声咍韵鱼开切：“磑，磨也。”唐玄应《一切经音义》卷十四：“舂磨，郭璞注《方言》云：‘磑即磨也。’《世本》：‘输班作磑’，北土名也，江南呼磨也。”汉·扬雄《太玄·疑》：“阴阳相硙，物咸雕离。”司马光集注引宋衷曰：“物相切磨称硙。”北魏·贾思勰《齐民要术·法酒》：“大州白堕曲方饼法：谷三石，蒸两石，生一石，别硙之，令细，然后合和之也。”宋·陆游

《蜗庐》："有书懒读吾堪愧，睡起何妨自硙茶。"

"硙"方言中常作"挨"或"捱"。《汉方》第5322页收"硙"，释为研，磨义，见于江淮官话江苏扬州、湖北红安，西南官话武汉、襄阳、南川、云阳、清镇、黎平、昆明、玉溪、昭通、思茅、临沧，吴语苏州、常州；第4744页收"挨"，释为磨，研义，见于赣语湖北蒲圻、闽语福建厦门；第5341页"捱"，释为研，磨义，见于西南官话云南腾冲、闽语福建厦门。

264. 搪［$t^haŋ^{21}$］

抵挡，应付。例如桂林童谣《萤火虫》："萤火虫，夜夜光，照我床头照我箱；照我牛，犁田头，照我马，下梧州；梧州有个塘，一条塘角八尺长；大哥见到莫打死，留给二哥讨婆娘；婆娘懒又懒，屙尿来洗碗，碗仔臭尿臊，一棒棒着二婶腰；二婶搪不起，躲进鸡笼里，鸡笼跳蚤多，咬得二婶喊哎哟。"

《方言》卷十三："搪，张也。"钱绎笺："张当为枨。"众经音义卷十四引《字苑》云："枨触也。"《谢惠连祭古冢文》："以物枨触之。"李善注云："南人谓以物触物为枨。"《广雅·释诂四》："触、搪，揬也。"《广韵》平声唐韵徒郎切："搪，搪揬。"从钱绎的解释及引文可见，"搪"有"抵挡、碰触"义。唐·韩愈《月蚀诗效玉川子作》："赤龙黑鸟烧口热，翎鬣倒侧相搪撑。"《西游记》第十五回："斗不数合，小龙委实难搪。"《儿女英雄传》第九回："仗我这口刀，多了不能，有个三五百人儿还能搪住了。"

据《现方》第4702页"搪"指"抵挡、应付"义，见于扬州、柳州、绩溪。《汉方》第6494页"搪"未收此义。

265. 砑［$ŋa^{24}$］

碾压，研细。例如桂林童谣《荞麦》："荞麦，荞麦，墨黑墨黑；砑出粉子，雪雪白白；做成粑粑，软软和和，和进蜜糖，拿来待客。"

《广韵》去声祃韵吾驾切："砑，碾砑。"《集韵》去声祃韵鱼驾切：

“研，碾也。”《又玄集》：“带盘白鼹鼠，袍研紫犀牛。”宋·陶谷《清异录》卷一：“晋天福三年，赐僧法城跋遮那。王言云：‘……今遣内官赐卿研金虚缕沈水香纽列环一枚，至可领取。’”明·方以智《物理小议·饮食类·菠稜》：“种时须研开其子，浸胀过月朔乃生。”《西游记》第七十四回：“从东往西一滚，只怕四五万研做肉泥烂酱。”

江淮官话、西南官话、吴语、湘语、赣语称碾压为“研”。（据《汉方》3927页）

266. 摢［$p^hæ^{53}$］

① 张开，分开。② 挑。③ 布置，陈列。④ 平伸双臂量长短。⑤ 量词。平伸双臂，左手指尖到右手指尖的距离，等于庹，成人一摢约合五市尺。例如桂林谜语童谣：“一字生得恶，头上两个角，肚黑六个口，摢开八字角。（谜底：曲）”此童谣中的“摢”为张开义。“挑”义见“169. 羓”中的童谣用例。

《字汇·手部》：“摢，普摆切，派上声，分开也。”清·阮葵生《茶余客话》卷十六：“布列曰摢。”清·张慎仪《蜀方言》中也提到“布列曰摢”。桂林方言由“分开”义孳乳出挑、平伸双臂量长短义，又引申指量词。

《现方》第3567页收“摢”，意义用法与桂林方言一样，见于柳州。《汉方》5398页收“摢”，释为布置、陈列，见于西南官话、吴语、赣语，未收“分开、挑”等义。

267. 撚（捻）［$niε^{53}$］

用手指搓、揉捏，捏住。例如桂林谜语童谣：“麻脸麻背，站在门内，撚你耳朵，问你几岁？（谜底：称）”

“撚”本指“揉”。《说文·手部》：“撚，执也。一曰蹂也。”朱骏声通训定声：“蹂，当作燥也。燥即今揉字。”《玉篇·手部》义同。后蜀·欧阳炯《贺明朝》：“故将纤纤玉指，偷撚双凤金线。”唐·韩偓《咏手》：“背人细撚垂胭鬓，向镜轻匀衬脸霞。”宋·张孝祥《菩萨蛮·立春》：“丝金缕翠幡儿小，裁罗撚线花枝袅。”古代也指“捏”。唐玄应《一切经音义》卷十四引《通俗文》：“手捏曰撚。”唐·杜牧《重送》：“手撚金仆姑，腰悬玉辘轳。”南朝宋·刘义庆《世说新语·容止》：“谢车骑道谢公游肆，复无乃高唱，但恭坐撚鼻顾睐。”金·董解元《西厢记诸宫调》卷二：“捻一柄丈二长枪。”以上三例中的“撚”指用手拿住、捏住。《广韵》乃殄切，上声铣韵泥母。

现今“撚”简化合并为“捻”，古代是不同的词，《说文新附·手部》：“捻，指捻也。”《广韵》入声帖韵奴协切：“捻，指捻。”《集韵》入声帖韵诺叶切：“捻，捏也。”可见“捻”在古代的音和“撚”也不同，也无“揉”义，只不过后来语音发展，意义接近，今天合二为一了。

《现方》未收“撚”，第3566页收“捻”，释为用手指搓，见于柳州、洛阳、万荣、福州、厦门、雷州、上海、南宁平话、建瓯。《汉方》5363页“捻”，未收用手指搓、捏住义，第7042页收“撚”指“捏”义，见于胶辽官话、粤语、闽语；指“挤压”义，见于粤语。

268. 顿［$tən^{24}$］

桂林方言中“顿”除了有普通话中的“以脚或物叩地”义外，还有放置、安放，用力往下搁或扔义。例如桂林童谣：“插田不要粪，只要大蔸顿。”

“顿”本义指“以头叩地”。《说文·页部》：“顿，下首也。”张舜徽约注：“顿之言牴也，谓以头触地也……慧琳《一切经音义》卷十八‘顿’字下引《说文》，作‘下首至地也’。”后引申出“放置”义。《三国志·魏志·高句丽传》：“女父母乃听使就小屋中宿，傍顿钱帛，至生子已长大，乃将妇归家。”宋·陈允平《唐多令·秋暮有感》：“欲顿闲愁无顿处，都著在两眉峰。”《儒林外史》第十五回：“你将这东西拿到下处，烧起一炉火来，取个罐子把他顿在上面。”又指用力往下搁或扔，如《搜神记》卷六：“吏卒掣顿，折其腰脊。”

“顿”指“放置、安放”义，见于江淮官话、西南官话、闽语。（据《汉方》4753 页）

269. 攙 [$ts^h\tilde{a}^{21}$]

刺、扎，动词。例如桂林童谣《燕子鸟》：“燕子鸟，飞门楼，红丝线，绣鞋头，绣得姑娘气悠悠。三天不吃米，四天不梳头，梳了头带了花，密密麻麻回外家，外家没得板凳做，坐在门角旯，门角旯有颗针，攙着姑娘屁股墩。”

《说文·刀部》：“攙，断也。一曰剽也，钊也。”段注：“砭刺也。”《广韵》平声衔韵锄衔切：“攙，刺也。”魏文帝《酒诲》：“设大针于杖端，客有醉酒寝地者，辄以攙刺之，验其醉醒。”《新唐书·西域传下·大食》：“多象牙及阿末香，波斯贾人欲往市，必数千人纳氎攙血誓，乃交易。”

广东广州粤语、柳州、娄底、海口、南宁平话也称“刺”为“攙”。（据《汉方》7461 页、《现方》6176 页）

270. 㧐（搈、送、耸）[$so\eta^{53}$]

推。例如桂林童谣《月亮巴巴》：“月亮巴巴，月亮巴巴，踩着瓦渣，一跤跌倒，怪我㧐他，我没㧐着他，回揭喊妈妈，妈妈没在屋，躲在门背哭。”

《集韵》上声肿韵笋勇切：“㧐，推也。”《敦煌掇琐》卷一百三《字宝碎金》：“手推㧐。”“推㧐”同义连文。《喻世明言》卷四十：“大小家人奉主人之命，推的推，㧐的㧐，霎时被众人推出大门之外。”《醒世恒言·两县令竞义婚孤女》：“贾婆不管三七二十一，和张婆两个，你一推，我一㧐，㧐他出了大门。”上两例“推”和“㧐”前后对举。字或作“搈”。《正字通·手部》：“搈，俗㧐字，推也。”《集韵》董韵损动切：“搈，推也。”明·李实《蜀语》：“推之曰搈。”字亦或作“送”。宋·释普济《五灯会元》卷十一《临济义玄禅师》：“师普请锄地次，见黄檗来，拄镢而立。檗曰：‘这汉困那。’师曰：‘镢也未举，困个甚么？’檗便打。师接住棒一送送倒，檗呼维那：‘扶我起来。’”袁宾《禅宗著作词语汇释》谓“‘一送送倒’意即‘一推推倒’”。此词在唐五代时字又作“耸”。《敦煌变文集》卷一《王昭君变文》：“牛羊队队埋圹，仕女芬芬（纷纷）耸入坑。”又卷三《燕子赋》：“雀儿出来，不问好恶，拔拳即差（搓），左推右耸，剜耳掴腮。”

《汉方》第6031页“搃”表示“推”义见于冀鲁官话、胶辽官话、江淮官话、西南官话、吴语、湘语、赣语、粤语和闽语。

《现汉》第1244页“搃”指“推”标注了“〈方〉”。

271. 揥［tia^{21}］

取，拿。例如桂林童谣《光板头》：“光板头，揥酱油，揥给妈妈煮芋头。”

《说文・手部》：“揥，撮取也。从手，带声。”段注：“谓撮而取之。”《广雅・释诂一》：“揥，取也。”《文选・张衡〈西京赋〉》：“超殊榛，揥飞鼯。”李善注引薛综曰：“揥，捎取之也。”《广韵》去声霁韵都计切：“揥，撮取。”又入声屑韵徒结切：“揥，捎取。”桂林方言音合“徒结切”。

“揥”指取，拿义，还见于江淮官话、闽语。（据《汉方》5985页）

272. 掫［$ts^hәu^{33}$］

手取东西，提，拿，搬。例如桂林童谣《黄花菜》：“黄花菜，野寄生，我是舅爷亲外甥。舅爷喊我堂屋坐，舅娘要我守灶门，一碗饭，冷冰冰，一碟菜，两根根，一双筷子水滴滴，舅爷喊我堂屋吃，掫张板凳堂屋坐，舅娘旁边鼓眼睛。”

《集韵》平声尤韵初尤切：“掫，手取物也。”

《汉方》5339页收“掫”，指“取（物）”义引客话例，指“托、扶”义引中原官话、晋语例。《现方》3530页“掫”指端、取、抱持义，见于万荣。

273. 中［toŋ³³］

（头）顶、遮盖。例如桂林童谣："猪来穷，狗来富，猫来中白布。"

"中"，《广韵》东韵陟弓切："（平也、成也、宜也）堪也、任也（和也、半也）。""堪也、任也"有"承受"义，引申出"顶起"义，从上往下看，则为"遮盖""蒙着"。语音则知母保留古音，为 t 声母。

《汉方》1193 页收了该词（字作"东"，义指"蒙着""披戴""顶起"），见于客家方言，未引西南官话为例。

274. 匍［pʰu²¹］

① 伏，趴下。如说"趴着睡"为"匍着睡"。② 容器倒放。如说"把桶倒着放"为"把桶匍倒放"。例如桂林童谣《金瓜将军》："真正木耳造了反，要抓金瓜老将军，金瓜头上挂了帅，西瓜脚下网连城。冬瓜拿来做大炮，豆角拿来做火索。一炮打进菜园里，烧着辣椒匍树上，烧着茄子满身紫，烧着苋菜扛雨伞，烧着芋头戴雨帽，烧着苦瓜起大泡，烧着萝卜钻地中，烧着扁豆像弯弓。"此童谣中的"匍"指趴着。

《广雅·释诂三》："匍，伏也。"《玉篇·勹部》："匍，匍匐，伏也。"《广韵》平声模韵薄胡切，並母。《礼记·问丧》："孝子亲死，悲哀志懑，故匍匐而哭之。"晋·顾恺之《画云台山记》："其侧壁外面，作一白虎，匍石饮水。"

《现方》第 2824 页和《汉方》第 4329—4330 页"匍"均未收以上两义。

275. 檝［tɕiɛ³³］

①〈名〉木片楔子。②〈动〉打楔子，即把楔形物插入或捶打到物体里面。例如桂林童谣《娶嫂歌》："柑子叶，尖又尖，爷娘富贵我登先。爷打金簪配龙凤，娘打银簪檝镜边。哥哥讨个江边嫂，嫂嫂做双上轿鞋，明天午时吃定酒，又看人来又看鞋。"此童谣中的"檝"为打楔子义。

“櫼”，本指櫼子，《说文·木部》：“櫼，楔也。”段注：“木工于凿枘相入处，有不固，则斫木札楔入固之，谓之櫼。”唐代时已是南方方言词，唐·慧琳《一切经音义》：“（榍）又作楔，同先结反。江南言櫼，子林反。”《集韵》“将廉切”，平声盐韵精母。音义皆合。后代沿用，元·赵孟俯《老态》：“扶衰每藉过眉杖，食肉先寻剔齿櫼。”《农政全书·种植·木部》：“此桐三年乃生，首一年犹未盛，第二年则盛矣，生五六年亦衰，即以栗櫼剥之。”今桂林方言承传本义，又引申出动词义“打楔子”。

《汉方》7493页收“櫼”，指木片楔子义时，引吴语、粤语、闽语、福建建宁赣语例；指打楔子、楔入义时，见于粤语。未引西南官话为例。

《现汉》第634页收“櫼”，释义为“木楔子”，标注了“〈方〉”。

276. 㓞［la^{21}］

轻拂。例如桂林童谣《掰子掰》：“掰子掰，掰上街，量筒米，养奶奶。奶奶吃得多，掰子㓞鼎锅，鼎锅有条蛇，吓得掰子喊伯爷，伯爷没得空，拿个鸡来供。”

《说文·巾部》：“㓞，㓞也。”段注：“㓞，当作拂。字之误也。”《玉篇·巾部》：“㓞，拂也。”《广韵》入声曷韵卢达切：“㓞，拂着。”音义俱合。

《汉方》《现方》未收该词。

277. 稞（垛）［to^{24}］

垒，堆积，放。例如桂林童谣《梁上燕》：“要享乐，先受劳，你若不信抬头瞧，梁上有个燕子窝，它这窝全是泥，一口一口稞成的，费了力气操了心，这才有地得安身，要想安神不做事，不如梁上一燕子。”

《玉篇·禾部》：“稞，积也。”《集韵》去声过韵徒卧切：“稞，禾积也”。清桂馥《札朴·乡里旧闻·乡音生字》：“积穰曰稞。”或作“垛”，唐玄应《一切经音义》卷三十二《阿阇世王经》下卷音义：“之垛：徒果反。

《纂文》云：‘吴人以积土为垛也。’”金·董解元《西厢记诸宫调》卷四：“几册书，有谁垛？”宋·岳珂《桯史·大散论赏书》：“嫁祸于有司以自解，亦未闻以无堆垛赏给为词者也。”元·佚名《十棒鼓》：“金银垛到，垛到北斗齐。”《红楼梦》第二十七回：“胶泥垛的风子儿。”或作“堕”，《敦煌变文集·捉季布传文》：“直饶堕却千金赏，遮莫高搥（塠）万挺银。”“堕却”“高搥”前后互文，上下两句犹谓赏金堆积如山。又《伍子胥变文》：“乱彩堕似山丘。”敦煌文书伯2305《解座文汇抄》：“直堕黄金北斗齐，心中也是无厌足。”此谓黄金堆积如北斗高。

《汉方》此义项收录在“垛”，引晋语、江淮官话、西南官话、赣语为例。

278. 搊［$ts^hǝu^{33}$］

用手托着向上或向上提起。例如桂林童谣《半夜三更敲东门》：“×××，不是人，半夜三更敲东门，东门敲得嘣嘣响，搊起裤子找队长，队长问他什么事，他说屁股长个刺。”

《玉篇·手部》：“搊，楚尤切。手搊也。”《慧琳音义》卷三十六：“搊掷”注引《考声》：“搊，以手指钩取物也。”《广韵》平声尤韵楚鸠切：“搊，手搊。”《集韵》上声有韵侧九切：“搊，持也。”明·无名氏《苏九淫奔》第四折：“这一个左右遮埋，这一个上下搊抬。”《醒世姻缘传》第四回：“搊扶起来，坐在净桶上面。”

《汉方》第3260—3261页“挡（搊）”指用手托着向上，引东北官话、北京官话、冀鲁官话、胶辽官话、中原官话、晋语、兰银官话、江淮官话、西南官话例。指“提”义，引晋语、西南官话、湘语、赣语例。

279. 趱［$ts\tilde{a}^{53}$］

挪，移动。例如桂林童谣：“江湖一把伞，准吃不准趱。”

《玉篇·走部》：“趱。散走也。”《广韵》上声旱韵藏旱切：“趱，散走。”《集韵》上声缓韵子罕：“趱，逼使走也。”引申为移动、挪。《朱子语类》卷二《理气下》：“若以为天不过而日不及一度，则趱来趱去，将次午时便打三更矣。”又卷九十《礼七》：“自升曾子于殿上，下面趱一位，次序都乱了。”元·贯云石《一枝花·离闷》：“绣床又倦攀，梳妆又意懒，瘦怯怯裙腰儿旋旋的趱。”此谓离别相思清减了腰肢，而不得不频繁地将裙腰儿改移变小。《蜀籍》卷二：“恨不得吃饭都要人搬嘴，走路都要人趱腿。”

“趱”指“挪动”义，还见于广东海康闽语、柳州、万荣。（据《汉方》7516 页、《现方》6421 页）

280. 挑（㓮）［$t^{h}iau^{33}$］

① 剔，剔除，用针拨。② 雕刻。例如桂林童谣《打铁歌》：“东打铁，西打铁，打把剪刀送姐姐，姐姐留我歇，我不歇，我要回家学打铁。打铁一，一栏杆。打铁二，二栏杆。打铁三，猴子老三偷猪肝。打铁四，一颗花针挑颗刺。打铁五，扒起龙船打破鼓。打铁六，一盘瓜子一盘肉。打铁七，七个姑娘水滴滴。打铁八，八个娃娃砌宝塔。打铁九，九个姑娘来斟酒。打铁十，打开后门偷屎吃。”此童谣中的“挑”指“剔”义。

《玉篇·刀部》：“挑，他凋切，剔也。”《龙龛手鉴·刀部》：“挑，他凋反，剔也。”《集韵》平声萧韵他彫切：“挑，剔也。”字或作“㓮”，《篇海类编·器用类·刀部》：“㓮，详挑，同。”

《汉方》3522 页收“挑”释为“剔”义，引晋语、吴语、江淮官话、闽语为例，未见西南官话例；释为“雕刻”义时，引客话为例，也未见西南官话用例。

281. 豛（敎、㧻）［tu^{21}］

① 用筷子等尖物竖着敲击，用尖物刺。② 尖物竖着敲击的声音。例如桂林童谣《咩咩羊》：“咩咩羊过塞，塞呀塞红枪，枪枪个豛，豛豛个枪。”

《说文·殳部》：“豛，椎击物也。”段玉裁注：“谓用椎击中物。”《集韵》入声沃韵都毒切，义引《说文》，端母。又《集韵》入声屋韵都木切："豛，击声。或从攴、从手"故字或作"豰""掓"。"击声"当为"椎击物"之引申。今桂林方言"击"和"击声"皆留。此外，用针或牙签等尖锐之物刺手也说"豛"，亦是"椎击物"。

《汉方》第5978页收"豛"，指"轻轻敲击"，引中原官话、晋语、江淮官话、西南官话、吴语和赣语为例。

282. 擂（攂）［lɛi²¹］

研磨。例如桂林童谣《光光头》："光光头，擂酱油，擂给妈妈煮芋头。"

"擂"自古就有"研磨"义。《玉篇·手部》："擂，力堆切，研物也。"《札朴》卷九："研曰擂。"字或作"攂"。《集韵》平声灰韵卢回切："攂，研物也。"宋·无名氏《异闻总录》卷一："永新州林行可，医士也……旦起擂药。"宋·苏轼《格物粗谈·饮食》："用盐擂椒，味佳。"《红楼梦》第三十八回："持螯更喜桂阴凉，泼醋擂姜兴欲狂。"《儿女英雄传》第三十八回："网来肥鳜擂姜煮，砍得青松带叶烧。"

据《现方》5608页，今宁波、梅县、建瓯"研磨"也称"擂"。《汉方》第7222页"擂"未收研磨义。

283. 拢［loŋ⁵³］

靠近；到达。例如桂林童谣《涨价姑娘》："机械化，电气化，如今姑娘涨了价。的确凉，的确卡，高级尼龙帕。缝衣机打补襻，收录电视机墙上挂。没有的确凉，姑娘不进房，没有尼龙衣，姑娘不拢身，没有三防表，请你另外找。"此童谣中的"拢"为"靠近"义。《排排坐》："排排坐，吃糯糯，糯糯香，炒老姜，老姜辣，打油茶，油茶苦，卖猪肚，猪肚硬，买把称，称又高，买把刀，刀又利，好切菜，菜又青，买根针，针悟空，拢没换，换到哪里，换到观音那里，观音点水，点着小鬼，小鬼钓鱼，钓着脚鱼，脚鱼下蛋，留给你明天吃早饭。"此童谣中的"拢"为"到达"义。

“拢”未见于《说文》。本指聚合、合拢。《广韵》上声董韵力董切：“拢，拢略。又拗拢，筹也。”引申出到达、靠近义。唐·丁仙芝《江南曲》：“知郎旧时意，且请拢船头。”《西游记》第三十五回：“他却帅本洞妖兵二百余名持来助阵，故此先拢姐家问信。”《水浒全传》第九十回：“当有镇上居民及近村几个农夫都走拢来观看。”《红楼梦》第五十七回：“黛玉便拢上来要抓他，口内笑说：‘你越发疯了！’”

据《汉方》第 3201 页“拢”指到达义，见于西南官话。

284. 潷（滗）［pi^{24}］

① 斟（茶、酒）。② 滤。④ 舀茶的小筒叫滗子。例如桂林童谣《癞子癞》：“癞子癞，偷鸡卖，一卖卖到黄牛寨，鸡也叫，鸭也叫，癞子哥哥回来了，奶奶潷紧茶，爹爹拜菩萨，保佑癞子哥哥生头发。”此童谣中的“潷”指“斟（茶、酒）”。

《玉篇·水部》：“潷，音笔。笮去汁也。”《广雅·释诂二》：“潷，盝也。”王念孙疏证：“潷之言逼，谓逼取其汁也。《众经音义》卷五引《通俗文》云：‘去汁曰潷。’……今俗语犹云潷米汤。”汉·服虔《通俗文》：“去汁曰潷。”《札朴·乡里旧闻·乡言正字》：“去滓曰潷。”《广韵》入声质韵鄙密切：“潷，去滓。”字或作“滗”“湢”。《集韵》入声质韵逼密切：“潷，或从笔，从皀。”现将“滗”作为“潷”的简化字。桂林方言保留古义的同时又引申出“斟（茶、酒）”义。

《汉方》6691 页收“滗（潷）”指“滤”义，见于江淮官话，未引西南官话例。

285. 转$_1$［tsyɛ^{53}］

（动）回。桂林方言回家称“转屋”。例如桂林童谣《蚂蚁子》：“蚂蚁子，称霸王，我有蠹，你来扛，扛不动，请大娘，大娘没得空，在屋包大粽，大粽没曾热，拿起送表叔，表叔在得远，大粽得不转。”

“转”之“回”义源于古代。《玉篇·车部》：“转，回也。”五代·徐锴《说文系传·车部》：“转，还也。”清·段玉裁《说文解字注·车部》：“转，还……还者复回。复者往来也。”《广韵》“陟兖切”上声狝韵知母。南朝梁·何逊《与胡兴安夜别》：“居人行转轼，客子暂维舟。”“转轼”言驾车回返。宋·马子严《贺圣朝·春游》：“游人拾翠不知远，被子规呼转。”此“转”亦谓返回。

吴语、厦门等闽语和广东台山粤语此词与桂林方言同，（据《汉方》3305 页）成都西南官话、梅县客家话亦同。（据《现方》6028 页、温美姬《梅县方言古语词研究》208 页）

普通话“转”义指改变方向、位置、形势、情况等，不一定是回到原点，义有别。（据《现汉》1720 页）

286. 转来［tsyɛ⁵³læ²¹］

回来；回家。例如桂林童谣《做外婆》：“布里根，布里婆，拿起回来做疮药，擦一棵，好一棵，转来喊你做外婆。”

元以来见此词。《元曲选·陈州粜米》：“张千，你转来，我再分付你。”明·徐渭《英烈传》第七回：“列位且各自回家，待我转来，再作区处。”清·李渔《比目鱼·耳热》：“原来戏做完了，那些看戏的人都转来了。”

据《现方》6031 页，今吴语、长沙湘语和贵阳西南官话也有该词。据温美姬《梅县方言古语词研究》第 208 页，梅县客家话也见此词。

287. 转去［tsyɛ⁵³tɕʰy²⁴］

回去。例如桂林童谣《扯锯筛锯》：“扯锯筛锯，筛筒大树，起个牛栏，起给阿妹住，牛栏倒了，背起包袱跑了。转去桃子青，转回桃子黄，想起桃子上桃树，想起莲藕下莲塘。莲塘水又深，打个鲤鱼七八斤。鲤鱼鲤鱼你有鳞，亏难鱼鳅一个人，鱼鳅鱼鳅你有眼，亏难螃蟹嘴扁扁，螃蟹螃蟹你有脚，亏难蚂蚜打赤膊，蚂蚜蚂蚜你有皮，亏难公鸡夜晚啼，公鸡公鸡你有翅，亏难跳蚤跳过夜。”

宋以来还见此词。宋·陈鹄《耆旧续闻》卷四：“去虎数十步外，马惊不敢前。子瞻云，马犹如此，着甚来由，乃转去。”《西游记》第五十六回：“八戒听说打出脑子来，慌忙跑转去，对唐僧道：‘散了伙也。’”《二刻拍案惊奇》卷八：“今日之游颇得野兴。只是信步浪走，没个住脚的去处。若便是这样转去了，又无意味。”桂林方言保留该词。

吴语、娄底湘语、厦门和海口闽语同此。（据《现方》6030页）

288. 旋［$\c{c}y\varepsilon^{24}$］

旋转，转动，绕。例如桂林童谣《杀鸡鸭》：“旋呀，动呀，你来我趨，外婆来，杀只鸡，外公来，杀只鸭，留着檽腿细细呷。”

“旋”之“转动”义源于古代。《说文·㫃部》：“旋，周旋，旌旗之指麾也。”《广韵》平声仙韵似宣切：“旋，还也，疾也。”又去声线韵辝恋切：“旋，绕也。”桂林方言音合“辝恋切”。《庄子·秋水》：“于是焉河伯始旋其面目，望洋向若而叹。”《楚辞·招魂》：“旋入雷渊，爢散而不可止些。”王逸注：“旋，转也。”《素问·天元纪大论》：“九星悬朗，七曜周旋。”王冰注：“旋谓左循天度而行。”北魏·郦道元《水经注·沁水》：“仲尼伤道不行，欲北从赵鞅，闻杀鸣铎，遂旋而反。”宋·王安石《即事》诗之六：“日月随天旋，疾迟与天侔。”

今现代汉语“旋”承袭“旋转”义，但已不单说，且多用于书面语或词语中，如：“旋转”“盘旋”“回旋”“天旋地转”等，口语中此义一般用“转”，桂林方言则保留了古代“旋”作为单音节词的形式。

西南官话四川成都、贵州沿河“旋”也指“转动”。（据《汉方》5691页）另外扬州、武汉、柳州、丹阳、苏州、金华、建瓯、长沙、海口“转动”也说“旋”。（据《现方》3993页）

289. 揵（掮）［$k^{h}i\varepsilon^{21}$］

用肩扛。例如桂林童谣《吊儿郎当》：“吊儿郎当，郎到街上，没有生意做，领班羊看。羊爱屙屎，我学造纸。造纸爱烂，我学炆饭。炆饭不上气，我学唱戏。唱戏难喊，我学掮板，掮板压肩，我学喊天。喊天怕鬼，我学挑水。挑水爱漏，我学种豆。种豆不结，我学打铁，打铁无钢，我学烧香。烧香无庙，我学抬轿，抬轿无钱，我学种田。种田无牛，我学打油。打油无榨，我学告化。告化无书，我学杀猪。”

“揵”本指“举”义。《广韵》平声仙韵渠焉切：“揵，举也。”《文选·司马相如〈上林赋〉》：“揵鳍擢尾，振鳞奋翼。”李善注引郭璞曰：“揵，举也。”引申指用肩扛。《字汇·手部》：“揵，以肩举物也。”《后汉书·与服志上》：“揵弓韣九鞬。”明以后字作“掮”，并通行自今。明·李素甫《元宵闹传奇》：“他是个哑道童，有些力，故尔用他掮一些行头。”《西游记》第六十一回：“话表牛魔王赶上孙大圣，只见他肩膊上掮着那柄芭蕉扇，怡颜悦色而行。”明·冯梦龙《醒世恒言》第二十七卷：“李承祖掮了锄头，回至庵中。”《儒林外史》第六回：“将掌扇掮起来，四个戴红黑帽子的开道。”又第二十二回：“牛浦掮着行李，走到船尾上，船家一把把他拉了上船。”

《汉方》第5387页收“掮”指“扛”义，见于西南官话、吴语、湘语。

290. 齐［$tɕ^hi^{21}$］

（动）整理，使整齐。例如桂林童谣《麻雀鸟》：“麻雀鸟，尾巴长，舂谷舂米养姑娘，姑娘嫁，我没嫁，我帮姑娘撑伞檽，姑娘留我住，我不住，我要回家种田地，种块田，蚂蟥多，种块地，鸟仔多，割草卖，黄蜂多，砍柴卖，劁着脚，挑水卖，无桶索，齐麻卖，绞鸡脚。这才是——一事无成没奈何。”

“齐”本指“禾麦吐穗上平”。《说文·齐部》：“齐，禾麦吐穗上平也。”段注：“禾麦随地之高下为高下。似不齐而实齐。参差其上者、盖明其不齐而齐也。引申为凡齐等之义。”引申指动词“整理”。《广雅·释言》：“齐，整也。”《玉篇·齐部》：“齐，整也。《广韵》平声齐韵徂奚切：“齐，整也。”《荀子·富国》：“必将修礼以齐朝，正法以齐官，平政以齐民。”杨倞注：“齐，整也。”《礼记·大学》：“欲治其国者，先齐其家。”唐·杜甫《西郊》：“傍架齐书帙，看题减药囊。”

《汉方》2161 页“齐”指“弄整齐、整理”义，引西南官话为例。

291. 幐（幐、榺、掾）［$t^h ən^{24}$］

使担子两端重量相当。例如桂林童谣《三六九赶两江》：“三六九赶两江，一只篮子幐箩筐，走到半路跌一跤，爬起来忘记光，豆豉辣椒姜变成钱纸蜡烛香。”

“幐”为古方言词，本义为“担”，即挑担子。《方言》第七：“幐，儋也。”郭璞注曰：“今江东呼儋两头有物为幐，音邓。”字或为“幐”。《玉篇·巾部》：“幐，……两头有物谓之幐担。”又或从木、从手为“榺”“掾”。《集韵》去声隥韵唐亘切：“榺，负担也。或从手。”《广雅·释诂三》：“掾，担也。”王念孙疏证：“《方言》注云：‘今江东呼担两头有物为幐。’……掾、幐、幐并通。”

今桂林方言使担子两端重量相当说“幐齐”“幐平”。“幐”为语素，是由古义“挑担子”引申到“使担子平衡”。

粤语、客家话、闽语“使担子两端重量相当”称为“幐头”。（据《现方》4927 页、温美姬《梅县方言古语词研究》226 页）

292. 破［$p^h o^{24}$］

剖开；劈开。例如桂林童谣《破莲子》：“破莲子，破莲花，莲子莲花在哪家，家家都有籽，籽籽不开花，人吃粑，狗吃粑，狗仔扭扭来找花。”

“破”本义指“石碎”，后引申泛指破碎。《说文·石部》：“破，石碎也。”段注：“瓦部曰瓬者，破也。然则碎、瓬、糜三篆同义，引申为碎之称。”又引申出剖开、劈开义。《庄子·天地》：“百年之木，破为牺尊，青黄而文之。”《晋书·杜预传》：“今兵威已振，譬如破竹，数节之后，皆迎刃而解。”唐·杜甫《赠翰林张四学士》诗：“翰林逼华盖，鲸力破沧溟。”宋·王安石《河势》诗：“河势浩难测，禹功传所闻。今观一川破，复以二渠分。”清·黄鷟来《秋晓行阧山值雨访李庚初炼师》：“晓色破苍烟，青山入云际。”

今现代汉语“破”承袭“劈开”义，但已不单说，且多用于书面语或词语中，如“破釜沉舟”“势如破竹”等，口语中此义一般用“切”或词组“破开”。桂林方言保留了古代“破”作为单音节词的形式。

据《现方》3135—3136 页，今扬州、西安、万荣、绩溪、丹阳、温州、金华、南昌、萍乡、梅县、南宁平话、建瓯、福州、厦门也称剖开为“破”。

293. 巴［pa³³］

① 靠近，紧贴着。② 爬，攀援。例如桂林童谣《燕子鸟》：“燕子鸟，巴门头，红丝线，锁鞋头，锁得妈妈气呕呕，三天不洗脸，四天不梳头，梳起头，插起花，敲锣打鼓回外家。外家门口有个塘，有个鲤鱼三寸长。”此童谣中的“巴”是紧贴之义。《成长歌》：“一岁娘上顶呀，二岁娘上巴呀，三岁学爬、学走路呀，四岁跟娘揭外家呀，五岁拈花篮掐野菜呀，六岁梳头戴野花呀，七岁拿麻吃细线呀，八岁顶车纺细纱呀，九岁拿针又拿线呀，十岁拿个扣花针呀，十一岁扣花拿齐了呀，十二岁能绣芙蓉、牡丹花呀。”该童谣中的“巴”是爬、攀援之义。

历来，学术界对“巴”的原始意义争议非常大，《说文解字》释：“巴，虫也。或曰食象蛇。象形。”“巴”的“虫”义，除了许慎的训释，基本上不能在文献中找到支持证据，渐被废弃。但“蛇”义，虽争议颇多，却沿用至今。通行辞书《古代汉语词典》《辞海》等基本上不提及“巴”的“虫”义，但“蛇”义则继续保存。赵进认为“巴”字本义是爬行的‘爬’……像人伸臂屈膝，手掌向下爬行的样子。① 曹定云认为，“将

① 赵进. 巴字趣谈［J］. 华夏文化，1997（02）：46-47.

甲骨文中的‘’释为‘巴’是正确的”，故而认为其本义“是妇女怀孕而快要临产的状况”①。唐兰、杜勇等从相关文献、考古材料入手，认为“”之意义为殷代方国，肯定其为“巴”字，表示族名或国名。张中宇认为“”的原始意义是指手臂、手掌特别不一般，即臂长、手大，善于攀爬的人。再加上屈膝、下蹲的形体，衍生出“爬，攀爬”义。再由手臂攀爬要接触其它物体，如山、树、猎物等，可引申出“靠（贴）近”“粘附”“取得”等意义②。笔者认为张文的观点比较可信。

“巴”指靠近、紧贴义，见于元以降。元·王晔《桃花女》第一折：“天色已晚，又遇着风雨，前不巴村，后不着店，怎生是好？”《红楼梦》第九十九回：“巴着窗户眼儿一瞧。”《西游记》第五十六回：“这半山之中，前不巴村，后不着店，那讨香烛？”《警世通言·苏知县罗衫再合》：“巴着井栏一望，黑洞洞地。”

“巴”指爬、攀援义，见于明清时期。《水浒传》第三十六回：“（宋江等三人）行了半日，巴过山岭头，早看见岭脚边一个酒店……前后都是草房。”《红楼梦》第九十九回：“他不多几年，已巴到极顶的分儿。”《儿女英雄传》第三十二回：“我也不怕人笑话我奴才亲戚混巴高枝儿，我今日可算认定了干娘咧！”

据《汉方》967页“巴”，指靠近义，见于冀鲁官话、西南官话、吴语。指爬、攀援义，见于江淮官话，未引西南官话例。又据《现方》，武汉西南官话“巴”有“紧贴、攀爬”义。

294. 撮［ts^ho^{21}］

用簸箕等把东西聚拢。《小姑姑》：“小姑姑学做工，一更撮谷二更舂，

① 曹定云．甲骨文“巴”字补释——兼论“巴”字的原始意义及相关问题［J］．殷都学刊，2011，32（01）：8-11.

② 张中宇．“巴”字本源考——兼论甲骨文符号“”与“巴”的关系［J］．古汉语研究，2015（03）：73-80+96.

三更放米下海中，四更串担蒟挑水，五更打坐灶头工。天刚一亮就扫地，双手端茶敬公公，公公就讲茶不好，婆婆就讲茶太浓，事难做，总难同，请问婆婆和公公。”

“撮”本指用三指取物；抓取。《说文·手部》：“撮，四圭也。一曰两指撮也。”《玉篇·手部》：“撮，三指取也。”《广韵》入声末韵仓括切：“六十四黍为圭，四圭为撮。撮，手取。”引申出聚集义。《孔子家语·始诛》：“〈少正卯〉其居处足以撮徒成党。”王肃注：“撮，聚。”《西京杂记》卷三：“画地成江河，撮土为山岩。”南朝梁·刘勰《文心雕龙·乐府》：“暨武帝崇礼，始立乐府，总赵代之音，撮齐楚之气。”桂林方言由“聚集”义引申指用簸箕等把东西聚拢。

据《现方》第5357页，今扬州、银川、忻州、娄底、南昌、萍乡、于都“撮”也指用簸箕等把东西聚拢。《汉方》第7036页，“撮”未收此义。

295. 扦（搴）［tɕʰiɛ³³］

插，刺。例如桂林童谣《有女莫嫁萝卜村》：“有女莫嫁萝卜村，出门三步跶泥坑，扦田扦到大端午，兰虫吃到耳朵根。”

“扦”本作“搴”，后通行“扦”。《集韵》平声仙韵亲然切：“搴，插也。”《正字通·手部》：“搴，插也。俗作扦。”宋·钱易《南部新书》：“隶人王义扦刃而毙。”宋·周密《癸辛杂识续集·白蜡》：“树叶类茱萸叶，生水傍，可扦而活，三年成大树。”《农政全书·种植·种法》：“于正二月上旬，取树木嫩枝扦插，胜于种核。”

《汉方》1824收“扦”指“插”义，引吴语为例证，未引西南官话为例。

296. 跶［ta²¹］

跌；摔。例如桂林童谣《花脸猫》：“花脸猫，卖糖糕，上街喊，无人要，跑下街，跶一跤，回家娘又骂，气坏花脸猫。”

《玉篇·足部》："跶，他达切。足跌也。"《广韵》入声曷韵他达切："跶，足跌。"唐慧琳《一切经音义》卷五十八引晋吕忱《字林》："足跌曰跶。"《五灯会元》卷四《赵州从谂禅师》："祖曰：'石头路滑，还跶倒汝么?'师曰：'若跶倒即不来也。'"《水浒传》第六十回："（项充、李衮）一齐跶了双脚，翻筋斗颠下陷马坑里去。"又或作"搭"，同音借用。《金瓶梅词话》第六十一回："（李瓶儿）起来穿裙子，忽然一阵旋晕的向前一头搭倒在地，饶是迎春在旁扶着，还把额角上磕伤了皮。"《蜀籁》卷一："十字口搭仆扒，分不倒东南西北。"谓十字路口跌倒分不清东南西北。亦作"汰"。唐·韩愈《答张彻》："磴藓汰拳跼，梯飙飐伶俜。"皮日休《吴中苦雨因书一百韵寄鲁望》："盖檐低碍首，藓地滑汰足。"据江蓝生先生等《唐五代语言词典》"汰"音 tà，释作"滑"。据《五灯会元》，则"汰"当校作"跶"，其本义即"足跌"。

据《汉方》第6540页，"跶"指跌义，见于江淮官话、西南官话、湘语、粤语。

297. 趖［so³³］

快走；溜走。例如桂林童谣《朋友歌》："相交朋友世上多，多少相交惹风波；多少同福不同祸，患难来了阴倒趖。有钱未曾分厘我，无钱假装认不着；桃园相交有几个，单雄之交世间多。"

"趖"古指"指走，快走"义。《说文·走部》："趖，走意。"《玉篇·走部》："趖，走貌。"《龙龛手鉴·走部》："趖，趖疾。"《广韵·戈韵》平声戈韵苏和切："趖，趖疾。"张舜徽《约注》："俗语所云'日月如梭'之'梭'，当以'趖'为本字。"清·张慎仪《蜀方言》："疾行曰趖，曰猋。"桂林方言不仅指"快走"义，还引申出溜走、快溜义。

江淮官话、西南官话有该词。（据《汉方》6782页）

298. 劙［lə²¹］

割开，割断，扯断。《红薯藤》："红薯藤，两头劙断种得生，生米煮成熟米饭，被人掺水又翻生。”

《广雅·释诂一》：“劖，断也。”《广雅·释诂三》：“劖，削也。”《玉篇·刀部》：“劖，减削。”《广韵》入声叶韵良涉切：“劖，削也。择也。”《集韵·叶韵》：“劖，《博雅》：断也。”

299. 歇［çiɛ^{21}］

桂林方言中的“歇”除了有现代汉语所指休息义外，还有睡、住宿之义。例如桂林童谣《落大雪》：“那年那月落大雪，可怜老虎山上歇，老虎身上有身毛，可怜鲶鱼水里泡。鲶鱼倒有两根须，可怜泥鳅和鳝鱼，泥鳅有个眼，鳝鱼有个窝，可怜癞皮蚂蜗打赤脚。”此童谣中的“歇”指睡觉、住宿。

《说文·欠部》：“歇，息也。”段玉裁注：“息者，鼻息也。息之义引申为休息，故歇之义引申为止歇。”《广韵》入声月韵许竭切：“歇，休息也。”后引申指睡，住宿。《金瓶梅词话》第十二回：“晚夕就在花园门前一间小耳房内歇。”《水浒传》第四十七回：“戴宗收了甲马，两个缓缓而行，到晚就投村店歇了。”《红楼梦》第八回：“待贾母歇了中觉，还要回朅看戏。”

《现方》第1448页“歇”指“〈动〉睡”义时，标注为“〈方〉”。

北京官话、中原官话、西南官话、徽语、吴语、客话、闽语称“歇”为“睡，住宿”。（据《汉方》6562页）

300. 朅［$\text{k}^{\text{h}}\text{ə}^{24}$］［$\text{k}^{\text{h}}\text{ə}^{21}$］

去，离去。桂林方言中“朅”有两个读音，在句中，通常读［$\text{k}^{\text{h}}\text{ə}^{21}$］，在句末通常读［$\text{k}^{\text{h}}\text{ə}^{24}$］。例如桂林童谣《花脸猫》：“花脸猫，偷糖糕，偷到门角背朅烧，烧不熟，就烂哭。”

《说文·去部》：“朅，去也。”《玉篇·去部》：“朅，丘列切，去也。”《广韵》入声月韵丘竭切，引说文为例。《楚辞·九辩》：“车既驾兮朅而归，不得见兮心伤悲。”洪兴祖补注：“朅，去也。”《吕氏春秋·士容》：“富贵弗就而贫贱弗朅。”高诱注：“朅，去也。”《汉书·司马相如传下》：“悲世俗之迫隘兮，朅轻举而远游。”颜师古注：“朅，去意也。”唐·柳宗元《吊赞箴戒》：“朅冯云以羾诉兮，终冥冥以郁结。”章炳麟《新方言·释言》：“朅，去也。冀竭切。今南方多言去，北方多言朅。”月韵今音［ie］，遇溪母介音去掉。桂林方言古入声清母字今多数读阳平，少量归去声。

此词还见于官话、吴语、闽语。（《汉方》6756 页）

301. 凭［pən^{24}］

靠，扶。例如桂林童谣《好吃懒做》：“好吃懒做又赌钱，百门斗底你齐全，年轻你是更差火，老来要你凭门边。”

《说文·几部》：“凭，依几也。《周》书：‘凭玉几。’”段注：“凭，依几也。依者、倚也。”《广韵》平声蒸韵扶冰：“凭，依几也。”又去声证韵皮证切。桂林方言音合“皮证切”。《书·顾命》：“相被冕服，凭玉几。”南朝·梁江淹《杂体诗·效孙绰〈杂述〉》：“冏冏秋月明，凭轩咏尧老。”唐·白居易《寄湘灵》：“遥知别后西楼上，应凭栏干独自愁。”唐·李群玉《湖寺清明夜遣怀》：“柳岸花香愁不眠，独凭危槛思凄然。”宋·周邦彦《浣溪沙》：“翠枕面凉频忆睡，玉箫手汗错成声。日长无力要人凭。”清·纳兰性德《采桑子》：“白衣裳凭朱阑立，凉月趖西。

《汉方》第 3452 页，西南官话“凭”靠，扶义。

302. 抈［øyɛ^{21}］

折断。例如桂林童谣《红薯藤》：“红薯藤红薯藤，两头抈断种得生，生米煮成熟米饭，被人掺水又翻生。”

《说文·手部》：“抈，折也。”《玉篇·手部》：“抈，折也。”汉·扬雄《太玄·羡》：“车轴折，其衡抈。”范望注：“抈，折也。”《札朴》卷九：“手折曰‘抈’。”清·王筠《释例》：“吾乡谓两手执草木拗而折之曰抈。”章炳麟《新方言·释言》：“今人谓以手折物曰抈。”《广韵》入声月韵鱼厥切："抈，折也。"疑母多数读［ø］。中古月韵字今多数读［yɛ］，桂林方言古入声次浊声母字今多数读阳平。

"抈"指折断义，还见于北京官话、冀鲁官话、胶辽官话、徽语、吴语、湘语、赣语、闽语。（据《汉方》2568页）

303. 没得［$m\varepsilon i^{21}t\partial^{21}$］

（动词）没有。例如桂林童谣《白背蒿》："白背蒿，叶子白，捡回家里搋馒头；没得糯，掺荞麦，没得糖，放点砂盐也要得。"

唐·李群玉《酬魏三十七》："一吟丽句风流极，没得弘文李校书。"元·无名氏《冻苏秦》二折："文学呵又不是没得。"《初刻拍案惊奇》卷二二："若一下冲撞了他，收拾了本钱去，就没得蛇弄了。"《儿女英雄传》缘起首回："这纯是一团天理人情，没得一毫矫揉造作。"

"没得"指没有，还见于中原官话、江淮官话、吴语、湘语、赣语、粤语。（据《汉方》2907页）

304. 晓得［$xiau^{53}t\partial^{21}$］

（动词）知道，明白，认识。例如桂林童谣《点点窝窝》："点点窝窝，田少禾多。猫狸吃饭，老鼠唱歌。唱个什么歌，唱个黄狗进大锅。大姐穿花鞋，小姐打赤脚，脚板扎根刺，回㧟喊哎哟。全靠哥哥晓得药，捞起茶子扮饼药，哎哟哎哟有点痛，爷爷赶快摇钹锣。"

宋·孙光宪《北梦琐言》卷六："旧说浙东理难，十分公事，绅相晓得五六，唯刘汉弘晓得七分，其他廉使及三四而已。"宋《朱子语类》卷六十八："前辈之说，不欲辨他不是，只自晓得便了。"明·凌濛初《二刻拍案惊奇》："外人纷纷扬扬；也多晓得。"清·李渔《奈何天·软诓》："细问丫鬟，纔晓得娶过一房，是邹家小姐。"

晋语、江淮官话、西南官话、湘语、赣语、粤语、闽语称"知道"为"晓得"。（据《汉方》4812页）

305. 竂（𠞰）[$koŋ^{53}$]

钻。《月亮球球》："月亮球球，请个哥哥来看牛。水牛过沟，踩着泥鳅，泥鳅告状，告着和尚。和尚念经，念着观音。观音发气，吓着老弟。老弟挖墙，挖着龙王。龙王伤心，调来虾兵。虾兵蟹将，兴风作浪。浪像宝塔，冲着哪吒。哪吒大叫，吓得虾兵蟹将竂大灶。"

《改并四声篇海·穴部》引《类篇》："竂，剜土也。"《中原雅音》："竂，劖穴也。"明·李实《蜀语》："穴土行曰竂。"元·尚仲贤《柳毅传书》第二折："泾河龙淤泥裹里便竂。"字也作"𠞰"，顾学颉、王学奇《元曲释词》："𠞰，用头钻入曰𠞰，又作竂，同字异体。"元·关汉卿《调风月》第三折："我便似𠞰墙贼，蝎螫噤声。"古书中也有用"拱"指"钻"，如：唐·杜甫《北征》："鸱鸟鸣黄桑，野鼠拱乱穴。"《西游记》第二十八回："呆子就把头拱在草里睡下。"《醒世姻缘传》第四十九回："把头拱在晁夫人怀里，甚么是拉的他起来。"《说文·手部》："拱，敛手也。"《广韵·肿韵》："拱，手抱也，又敛手也。"从本义来看，引申出"钻"义的可能性不大，故本字当为"竂"，"拱"当是"竂"的同音借用。

《汉方》6955页收"竂"指"钻"，引中原官话、西南官话例；第3993页收"拱"指"用头顶、钻"，也引中原官话、西南官话例。

二十一、性状

306. 肥 [$fɛi^{21}$]

（指人）胖；肥壮。表示人体脂肪多、肥胖，普通话是说"胖"，而"肥"一般用于形容禽畜。桂林方言"肥"除用于禽畜外，还用于形容人，此为古义之遗留。例如桂林童谣《磨米磨谷》："磨米磨谷，磨到明年吃冷粥，冷粥馊，嫁老周，老周又苦，天天挑石牯，挑得背驼驼，讨个肥老婆。"

《礼记·礼运》："四体既正，肤革充盈，人之肥也。"《史记·陈丞相世家》："人或谓陈平曰：'贫何食而肥若是？'"《史记·张丞相列传》："（张）苍坐法当斩，解衣服质，身长大，肥白如瓠。"《广韵》"符非切"，平声微韵奉母。

中原官话、晋语、西南官话、福建南平官话、吴语、福建泰宁赣语、粤语和闽语也有该词。（据《汉方》3515 页）

307. 闹热［$nau^{24}iɛ^{21}$］

热闹。例如桂林童谣《镲锣鼓》："做告化，拍咚鼓。做和尚，敲渔鼓。做货郎，拨浪鼓。做闹热，镲锣鼓。"

唐以降习见此词。唐·白居易《雪中晏起偶咏所怀》："红尘闹热白雪冷，好于冷热中间安置身。"《朱熹集》卷三十三："盖史书闹热，经书冷淡，后生心志未定，少有不偏向外去者，此亦当预防也，如何？"明·梁辰鱼《浣纱记》第十八出："遍城闹热，笙歌簇拥欢彻，鸾车杂沓香尘绝。"《西游记》第三十九回："那师徒进得城来，只见街市上人物齐整，风光闹热，早又见凤阁龙楼，十分壮丽。"皆为其例。

据《汉方》第 3598 页，该词见于江淮官话、西南官话、福建南平官话、徽语、吴语、湘语、赣语、粤语、闽语和湖南土话。

《现汉》第 942 页"闹热"标注了"〈方〉"。

308. 㸌［$læ^{24}$］、㓤［la^{21}］

（1）㸌

热，烫。桂林方言说"天气热"为"天气㸌"，水烫说"水㸌"。例如桂林童谣《老鼠闹出的笑话》："嘀嘀嗒嗒嘀，老鼠学卖米，卖米无人要，老鼠学抬轿，抬轿无人抬，老鼠学打牌，打牌无人打，老鼠学坐马，坐马又怕跌，老鼠学打铁，打铁又怕㸌，老鼠学种菜，种菜种不生，屙尿来淋根。"

（2）㓤

① 太阳毒辣。桂林方言说"太阳毒辣"为"日头㓤"。② 炒菜前用猛火

烧致使锅温度很高，很烫称“锅头烫”。例如桂林童谣用：“炒菜没得法，只要锅头烫。”

桂林方言中“爁”和“烫”有细微的区别，有一点温度的热、热水都可称“爁”，而“烫”所指的物体的温度必须很高、很烫，带有毒辣意味，且两字的使用范围有差别。但是从古代辞书看，“爁”和“烫”为异体关系，只是“爁”所见时代更早。《玉篇·火部》：“爁，力达切，毒也。”《龙龛手鉴·火部》：“爁，音赖，火之毒爁也。”《广韵》去声泰韵落盖切：“爁，火之毒。”《集韵·泰韵》：“爁，火之炎毒曰爁。”由此可见，“爁”有两读，意义一样。“烫”最早以“爁”的异体字出现，收于《集韵》中，只见“郎达切”。《集韵》入声曷韵郎达切：“烫，火貌。或从赖。”《玉篇》“爁”之“毒”义当指“火之毒”，《集韵》郎达切之“火貌”也应指“火之毒貌”。桂林方言引申指“温度高；烫”，且根据两字的声旁，将“爁”定读为“［læ^{24}］”，“烫”定读为“［la^{21}］”，以便区分两字的使用场合。

今柳州西南官话和南宁平话太阳毒辣也说“烫”。（据《现方》4976 页“烫”之例句“今天的日头好烫”，其释义为“温度高；烫”）《汉方》第 7364 页则收“爁”，指“烫”义，见于长沙湘语和江西莲花赣语。

309. 䐁（肥䐁䐁）［fεi^{21}lu^{33}lu^{33}］

肥胖，肥软貌，作语素，构成“肥䐁䐁”，形容很胖、脂肪多。例如桂林童谣《咕噜噜》：“咕噜噜！咕噜噜！半夜起来磨豆腐，豆腐营养很丰富，吃了豆腐肥䐁䐁。”

《玉篇·肉部》：“䐁，脂也。”《集韵》入声烛韵龙玉切：“䐁，脂也。”《字汇·肉部》：“䐁，肥也。”《金瓶梅词话》第二十四回：“香喷喷油炸的烧骨秃，肥䐁䐁干蒸的劈咸鸡。”据以上各书所载，则“肥䐁”同义连文。

《汉方》3518 页收“肥鲁鲁”，引西南官话为例，其本字当为“䐁”。

310. 笡（趄）[$t\c{c}^hi\varepsilon^{24}$]

歪斜，斜着。例如桂林童谣《插田》：“插田种地急忙忙，十八殑姑讲有手，田基弯弯转弯走。插田插到日头笡，十八殑姑来送茶，左手接娘金茶盏，右手攀娘头上花。插田种地急忙忙，不得闲工来看娘，慢慢把田插完了，肩头背伞来看娘。”

《广韵》去声祃韵迁谢切：“笡，斜逆也。”清母。唐·元稹《胡旋女》：“潜鲸暗吸笡海波，回风乱舞当空霰。”字或作“趄”，《篇海类编·人事类·走部》：“趄，身斜也。千谢切。”元·王实甫《西厢记》第四本第四折：“昨夜个翠被香浓熏兰麝，欹珊枕把身躯儿趄。”王季思注：“趄，斜靠意，不正意；韵书并七余切，元剧中读千卸切。”元·无名氏《陈州粜米》第一折：“［小衙内］云：‘休要量满了，把斛放趄着，打些鸡窝儿与他。’”此谓斛斜放量米。

《汉方》第5517页“笡”指“斜；歪”，引冀鲁官话、江淮官话、西南官话、徽语、吴语、湘语、湖南浏阳赣语、福建漳平和台湾等地闽语为例，梅县客家话也有此用法。（温美姬《梅县方言古语词研究》262页）

311. 戆 [$a\eta^{24}$]

傻，愚蠢，愚笨。桂林方言说“这个人很傻”为“这个人很戆”。例如桂林童谣：“戆人有戆福，泥菩萨住瓦屋。”

《说文·心部》：“戆，愚也。”《玉篇·心部》：“戆，愚戆。”《广韵》去声绛韵陟降切：“戆，愚也。”《荀子·大略》：“悍戆好斗。”又《儒效》：“狂惑戆陋之人。”《史记》本纪第八《汉高祖》：“然陵少戆，陈平可以助之。”《汲郑列传》：“甚矣，汲黯之戆也。”

“戆”表“傻、笨”义，还见于吴语、客话、粤语、闽语。（据《汉方》7527页）

312. 哈［xa^{53}］

傻。例如桂林童谣《哈婆》："哈婆哈嘀朵，六月盖被窝，七月涨大水，八月嫁哈婆，九月喝糯酒，十月坨打坨。"

"哈"指"傻"义，见于明代。《西游记》第二十回："行者道：'老儿，莫说哈话，我们出家人，不走回头路。'"此谓莫说傻话。《金瓶梅词话》第五十八回："刚才若不是我在旁边说着，李大姐恁哈帐行货，就要把银子交姑子拿了印经去。""哈帐"谓"傻瓜"。

据《汉方》4106页收"哈"释为傻、笨义，引江淮官话、西南官话、湘语为例。

313. 㑝（㑝懂）［$loŋ^{21}$］

桂林方言称"糊涂"为"㑝懂"。例如桂林童谣《萤火仔》："萤火仔，你嵑哪里来？我嵑隔壁吃饭来。什么饭？黄花饭？什么黄？鸡蛋黄？什么鸡？两脚鸡；什么两？称两？什么称？观音称；什么官？㑝懂官。"

《广韵》去声送韵卢贡切："㑝，㑝懂，愚也。"《集韵》："㑝，㑝懂，愚也，或从人。"桂林方言"㑝"不单用，以词组"㑝懂"表"糊涂"义，口语中连读时有变调，读成阳平"［$loŋ^{21}$］"。

桂林方言中"㑝懂"与单字"懂"的语义有细微区别，"懂"不仅有"糊涂"义，还有"傻、愚笨"义，语义程度比"㑝懂"要重。

《汉方》5049页收"㑝"，指愚笨、呆痴义，引赣语例。（赣语中的"㑝"也不单用，以词组"㑝懂"表示）

314. 拙［ts^ho^{21}］

愚钝，头脑不灵活，差劲。例如桂林童谣《燕子鸟》："燕子鸟，尾巴长，给钱给米养姑娘，姑娘嫁，你也嫁，你同姑娘扛伞把，姑娘嫌你手微拙，走到东边摸海螺，上田摸蛋，下田摸螺，踩死公公一蔸禾，公公说你瞎子婆。”

《说文·手部》：“拙，不巧也。”段注：“不能为技巧也。”《广雅·释诂三》：“拙，钝也。”《广韵》入声薛韵职悦切：“拙，不巧也。”《老子》：“大直若曲，大巧若拙，大辩若讷。”《楚辞·离骚》：“理弱而媒拙兮，恐导言之不固。”王逸注：“拙，钝也。”《管子·法法》：“虽有巧目利手，不如拙规矩之正方圆也。”宋·苏轼《出都来陈》诗之八：“我诗虽云拙，心平声韵和。”计有功《唐诗纪事》卷五十七：“今又有栴檀像，开目，其工颇拙，尤差谬矣。”

今现代汉语“拙”承袭“愚钝”义，但已不单说，一般以“笨拙”“拙劣”等双音词的形式表示，口语中此义一般说“傻”。桂林方言则保留了古代“拙”作为单音节词的形式。

《汉方》3320页收“拙”，释为“差，孬”，引四川成都西南官话为例。

315. 白蓬蓬［pə²¹pʰoŋ³³］

形容又白又蓬松。例如桂林童谣《莫比风吹日晒红》：“我娘生我白蓬蓬，大水流来一棵葱；我娘生我白蓬蓬，十个手指银包裹，莫给风吹日晒红。”

宋·佚名《张协状元》第三十二出：“我个胜花娘子生得白蓬蓬，一个头髻长长似盘龙。”明·刘崧《槎翁诗集》第二部分：“茅苇白蓬蓬，行人西复东。”清·张南庄《何典》第三回：“看他这等花白蓬蓬的，怎得养弗大起来？”

《汉方》1404页“白蓬蓬”指“又白又蓬松”，引西南官话例。

316. 俍［laŋ⁵³］

水波晃动。例如桂林童谣《照见容颜在里头》：“颗米熬出一碗粥，双手捧起俍悠悠，熬粥无渣清到底，照见容颜在里头。”

桂林方言常用俗字“浰”表“水波晃动”义，本字当为“俍”。《集韵》

上声荡韵里党切："俍，傥俍，不平。""水波晃动"即"水面不平稳"，桂林方言由"不平"引申出水波晃动的义。

《汉方》第4260页"俍"，未收"不平"或"水波晃动"义。

317. 秾［loŋ²¹］

茂盛的样子，也可作语素，构成"花秾""花秾秾"，指颜色鲜艳繁杂。例如桂林童谣《姐妹歌》："一姐雪白白，二姐桃花色，三姐赛牡丹，四姐有人贪，五姐美如仙，六姐赛观音，观音老母坐莲台，十朵莲花九朵开，打开箦，花秾秾。打开箱，花衣裳。打开柜，金子银子十二对。""秾"指"茂盛"义见"24. 垅"一词中的童谣用例。

"秾"本指花木繁盛貌。《玉篇·禾部》："秾，花木盛也。"《广韵》平声钟韵女容切："秾，木厚。"《集韵·钟韵》："秾，华多。"《古今韵会举要》："秾，华多貌，《增韵》：华木稠多貌。"引申出华丽、艳丽义。唐·元稹《山枇杷》："秾姿秀色人皆爱，怨眉修容我偏别。"清·黄宗羲《前乡贡进士董天鉴墓志铭》："诗文主明理适用，亦不以藻饰秾丽为工也。"《红楼梦》第七十八回："秾歌艳舞不成欢，列阵挽戈为自得。"

《现方》第1706页收"花秾秾"，释为颜色鲜艳繁杂，见于柳州。《汉方》第5505页收"秾酒"，指醇厚的酒。

318. 輱［sã²¹］

弯，弯得厉害。例如桂林童谣《鸡毛乖》："鸡毛鸡毛乖乖，鸭毛鸭毛乖乖，叫你东歪就东歪，叫你西歪就西歪，叫你磕头就磕头，叫你輱背就輱背，叫你跑马就跑马，叫你挨墙就挨墙。叫你上天就上天。飞呀，飞呀，飞——呀——！"

《玉篇·车部》："輱，仕连、仕山二切，辋也。"《广雅·释器》："輱，輱䡨也。"《广韵》平声仙韵士连切："輱，轩辋"。《集韵》平声山韵鉏山切。辋指车轮的外周，即与车辐相连的圆框，呈弯曲状，故桂林方言引申为

“弯”义。

柳州也称“弯”为“轓”。（据《柳州方言词典》248 页）

319. 閜［ŋa³³］

裂开，张开。例如桂林童谣《时序歌》：“四月八，枇杷烂喳喳，八月渣，九月閜，十月摘毛冬瓜。”

《集韵》平声麻韵虚加切：“閜，门闭也。”张亮夫《昭通方言疏证·释宫室》：“閜，虚加切，门闭也。今昭人门闭而未全，即半掩曰閜。《红楼》十二回用此字，即间隙之义。凡裂开亦曰閜，隙与閜双声之变。”《字汇·门部》：“閜，与閕同。”查“閕”，《说文·门部》：“大开也。”《广韵》上声马韵许下切：“大裂。”据《集韵》所载，“閜”其实也指开裂义，《集韵》去声祃韵鱼驾切：“閜，开裂也。”但桂林方言今读阴平，显然声不合。《长沙方言续考》八十七《閕》：“按今长沙谓门开为閕开，读閕为疑母阴平声。”作者认桂林方言表“裂开”义，当是由“閜（虚加切）”而来，缘由当如张亮夫所言。

据《汉方》2860 页所载，今粤语、客话也称裂开、张开为“閜”（见“閜开”“閜嘴”用例）。《现方》4587 页“閜”指裂开义，见于柳州，引“《集韵》祃韵鱼驾切”作为例证，但特指出柳州方言今读阴平。《桂林市志·方言志》第 3343 页表“裂开”义考释为“閜”，也指出今读阴平。

320. 穮［mau³³］

① 虚泡不实。② 浮肿、肿，虚胖。例如桂林童谣《小气鬼》：“小气鬼，卖面包，走上街，跶一跤，头上穮起一个大包包。”

《集韵》平声爻韵谟交切：“穮，穮穮，禾不实。”桂林方言由“禾不实”引申为“浮肿、虚泡不实”义。

今柳州、南宁平话也有此用法。（据《现方》4870 页）

321. 清［$tɕ^hin^{24}$］

凉，冷。例如桂林童谣《月光光》："月光光，晒地塘，大姐跌下塘，清凉清凉！妹妹给颗糖，大姐无悲凉。"

《说文·仌部》："清，寒也。"《玉篇·冫部》："清，七性切。寒也、冷也。"《广雅·释诂四》："清，寒也。"《集韵》去声劲韵七正切，引《说文》为例。《墨子·辞过》："古之民，未知为衣服时，衣皮带茭，冬则不轻而温，夏则不轻而清。"《礼记·曲礼上》："凡为人子之礼，冬温而夏清。"郑玄注："温以御其寒，清以致其凉。"宋·王安石《洪范传》："水言炎，则水冽，土蒸，木温，金清，皆可知也。"柳宗元《天对》："清温燠寒，迭出于时。"蒋之翘辑注："清，寒也。"

晋语、西南官话、湘语、闽语称"凉、冷"为"清"。（据《汉方》5077页）

322. 蒸（烝）［$tɕin^{33}$］

热，灼热。例如桂林童谣《日头蒸》："日头蒸，蒸姑归。姑撑伞，揭平西，平西有戏唱，看到不想归。大个煎糍姑欢喜，小个煎糍姑欢地，揭先挑担是你舅，尾底拿鞋是你姨，你姨梳起龙凤髻，龙凤髻眼插金丝。"

"蒸"本指"去皮的麻秸"，《说文·艸部》："蒸，折麻中干也。"在表"蒸煮"义上与"烝"互通，后通行"蒸"。《说文·火部》："烝，火气上行也。"《集韵·证韵》："烝，气之上达也。或作'蒸'。""热"义当由"烝"发展而来，但因"蒸"通行，古书中也多作"蒸"。《素问·五运行大论》："其令郁蒸。"王冰注："蒸，热也。"《文选·王粲〈公燕诗〉》："凉风撤蒸暑，清云却炎晖。"李善注引孔安国《论语注》曰："蒸，热气也。"唐·杜甫《夔府书怀》："地蒸余破扇，冬暖更纤絺。"宋·王安石《洪范传》："火言炎，则水冽，土蒸，木温，金清，皆可知也。"明·马欢《瀛涯胜览·序》："阇婆远隔中华地，天气烦蒸人物异。"

据《现方》第4732页“蒸”收“灼热”义，见于广州。《汉方》6430页“蒸”未收“热”义。

323. 圝（圞、𪢮）[lo21]

① 圆。② 完整。如整个吞进去、不嚼，说“打圞吞”。③ 环绕。如环绕着转，说“圝圝转”“打圝转”。例如桂林童谣《月亮圞圞》：“月亮圝圝，买块砖，钻四方，买鸭汤；鸭汤甜，买文钱；钱穿孔，买对桶；桶装饭，买鸭蛋；鸭蛋尖，买门稔；门稔有，买个狗；狗尾拖，买只鹅；鹅太坏，买锅盖；锅盖拆，买牛轭；牛轭弯得深，买颗针；针有毒，买块大肥肉；大人笑，小人哭，莫哭，莫哭，明年长大帮看屋。”此首童谣中的“圝”指圆义。《苦麻菜》：“苦麻菜，苦丁丁，外婆接我趨尝新，失措打烂舅爷红花碗，舅娘一旁鼓眼睛。我不怕她把眼鼓，半碗苦马打圝吞，气得舅娘把脚顿，我张开嘴巴笑出声。”此童谣中的“圝”指完整、整个。《嘴莫多》：“小小妹妹嘴莫多，嘴上生个甘菠萝。请个医生治不好，请个师公冲堂锣，半夜冲锣半夜死，锄头挖眼挂耙拖，家狗拖起打圞转，野狗拖起拱篷壳。你妈出来弄猪菜，捡到你的射公脚。”此童谣中的“圝”指“环绕”。

《玉篇·口部》：“圝，团圝也。”《广韵》平声桓韵落官切：“圝，团圝，圓也。”《集韵·桓韵》：“圝，圜也。”“圓”“圜”古同“圆”。金·党怀英《上皇书扇后》：“便面团圝字点鸦，天风吹堕委尘沙。”元·耶律楚材《题黄山墨竹便面》：“黄山落笔露全机，底箇团圝太崛奇。”字或作作“圞”。《中华大字典》：“圞，俗圝字。”前蜀·牛希济《生查子》：“新月曲如眉，未有团圞意。”唐·张志和《空洞歌》：“廓然悫然，其形团圞。”元·曾瑞《醉花阴·怀离》：“明滴溜参儿相搀，剔团圞月儿初淡。”引申出“环绕”义。元·赵孟頫《题耕织图》：“相呼团圞坐，聊慰衰莫齿。”明·瞿佑《归田诗话·和狱中诗》：“忘怀且共团圞坐，满炷炉香说善因。”《大字典》第780页指出，“𪢮”是“圞”的类推简化字。

《现方》第6422页收“圞”指“圆，完整”，见于柳州、萍乡、长沙。

《汉方》第6581页作“圞”，指“圆”义，见于西南官话、湘语、湖南临武土话；指“完整”义，见于湘语。均未收“环绕”义。

324. 丑［tsʰəu⁵³］

桂林方言“丑”除了指普通话常说的“样子难看”义外，还有“不好，坏”义。例如桂林童谣《两个娘》：“一个鸡蛋两个黄，妹的命丑两个娘，前娘杀鸡留檽腿，后娘杀鸡留岔肠。我不呷，我不尝，挂在门前柳树上，过路叔伯快来看，千记莫讨后来娘。”

“丑”本指“可恶”。《说文·鬼部》：“丑，可恶也。”《玉篇·鬼部》：“丑，可恶也。”《广韵》上声有韵昌九切：“丑，弃也，恶也。”引申指“不好”。《诗·小雅·十月之交》：“日有食之，亦孔之丑。”《毛传》：“丑，恶也。”《汉书·项籍传》：“今尽王故王于丑地，而王群臣诸将善地。”

江淮官话、西南官话、吴语、赣语、闽语称“丑”为“坏、差”义。（据《汉方》965页）

《现方》第186页“丑”指“坏、不好”，标注为“〈方〉”。

325. 醭［pʰu²¹］

酒、醋及他物因腐败或受潮而表面所生的白霉。例如桂林童谣《落大雨》：“落大雨，动大雷，晓得姐姐几时回。留的冬酒走了味，留的腊肉起了醭。”

《玉篇·酉部》：“醭，匹卜切，醋生白。”《集韵·屋韵》：“醭，酒上白。”《广韵》入声屋韵普木切。北魏·贾思勰《齐民要术·作酢法》：“下酿……三日便发；发时数搅，不搅则生白醭。”唐·皮日休《吴中苦雨因书一百韵寄鲁望》：“著处纻衣裂，戴次纱帽醭。”唐·白居易《卧疾来早晚》：“瓮全生醭，歌筵半委尘。”宋·梅尧臣《梅雨》：“湿菌生枯篱，润气醭素裳。”宋·杨万里《初秋戏作山居杂兴俳体十二解》之八：“自暴群书旧间新，净揩白醭拂黄尘。”清·金农《汾州于郎中灏远贶隃糜戏报》诗之一：

"古香清不醭，一挺复一螺。"

据《现方》6146 页，今济南、柳州、宁波、雷州、厦门也有该用法。《汉方》7436 页收"醭"，但未收此义。

326. 甫［p^hu^{53}］

大。例如桂林童谣《脚鱼生蛋》："娘半边，爷半边，仔没得，喊连天。连天甫，炒猪肚。猪肚韧，买杆秤。秤又长，买个羊。羊会走，买个狗。狗又花，买个瓜。瓜又甜，买个船。船沉底，淹死黄婆三个蚂蚁。黄婆告状，告着和尚。和尚念经，念着观音。观音点水，点着小鬼。小鬼摸鱼，摸着脚鱼。脚鱼生蛋，留给黄婆送早饭。"

"甫"本义指男子美称，引申为"大"义。《说文·用部》："甫，男子美称也。"段注："凡男子皆得称之。以男子始冠之称，引申为大也。"《尔雅·释诂上》："甫，大也。"《玉篇·用部》："甫，大也。"《广韵》上声麌韵方矩切。《诗·齐风·甫田》："无田甫田，维莠骄骄。"孔传："甫，大也。"《汉书·礼乐志》："登成甫田，百鬼迪尝。"颜师古注："甫田，大田也。"晋·陆机《瓜赋》："殷中和之淳祜，播滋荣于甫田。"明·何景明《雨颂》："甫田之坼，阴液膏之。"

《汉方》第 2496 页"甫"未收"大"义。

327. 糜［$məi^{21}$］

碎、粉碎。例如桂林童谣《麻雀鸟》："麻雀鸟，嘴巴勾，我晒谷子你来偷，总有一天捉得你，剁糜剁烂喂老鼠。"

《说文·米部》："糜，碎也。"段注："糜与糜音同义少别，凡言粉碎之义当作糜。"徐锴系传："谓糜米麦也。"《太平御览》卷八百五十四引《通俗文》曰："碎糠曰糜。"《广韵》平声支韵靡为切："糜，碎"。《集韵·支韵》："糜，碎糠曰糜。"元·曹居一《李伯渊奇节传》："而一旦蔑视糜躯，手诛叛逆，号祭亡社，尽君臣之义，竟不堕冠缨。"

《汉方》《现方》均未收此词。

328. 糜（爢、爈、縻）［məi²¹］

软烂、熟烂、蓉烂。例如桂林童谣《董存瑞》："董存瑞，十八岁，参加革命游击队，炸碉堡糜糜烂。"

"糜"字亦作"爢""爈""縻"。《说文·火部》："糜，烂也。"《广雅·释诂三》："爢（糜），熟也。"《玉篇·火部》："爢（糜），烂熟也。"《正字通·火部》："爢，《离骚》作糜。"《广韵》平声支韵靡为切："爢，爢烂。"字或作"爈"，《集韵·支部》："爢，或作爈。"又或作"縻"，《篇海类编·天文类·火部》："爢（糜），通作縻。"《字汇·米部》："縻，烂也。"

《孟子·尽心下》："梁惠王以土地之故，縻烂其民而战之，大败。"汉·王逸《九思·伤时》："愍贞良兮遇害，将夭折兮碎縻。"晋·潘岳《西征赋》："投宫火而焦縻，从灰熛而俱灭。"

"糜"与"糜"同源，兼载"碎"义①，但在桂林方言中两字有细微差别，"糜"多用于煮得过于熟烂的物体，如饭煮得过于软烂就说"饭好糜"。正如段玉裁所说"縻与糜音同义少别"。

《汉方》未收"爢"，第 7519 页收"糜"指"糜烂"见于闽语广东汕头，"糜糜"义为煮物使烂，见于江淮官话。

329. 黏［ŋia³³］

粘贴，粘。例如桂林童谣《二叔公》："二叔公，吹火筒，买甘蔗，又生虫，买个饼，又穿窿，买个糍粑黏喉咙，讨个老婆耳又聋。"

《集韵》平声麻韵女加切："黏，黐黏，黏着。"又上声马韵女下切。《类篇·黍部》："黏。女加切。黐黏，黏着。"桂林方言音合"女加切"。

---

① 殷寄明. 汉语同源词大典（中）［M］. 上海：复旦大学出版社，2018：1780.

“黐”指“粘”义，见于西南官话、赣语、粤语。(《汉方》7404 页)

330. 乖［kuæ³³］

桂林方言“乖”除了有普通话常用的“乖巧、懂事”义外，还另有两个义项：① 坏，狡诈。② 健康，病愈。例如桂林童谣《看牛娃》：“看牛娃仔你莫癫，牛婆下仔你做爹；看牛妹仔你莫乖，牛婆下仔你做奶。”该童谣中的“乖”指狡诈、坏。《妹呀妹》：“妹呀妹，和狗睡，睡到半夜得个妹，妹没乖，讨个道师来打斋。”此童谣中的“没乖”指不健康、生病。

“乖”的本义是违背、不和谐。《说文·𦫵部》：“乖，戾也。”《玉篇·北部》：“乖，睽也，戾也，背也。”《广雅·释诂二》：“乖，背也。”又《释诂三》：“乖，离也。”《广韵》平声皆韵古怀切：“乖，睽也，离也，戾也，背也。”引申出邪恶、奸猾、坏。《通典·食货九》：“遂令接境乖商，连邦隔贸。”清·李渔《意中缘·见父》：“恨奸人计乖，使我父女活离开。”清光绪十年《畿辅通志》：“坏呼作乖。”清·张慎仪《蜀方言》：“小儿黠狯曰乖”。《方言》：“凡小儿多诈而狯或谓之姡。……翟灏云姡字长言之则转为乖。”后在唐以后口语对话中大量出现表“乖巧”义。唐·李廓《上令狐舍人》：“宿客嫌吟苦，乖童恨睡迟。”《西游记》第四十二回：“好乖儿女。”明·汤显祖《紫钗记·婉拒强婚》：“看他呵，心儿里则弄乖，口儿里则道白。”桂林方言又由“乖巧、聪明”义引申出“健康、病愈”义。罗翙云《客方言·释言》：“小儿无恙曰乖。妇女相见问：细子小儿乖否？”

据《汉方》第 3425 页“乖”指“坏”义，见于冀鲁官话，未引西南官话为例；指“狡诈”义，见于西南官话、吴语；指“健康”义，见于中原官话、晋语、客话，未引西南官话为例。

331. 溜（瞜）［liəu²⁴］

瞥视；迅速而短暂地看。例如桂林童谣《夹鼠歌》：“黑鼠郎，黄鼠郎，溜出溜进走得忙，只溜下，不溜上，石板一压爆脑浆。拿回家，去肚肠，烘在炕上喷喷香。猫仔闻倒眯眯笑，四脚一跳把它扛。”

“溜”指瞥视、迅速而短暂地看，见于宋以降。宋·吕渭老《千秋岁》词：“洞房晚，千金未直横波溜。”《红楼梦》第九十一回：“〈宝蟾〉说着，却把眼睛溜着金桂一笑。”第二十六回：“那贾芸一面走，一面拿眼把小红一溜；那小红只装着和坠儿说话，也把眼去一溜贾芸；四目恰好相对。”此义亦以“瞘”为之，《宣和遗事》前集：“徽宗一见之后，瞬星眸为两瞘。”

《现方》834 页“溜”指“看”义标注“〈方〉”。《汉方》6693 页，“溜”指“瞥视”义，引东北官话、北京官话为例，未收西南官话例。

332. 矇［mən^{21}］

模糊、不清楚。例如桂林童谣《晴雨》：“欲雨看山矇，欲晴看山青。蚂蚁出窝太阳晒，鸭虫出洞大水推。”或见“214. 啄”中的童谣用例。

“矇”古就有“不明、不清楚”义。《说文·目部》：“矇，不明也。”段注：“此泛言。”《广韵》平声东韵莫红切：“矇，矇瞽。”《淮南子·修务训》：“明镜之始下型，矇然未见形容。”《文选·曹植〈王仲宣诔〉》：“会遭阳九，炎光中矇。”李善注引《说文》：“矇，不明也。”三国魏曹植《王仲宣诔》：“会遭阳九，炎光中矇。”此义或作“朦”，《素问·气交变大论》：“大雨至，埃雾朦郁，上应镇星。”唐·李白《大鹏赋》：“烟朦沙昏，五岳为之震荡。”元·王实甫《西厢记》第二本第二折：“觑他云鬟低坠，星眼微朦。”

《汉方》第 6432 页此义收在“蒙（濛、矇、懞）”，引西南官话、湘语、赣语、客话、粤语、闽语为例。

333. 㒙［miɛ^{21}］

低，差，如“这个称好㒙”；也可以作语素，构成“矮㒙㒙”。例如桂林谜语童谣：“一个奶仔矮㒙㒙，头上插根绣花针，死了死了喊一声。［谜底：炮仗（鞭炮）］”

《集韵》平声仙韵弥延切：“㒙，㒙㒙，低貌。”

《汉方》和《现方》均未收该词。

334. 句［kəu³³］

① 弯曲。②（动词）弯，如桂林方言说“弯腰”为“句腰”。例如桂林童谣《月亮句句》：“月亮句句，月亮句句，照九州，人从桥上过，水往桥底流。种田吃白米，种地吃芋头。一口一个吃得香，叫你口水流。”此童谣中的“月亮句句”即为“月亮弯弯”义。

“句”古就指弯曲义。《说文·句部》：“句，曲也。从口，丩声。凡句之属皆从句。”段注：“凡曲折之物，侈为倨，敛为句。考工记多言倨句。”《玉篇·句部》：“句，古侯切。曲也，不直也。”《诗·秦风·小戎》传：“梁辀，辀上句衡也。”音义：“句衡，古侯反。”《周礼·考工记·冶氏》：“戈广二寸，内倍之，胡三之，援四之。已倨则不入，已句则不决。”郑玄注：“戈，句兵也……已句谓胡曲多也。以啄人则创不决。”《史记·天官书》：“后句四星，末大星正妃，余三星后宫之属也。”司马贞索隐：“句，音钩。句，曲也。”晋·傅玄《鹰赋》：“句爪县芒，足如枯荆。”清·姚鼐《答翁学士书》：“〈善射者〉腰以上直，腰以下反句磬折。”《广韵》平声侯韵古侯切，群母。桂林方言音义俱合。

《汉方》第1338页“句”未收此义，此义项收录在第2747页“佝”中，引浙江苍南吴语、云南蒙自西南官话、东北官话为例，但语用范围仅指“脊背、腰”弯曲。

查“佝”，《说文·人部》：“佝，务也。”段注：“谓愚蒙也。”《集韵·去遇》：“痀，病偻。或从人。”《广韵·候韵》：“佝，偻佝。”《集韵·遇韵》：“佝，病偻。”也未见古书中“佝”表“弯曲”义。再看其本字“痀”，《说文·疒部》：“痀，曲脊也。”《集韵》：“痀，痀偻，身曲病。”但古书中表“曲脊”义时，一般不单说，多用词组“痀偻”，如《庄子·达生》：“仲尼适楚，出于林中，见痀偻者承蜩，犹掇之也。”古籍文献中“钩”亦见“弯曲”义，但主要是指铁等金属物体弯曲，《说文·句部》：“钩，曲也。”段玉裁依《韵会》在“曲”下补“钩”字，注：“钩镶、吴钩、钓钩，皆金为之，故从金。按：句之属三字皆会意兼形声。”《玉篇·金部》：“钩，古侯切，铁曲也。”桂林方言中，“［$kəu^{33}$］”不仅指弯腰，也指其他物体等弯曲状。所以我们认为本字当为“句”。

335. 窝［o^{33}］

凹，凹陷。例如桂林童谣《茶杯窝窝》：“茶杯窝窝，子孙多多，一年一个，撇撇脱脱。”

“窝”属后起字，古就有“凹陷、洞坑”义。《字汇·穴部》：“窝，窟也。”《正字通·土部》：“堝，俗窝字，本作窠。旧注音窝。”宋·侯置《阮郎归·为邢鲁仲小鬟赋》：“拼恼乱，尽妖娆。微窝生脸潮。”宋·杜绾《云林石谱·平江府太湖石》：“遍多坳坎，盖因风浪冲激而成，谓之弹子窝。”元·王恽《大雹行》：“整冠变色立前庑，但见土窝万杵一一皆深圆。”《三刻拍案惊奇》卷十八：“军士一齐把篙子去推，果然两个水窝儿又下去了。”

今现代汉语“窝”承袭“凹陷”义，但只用于特定的几个词语中，如“酒窝”“胳肢窝”“眼窝”，在其他情况下表此义一般用“凹”。桂林方言只要是表“凹陷”义，都用“窝”。

336. 撇脱［$p^{h}iɛ^{53}t^{h}o^{21}$］

简便，随意、干脆。桂林童谣用例见“335. 窝”中的用例。

此词见于宋代。《朱子语类》卷九十四：“要之，持敬颇似费力，不如无欲撇脱。”《二刻拍案惊奇》第九卷：“素梅也低低道：‘撇脱些，我要回去，这事做得不好了，怎么处？’”曹廷玉在《赣方言特征词研究》中将“撇脱”一词列为赣方言一级特征词，而桂林方言中也有，应该是历史上江西移民所带来的影响。

“撇脱”指“简便，随意”，还见于江淮官话、赣语、湘语。

337. 廫（寥）[lau³³]

作语素，构成词组“空廫廫”“松廫廫”等，前形容形容空落落或空荡荡的样子，后指很宽松的样子。例如桂林童谣《留着明天吃》：“虫崽钻土地，鸡公捡虫吃，钻得廫廫松，捡根大的吃，捡坨泥巴吃，今日吃不完，象你屋外公，留着明日吃。”

“廫”指“空虚”义。《说文·广部》：“廫，空虚也。”《玉篇·广部》：“廫，力幺切。空虚也。”《篇海类编·宫室类·广部》：“廫，廓也。”《集韵》平声萧韵怜萧切，义引《说文》。《巴县志》卷五《礼俗·方言》：“蜀语状空廓曰空廫廫。”字亦作“寥”，段玉裁《说文解字注》：“廫，此今之寥字。”《集韵·萧韵》：“廫，或作寥。”《老子》第二十五章：“寂兮寥兮，独立而不改。”河上公注：“寥者，空无形。”《庄子·知北游》：“寥已吾志，无往焉而不知其所至。”郭象注：“寥然空虚。”也指深远、广阔。《玉篇》：“寥，空也，廓也。”《广雅·释诂三》：“寥，深也。”《云笈七签》卷四十二：“白帝皓灵，金霞回日。重冥幽寥，藏神化密。”元·耶律楚材《过阴山和人韵》：“羸马隐山道，悠然远思寥。”

《汉方》6955页收“寥”，指“空”义，引吴语为例；第3697页收“空老老”指“很空”，引西南官话为例；第3698页收“空牢牢”指“房屋里没有东西”，引吴语为例，又收“空捞捞”指“空荡荡”，引中原官话、西南官话、吴语为例。以上“老”“牢”“捞”本字均当作“廫（寥）”。

338. 襛 [noŋ²¹]

肥貌，作语素，构成“肥襛襛”，形容肉很肥；很胖。例如桂林童谣《分人没分众》：“大虫吃小虫，吃了肥襛襛，分人没分众，吃了肚拐痛。”

《说文·衣部》：“襛，衣厚皃。”段注：“凡农声之字皆训厚。引申为凡多厚之称。”《广韵》平声钟韵女容切：“襛，衣厚貌”。引申出肥、胖之义。

《文选·宋玉〈神女赋〉》：“振绣衣，被袿裳，襛不短，纤不长。”李善注引《说文》：“襛，衣厚貌，如恭切。”一曰肥貌，见吕向注。字或作“秾”。三国魏·曹植《洛神赋》：“秾纤得中，修短合度。”李周翰注：“秾，肥。”南朝梁·何逊《七召·声色》：“燕姝绝世，如短如长，不秾不细。”宋·岳珂《桯史》卷五：“笔势秾纤无少异，同列不之觉。”“襛”和“秾”为同源词[①]。

今柳州也有此词。（据《现方》2314页）

339. 肭［na21］

肥胖，肥软貌，作语素，构成“肥肭肭”，形容很胖。例如桂林童谣《星期天的早上》：“星期天的早上白茫茫，肥肭肭的大雁排成行，风一吹，短打飞，大雁跟在后面追。”

《玉篇·肉部》：“肭，奴骨切，腽肭。”《广韵》入声黠韵女滑切：“肭，腽肭，肥貌。”《集韵》入声没韵奴骨切：“肭，腽肭，肥也。”唐·皮日休《二游诗·任诗》：“猿眠但腽肭，凫食时啑唼。”

粤语、闽语用法同桂林方言。（据《汉方》3511页）

340. 樛（kiu）［tɕiəu33］

树木或物体弯曲。例如桂林童谣《麻子麻》：“麻子麻，上树摘枇杷；枇杷树樛樛，牵起麻子过道州。道州一通锣，牵到黄沙河；黄沙河一阵鼓，牵到永州府，永州府一声号，拿起麻子告炮。”

《说文·木部》：“樛，下句曰樛。”《集韵》平声尤韵居尤切：“樛，曲木。”《广韵》平声幽韵居虬切。《诗·周南·樛木》：“南有樛木，葛藟累之。”《毛传》：“木下曲曰樛。”《汉书·叙传上》：“葛绵绵于樛木兮，咏《南风》以为绥。”颜师古注：“樛木，下垂之木也。”南朝·齐谢朓《敬亭

① 殷寄明. 汉语同源词大典（中）［M］. 上海：复旦大学出版社，2018：1599-1560.

山》："交藤荒且蔓，樛枝耸复低。"唐·黄滔《送君南浦赋》："林骈樛木，摧诚而敢望合欢。"宋·王安石《示安大师》："踞堂俯视何所有，窈窕樛木垂榠楂。"字或作"朻"。《尔雅·释木》："下句曰朻，上句曰乔。"《玉篇·木部》："朻"，同"樛"。《集韵·尤韵》："朻，曲木。或作樛。"《说文通训定声》："樛，从木，翏声。按：即朻之或体。"《诗·周南·木》"南有樛木"唐陆德明释文："木下句曰樛。马融、《韩诗》本并作朻，音同。"战国·楚宋玉《高唐赋》："双椅垂房，朻枝还会。"

《汉方》第6990页"樛"指"物体弯曲"，见于闽语福建，未引西南官话例。

341. 绯［fɛi³³］

红色，作语素，构成"绯红""红绯绯"，形容很红。例如桂林谜语童谣："一子尖尖，二子团圆，三子打伞，四子猜拳，五子红绯绯，六子绯绯红，七子摇铃铛，八子双对双，九子一身毛，十子一身疮。（谜底：笋子，柚子，芋苗叶，手圈，柿子，毛秀才，海椒，豆角，冬瓜，苦瓜）"

"绯"古指"红色"。《说文新附·糸部》："绯，帛赤色也。"《玉篇·线部》："绯，绛练也。"《广韵》平声微韵甫微切："绯，绛色。"《集韵》平声微韵匪微切："绯，绛色，一曰赤练。"唐·段成式《酉阳杂俎·广动植之一》："狒狒……雪可染绯。"韩愈《送区弘南归》："腾蹋众骏事鞍鞿，佩服上色紫与绯。"唐制：文武官员三品以上服紫，金玉带；四品服深绯；五品服浅绯，并金带。宋·李彭老《探芳讯·湖上春游·继草窗韵》："正绯桃如火，相看自依旧。"

今吴语"绯"也用作语素，指鲜红。（见《汉方》5861页"绯呱之红"）

342. 连［liɛ⁵³］

作语素，构成"苦连连"，形容生活、处境非常艰苦。《苦连连》："苦连连，苦连连，清早起来开大门，开开大门是哪个？开开大门是大哥，左手接过哥哥伞，右手接过哥哥鞋，哥哥请坐我滗茶，哥哥吃茶我请烟，哥哥吃烟我煮饭，哥哥煮饭我换衣，走到堂屋问丈夫，丈夫答应去三天。走到火炉问婆婆，婆婆答应寅时去卯时回。”

《集韵》上声狝韵力展切：“连，难也。”《易·蹇》：“往蹇来连。”王弼注：“往则无应，来则乘刚，往来皆难，故曰：往蹇来连。”孔颖达疏引马融云：“连，亦难也。”《汉书·扬雄传下》：“孟轲虽连蹇，犹为万乘师。”颜师古注引张晏曰：“连蹇，难也。言值世之屯难也。”唐·柳宗元《植云寿木》：“蹇连易衰朽，方刚谢经营。”

《汉方》第2598页、《现方》第3113—3115页“连”未收该义。

343. 婆娑［$p^ho^{21}so^{33}$］

① 蓬松，散乱。② 眼泪下滴的样子。例如桂林童谣《鸡公仔》：“鸡公仔，尾婆娑，三岁娃仔会唱歌，不是爹娘教会我，肚里聪明无奈何。”此童谣中的“婆娑”指盘旋舞动或蓬松。《大姐嫁》：“大姐嫁，二姐忧，屋头碗筷没人收，讲好喂猪饭没煮，眼水婆娑跌灶头。”此童谣中的“婆娑”为眼泪下滴貌。

“婆娑”本指舞动。《尔雅·释训第三》：“婆娑，舞也。”引申为蓬松，散乱。《敦煌曲子词·凤归云》：“朱含碎玉，云髻婆娑。”元·无名氏《赚蒯通》第三折：“我为甚的呆邓邓把衣裳袒裸，乱蓬蓬把鬓发婆娑。”清·蒲松龄《聊斋志异·连城》：“生献诗云：‘慵鬟高髻绿婆娑，早向兰窗绣碧荷。’”也指眼泪下滴的样子。《儿女英雄传》第二十七回：“他老人家这话说了可不是一遭儿了，提起来就急得眼泪婆娑的。”

《现汉》1012页，“婆娑”指“盘旋舞动的样子；眼泪下滴的样子”标注为“〈书〉”。

《汉方》未收此词。

344. 细［$ɕɿ^{24}$］

① 小，和“大”相对。桂林童谣用例见“185. 出门”一词。② 年幼的。例如桂林童谣《聪明妹》：“田坝塘里鲤鱼多，细细妹妹会唱歌。不要爹娘告诉我，自己聪明捡到歌。”此童谣中的“细”指年幼的。

“细”本义指微小的丝。《说文·糸部》：“细，微也。”朱骏声《通训定声》：“细者，丝之微也。”后泛指事物的细微，与“大”相对。《广雅·释诂三》：“细，小也。”《左传·襄公四年》：“吾子舍其大而重拜其细，敢问何礼也?”《汉书·匈奴传》“薄物细故”颜师古注：“细故，小事也。”《淮南子·坠形》：“垆土人大，沙土人细。”高诱注：“细，小。”南朝梁·丘迟《侍宴乐游苑送徐州应诏诗》：“轻荑承玉辇，细草藉龙骑。”“细草”即小草。唐·张祜《塞上曲》：“莫道功勋细，将军昔戍师。”“细”指年幼古代亦见，《急就篇》卷一“田细儿”颜师古注：“细儿，言小儿也。”南朝梁·萧子显《南齐书·东昏侯纪》：“晨斥氓庶，巷无居人，老细奔遑，置身无所。”宋·曾巩《上欧阳舍人书》：“然亲在忧患中，祖母日愈老，细弟妹多，无以资衣食。”

桂林方言“细”与“大”相对，保留了古代面貌。“年幼”意义普通话用“小”来表示，用“细”表示则为方言词。（据《现汉》1408 页）

《汉方》第 3778 页“细”表示“小（与‘大’相对）”见于江淮官话、西南官话、徽语、湘语、赣语、浙江黄岩吴语、客家话、粤语、闽语和湖南临武土话；表示“年少”见于浙江象山吴语、湘语和厦门、莆田等闽语。

345. 泡［p^hau^{33}］

虚而松软。例如桂林童谣《亏了歌》：“麻雀鸟，你也好，你有毛，亏难鲤鱼颈泡泡。鲤鱼鲤鱼你也好，你有鳞，亏难泥鳅一个人，泥鳅泥鳅你也好，你有眼，亏难螃蟹嘴扁扁，螃蟹螃蟹你也好，你有夹，亏难螺蛳夜夜爬。螺蛳螺蛳你也好，你有壳，亏难蚂蚜打赤膊。蚂蚜蚂蚜你也好，你有皮，亏难雄鸡夜夜啼。雄鸡雄鸡你也好，你有冠，亏难跳蚤满身钻。跳蚤跳蚤你也好，你有脚，亏难和尚无老婆。他想拿泥做一个，又怕大风吹下河。”

“泡”指“虚而松软”义，见于明代。《西游记》第八十九回：“糟鼻子，猱来口，獠牙尖利；查耳朵，砍额头，青脸泡浮。”此谓脸色青而虚浮。清·梁同书《直语补证·泡》：“凡物虚大谓之泡。”清·杨宾《柳边纪略》卷三：“关东人呼参曰货，又曰根子，肉红而大者曰红根，半皮半肉者曰糙重，空皮曰泡。”桂林人形容东西中虚不实、松软，叫“泡”，这类东西往往都有一个表皮在，内部虚而松软。

“泡”指物中虚，松软貌，还见于中原官话、北京官话、兰银官话、江淮官话、吴语、湘语、粤语。（据《汉方》3651页）

《现汉》1025页“泡”为平声，有“虚而松软，不坚硬”之义，标为“〈方〉”。

346. 开坼［k^{h}æ^{33}ts^{h}ə］

开裂。例如桂林童谣《十姐妹》：“大姐脸白白，二姐脸开坼，三姐三美半，四姐有人看，五姐无马单，六姐六灵灵，七姐上桂林，八姐豪趄趄，九姐瘦磷磷，十姐唱歌音。”

唐玄奘《大唐西域记》卷六《室罗伐悉底国》：“是时也，地自开坼，全身坠陷入无间狱，具受其殃。”道宣《法苑珠林》卷二：“又其土人大小便时地为开坼，便利讫已，地还自合。”唐·韩愈、孟郊《城南联句》：“脱实自开坼，牵柔谁绕萦。”清·陈维崧《惜黄花慢·晴郊访菊》：“离披开坼铺如锦，纵藻曜偏觉萧森。”《敦煌变文集补编·十吉祥》：“应是下地上古珍珠，知道降生，自然开坼。”

“开坼”指“开裂”义，见于西南官话、吴语、湘语、赣语。（据《汉方》526页）

347. 弓$_{1}$［koŋ^{33}］

弯曲；使弯曲。如：“弓腰”即弯腰。例如桂林童谣《困难歌》：“一把甘蔗两米高，连蔸带尾往屋挑。堆积如山街上卖，整日累成弓背腰。”

“弓”本指射箭或打弹的兵器。《说文·弓部》：“弓，以近穷远。象形。”段注：“弓，以近穷远者。象形。古者挥作弓。”《广韵》平声东韵居戎切。弓的形状是弯曲的，故引申出“弯曲，使弯曲”义。《释名·释兵》：“弓，穹也。张之穹隆然也。”唐·段成式《酉阳杂俎·诺皋记上》：“歌者笑曰：‘汝不见我作弓腰乎？乃反首，髻及地，腰势如规焉。’”清·恽敬《碧玉说》：“唐笏直，宋始弓之。”

“弓”指“弯曲”，见于西南官话和吴语。（见《汉方》408 页“弓腰”一词）

二十二、代词

348. 几多［$\mathbf{ki^{53}to^{33}}$］

多少；询问数量。例如桂林童谣《新打镰刀》：“新打镰刀娥眉月，没会割草割出血，阿妈教你几多次，如同水过芋苗叶。”

此词唐代已见。张九龄《答陆澧》：“松叶堪为酒，春来酿几多。”李白《上云乐》：“别来几多时，枝叶万里长。”白居易《感芍药花，寄正一上人》：“空门此去几多地，欲把残花问上人。”李商隐《代赠》诗之二：“总把春山扫眉黛，不知供得几多愁！”皆为此例。

粤语、闽语、赣语和南宁平话亦见该词。（据《现方》4654 页、4655 页）《现汉》第 612 页此词标注了“〈方〉”。

349. 恁［$\mathbf{nən^{24}}$］

①〈代〉这么；如此。②〈代〉那么；那样。童谣用例见“147. 波罗盖”一词。③〈代〉怎样，怎么。例如桂林童谣《冷希希》：“冷希希，家中无被盖蓑衣。问你蓑衣恁子盖，一块高来一块低。”在桂林方言中“恁”有两读，当表第①②义时，读去声［$nən^{24}$］，当表第③义时，读上声［$nən^{53}$］。

“恁”本义是“思念”。《说文·心部》：“恁，下赍也。”《广雅·释诂二》：“恁，思也。”《广韵》上声寝韵如什切：“恁，念也。”后发展为指示代词用法。六朝时期就已出现“恁”作指示代词，如《昭明文选》：“永平中，骠骑将军东平宪王苍辟恁署祭酒，敬礼焉。”但用例甚少。从唐代开始，“恁”作指示代词的应用开始逐渐广泛，但使用频率依然较低，其意相当于“这（么样）”“那（么、样）”，而到了宋代，“恁”作指示代词已经十分常见，具体分析如下：

① 代词。这（么）；此。《正字通·心部》：“恁，俗言如此也。”清·刘淇《助字辨略》卷三：“恁，方言，此也。”唐·冯延巳《忆江南》：“东风次第有花开，恁时须约却重来。”唐·欧阳炯《贺明朝》：“终是为伊，只恁偷瘦。”宋·欧阳修《玉楼春》：“已去少年无计奈，且愿芳心长恁在。”宋·辛弃疾《沁园春·和吴尉子似》：“君非我，任功名意气，莫恁徘徊。”《水浒传》第四回：“这个人不似出家的模样，一双眼却恁凶险。”清·李渔《巧团圆·梦讯》：“谁家庭院恁萧疏，决不是空中楼阁全无主。”

② 代词。那么；那样。《张协状元》第十四出：“论娘行恁娇媚，何不嫁个良婿？”元·马致远《汉宫秋》第三折：“若是他不恋恁春风画堂，我便官封你一字王。”《歧路灯》第三回：“这个说不好，那个说不好，如何会有恁些人。”

③ 代词。怎么，怎。《坛经·机缘品》：“〈怀让禅师〉礼拜……师曰：‘什么物，恁么来？’”《京本通俗小说·碾玉观音》：“崔宁认得像是秀秀的声音，赶将来又不知恁地，心下好生疑惑。”明·刘兑《娇红记》：“羞答答的看他恁么。”明·康海《中山狼》第一折：“为恁的尘埃滚地，金鼓连天，敢是那里交兵厮战来。”《水浒全传》第三回：“你也须认的酒家，却恁地教甚么人在间壁吱吱的哭，搅俺弟兄们吃酒。”

据《汉方》4948 页，“恁”指“〈代〉那样，那么”，见于东北官话、中原官话、晋语、西南官话、官话、吴语。指“〈代〉这么，如此”，见于中原官话、西南官话、粤语。指“〈代〉怎么”，见于西南官话。

《现汉》第946页收“恁”指“指示代词。①那么；那样。②那。③这么；这样”，标注为“〈方〉”。

二十三、量词

350. 蔢［$p^{h}o^{33}$］

量词，草一丛。桂林方言一丛草说“一蔢草”。例如桂林童谣《萤火虫》：“萤火虫，夜夜光，借我钥匙开我窗，借我牛，犁大丘，借我马，下全州，全州路上一蔢花，摇摇摆摆到谢家，谢家姑娘会打茶。什么茶？黄豆茶。什么黄？鸡蛋黄。什么鸡？两脚鸡。什么两？斤两。什么斤？葫瓜筋。什么湖？洞庭湖。什么洞？桃园洞。什么仙？神仙。什么麻？葛麻。什么角？水牛角。什么水？长江水。”

《广韵》平声戈韵薄波切：“蔢，蔢蒘，草木盛貌。”并母。《集韵》戈韵：“蔢，蔢蒘，茂貌。”可见，“蔢”本指草木茂盛，桂林方言引申作量词用，表示“一丛（草）”。

351. 秭［tsi^{53}］

集合量词，用于以手抓物的细长物品，比一把的量小，相当于“束，把”。例如桂林童谣《青手巾》：“青手巾，我爷养女着操心，我爷上圩买把伞，我娘下圩买洋巾，我爷上圩买秭线，我娘下圩买口针，我爷上圩办嫁妆，我娘在屋裁箦箱。”

“秭”古就作量词、数词。《说文·禾部》：“秭，五稯为一秭。一曰数亿至万曰秭。”段玉裁注：“禾二百秉也。”《尔雅·释诂第一》：“秭，数也。”郭璞注：“今以十亿为秭。”《玉篇·禾部》：“秭，数亿至万曰秭也。”《广韵》上声旨韵将几切：“秭，千亿也。”《集韵》上声荠韵子礼切：“秭，禾五稯。”又上声旨韵蒋兕切，引《说文》为例证。《诗·周颂·丰年》：“丰年多黍多稌，亦有高廪，万亿及秭。”《毛传》：“数万至万曰亿。数亿至亿曰秭。"《曶鼎》："昔馑岁，匡众氒（厥）廿夫，寇曶禾十秭。"又"赏（偿）曶禾十秭。"

《汉方》4202页收"秭"释为（量）束，把义，引广西藤县粤语为例。

352. 转$_2$［tsyε^{53}］

动量词，计量可以重复出现的动作，相当于普通话的"回、趟、次、圈、遍"。例如桂林童谣《穆桂英》："石榴开花叶又青，说些古人与你听，六郎大度把贤荐，桂英挂帅主三军。升帐点卯三转鼓，众将到齐缺先行。洋洋得意杨宗保，慢慢吞吞进帐门，英雄哪知桂英火，恩爱夫妻受棍刑，将军大摆天门阵，降木板斧破辽兵，桂英驰骋追穷寇，杨门众将威风凛，北辽枭雄肖天佑，翻身落马命归阴。神州巾帼点青史，谁人不夸穆桂英。"此童谣中的"转"为"次、遍"义。

"转"之此义当由表示动词"回"义的"转"虚化而来，古代"转"也有量词义，但指道家炼丹的次数，如晋·葛洪《抱朴子·内篇·金丹》："九转金丹。"表"回、趟、次、圈、遍"等义的"转"在明代习见，《警世通言》卷二十三："乐和到'团围头'寻了一转，不见顺娘，复身又寻转来。"《说唐》二十五回："少时换席，众人下阶散步，罗成在空地走了一转，回身入殿。"《金瓶梅》三十八回："怪小淫妇，怎的两三转请着你不去？"

《现汉》第1722页"转"量词义标注了"〈方〉"，"绕一圈儿叫绕一转"，音已变为去声，而桂林方言沿袭古音。

《汉方》第3305页"转"量词义"次；回；趟"，引兰银官话、西南官话为例。苏州话、客家话"转"也作量词用。（据《苏州方言词典》123页、温美姬《梅县方言古语词研究》272页）

353. 吊（弔）［tiau^{24}］

量词，货币单位，相当于人民币币值单位"元"。例如桂林童谣《圞圞转》："圞圞转，菊花园。阿妈叫我看龙船，我没看，看鸡仔。鸡仔大，捉蝎卖。卖得几多钱？卖得三百吊钱。”

“吊”是“弔”的俗字，《改并四声篇海·口部》引《俗字背篇》：“吊”，同“弔”。简化汉字后两字重归并为“吊”。“弔”指货币单位见于明代。明·何良俊《四友斋丛说》卷八：“是日十三位道长，每一个马上人要钱一弔。一弔者千钱也。”《红楼梦》第三十六回：“就是晴雯、麝月他们七个大丫头，每月人各月钱一弔，佳蕙他们八个小丫头们，每月人各月钱五百。”《金瓶梅词话》第三十二回：“薛内相心中大喜，唤左右拏两吊钱出来，赏赐乐工。”

今扬州、西安、南昌、福州“吊”也用作货币单位。（据《现方》1368—1369页）《汉方》1943页“吊”未收此义。

354. 紽［t^ho^{21}］

量词，主要用于计算丝线等数量，相当于“团”。例如桂林童谣《炒豆香》：“炒豆香，看新娘，看你新娘无花插，四个簀里没衣裳，四个簀角四紽线，四紽蓝线补衣裳。”

“紽”古就作量词。《玉篇·糸部》：“紽，大何切，丝数也。”《广雅·释诂四》：“紽，数也。”王念孙疏证：“五丝为紽……五紽二十五丝。”《广韵》平声歌韵徒河切：“紽，丝数。”《集韵·戈韵》：“紽，丝数也。通作它、他。”《诗·召南·羔羊》：“羔羊之皮，素丝五紽。”《毛传》：“紽，数也。”孔颖达疏：“素丝为英数，其紽数有五。”陆德明释文：“它本又作他，同。徒何反。它，数也。本或作紽。”姜亮夫《昭通方言疏证·释衣服》：“今昭人称物一团曰一紽，丝一团亦日一紽。”

西南官话、赣语、客话有该词。（据《汉方》3795页）

355. 弓$_2$［$ko\eta^{33}$］

量词，丈量地亩的计算单位，相当于“块”。例如桂林童谣《鸡公、蚂蚁和土地》：“一鸡公要捉蚂蚁吃，蚂蚁钻进土地里，土地要吃鸡公血，拿到公鸡喝红血。那年那月落场雪，落到今年五月节。接，接，接你老子卖茶叶。茶叶折了本，挑担海椒粉。海椒粉，弄了钱，买了三弓冬水田。”

《古今韵会举要·有韵》：“肘，四肘为一弓，三百弓为一里。”《仪礼·乡射礼》：“侯道五十弓。”贾公彦疏：“六尺为步，弓之下制六尺，与步相应，而云弓者，侯之所取数，宜于射器也。”唐·陆龟蒙《送小鸡山樵人序》：“自冢至麓，凡二百弓。”宋·杨万里《幼圃》：“寓舍中庭劣半弓，燕泥为圃石为墉。”《清史稿·食货志一》：“凡丈蒙地，五尺为弓，二百四十弓为亩，百亩为顷，顷编为号。”

《汉方》第 407 页“弓”指量词“串”见于闽语，未收丈量地亩的计算单位义，此义项收录在第 194 页“工”字下，以云南西南官话为例证。

356. 回回［xuɛi²¹xuɛi²¹］

每次，经常。例如桂林童谣《米粉歌》：“桂林米粉细又长，白白嫩嫩实心肠，一头搭在猫儿岭，一头抻进桃花江。白天打浆手推磨，三更榨粉把杆扛。衣裳湿透三五件，好比下河去洗凉，我回回谋生榨粉卖，西门街上美名扬。牛排熬汤开胃口，马肉配料满街香。”

“回回”指每次义，见于唐代。唐·王建《相和歌辞·乌夜啼》：“一飞直欲飞上天，回回不离旧栖处。”《红楼梦》第三十二回：“有老爷和他坐着就罢了，回回定要见我。”

此词还见于中原官话、兰银官话、吴语。(据《汉方》1970 页)

二十四、拟声词

357. 哑［ŋa³³］

拟声词，指笑声、哭声、叫声等，如说“笑哈哈”为“笑哑哑”，“叫哇哇”称“叫哑哑”，嘶声裂肺地哭为“哭哑哑”。例如桂林童谣《清明打粑粑》：“谷底谷答答，清明打粑粑。大姐挑回去，老弟老妹哭哑哑。”桂林童谣《又哭又笑》:“又哭又笑，黄狗撒尿，撒到老爷庙，捡个烂草帽，回来哑哑笑。”

“哑”本指笑声、鸟声等。《说文·口部》:“哑，笑也。从口亚声。《易》曰:‘笑言哑哑’。”《玉篇·口部》:“哑，乌格切，笑声。”《广韵》入声陌韵乌格切:“哑，笑声。”又去声祃韵衣嫁切:“哑，哑哑，鸟声。”又指小儿学说话咿咿呀呀声。《集韵》平声麻韵于加切:“哑，哑呕小儿学言。”《类篇·口部》:“哑，于加切。哑呕，小儿学言。”

《现方》3183页收录“哭哑哑”指“哇哇地哭”，见于柳州。《汉方》4090页收“哑哑”，指叫喊得声嘶力竭，见于闽语福建厦门，似桂林方言“叫哑哑”义。

358. 吙［øəu^{53}］

狗叫的声音。例如桂林童谣《水牛下水》:“水牛下水，水花飞过水牛背；喔吆，山狗上山，山石磓着山狗脚，吙吙。”

“吙”古指“狗叫声”。《玉篇·口部》:“吙，胡求切。犬吠也。”《五音集韻》:“吙，羽求切，犬吠。”

359. 汃［p^{h}a^{33}］

水撞击的声音。例如桂林童谣《落雨汃汃》:“落雨汃汃，请妹进屋吃杯茶，茶叶还在广东树，槟榔还在树开花。”

“汃”本指古水名，《说文·水部》:“汃，西极之水也。”《玉篇·水部》:“汃，彼银切。西方极远之国名。《尔雅》云：西至于汃国。”后指水波相击声。《集韵》入声黠韵普八切:“汃，水貌。”《篇海类编·地理类·水部》:“汃，波相激声。”《文选·张衡〈南都赋〉》:“流湍投濈，砏汃輣轧。”李善注:“砏汃輣轧，波相激之声也。《埤苍》曰:‘砏〔汃〕，大声也。’”唐·韩愈等《征蜀联句》:“獠江息澎汃，成寒绝朝乘。”王伯大音释:“（澎汃）湍声。”

《汉方》《现方》未收“汃”。

二十五、副词、介词、助词等（含词缀）

360. 胮（胖、膖）［$p^haŋ^{33}$］

副词，表示程度很深，相当于“很”“大”，如说“很臭”为“胮臭”。例如桂林童谣《打开尿盆臭胮胮》：“新人新衣进洞房，打开箦，香喷喷，打开箱，新衣裳，打开蚊帐新姑娘，打开尿盆臭胮胮。”

“胮”本义指“肿胀”。《广雅·释诂二》：“胮肛，肿也。”《玉篇·肉部》：“胮，薄江切，胮肛，胀大貌。”字或作“胖”，《玉篇·肉部》：“胖，普江、普降二切。胖，胀也。”亦或作“膖”，《集韵》平声江韵披江亲切：“胖，胮肛，肿也。或作膖。”《字汇·肉部》：“膖，胀也。”引申指“物很臭”，作程度副词。黄侃《蕲春语》：“今四川语状物之臭曰胖臭底。”《蜀语》：“物臭曰膖丑〇膖音滂；丑，抽去声，在纣字韵。”

据《现方》3318页“胮”指“很、大”，见于武汉、柳州、长沙。又据《汉方》4994页收“胮臭”指“很臭”义，见于西南官话桂林、湘语长沙。

361. 共［$koŋ^{24}$］

副词，表示程度很深，相当于“极”“甚”，如说颜色很黄为“共黄”，很花说“花共共”。例如桂林童谣《打编编》：“打编编，打编编，打个鱼来煎。煎得黄共共，打杯酒来送。哥吃头，我吃尾，留个鱼身给妹妹。”

“共”指程度副词“很、深”，见于南北朝时期。南朝齐·谢朓《和伏武昌登孙权故城》：“文物共葳蕤，声明且葱蒨。”唐·刘长卿《夏中海红摇落一花独开》：“共怜芳意晚，秋露未须团。”张相汇释：“共怜，犹云深怜也。”唐·白居易《浔阳秋怀赠许明府》诗：“共思除醉外，无计奈愁何。”

湘语湖南衡阳、西南官话柳州用法同桂林方言。（据《汉方》第1637页“共黄”，《现方》第3606页“黄共共”）

362. 焦［$tɕiau^{33}$］

副词，表示程度很深，相当于“很”“极”“甚”，如说颜色黄中带黑为“焦黄”，“很干”说“焦干”。例如桂林童谣《九屋摇篮歌》：“摇啊摇，摇到外婆桥，摇大妹仔好割茅，一天割十担，十天割满窑。割来外婆煮饭烧，外婆煮得黄焦焦，外公打着外婆腰。杀个老鐝鸡，外公吃了头，外婆吃了椎，留个檽腿给妹韶。妹不韶，拽到那边河，隔壁奶奶两条狗，白狗黄狗到处找。”

“焦”本义指“烧伤，物体经火烧后变黄”。《说文·火部》：“焦，火所伤也。”《玉篇·火部》：“焦，火烧黑也。”《广韵》平声宵韵即消切。引申为副词“很”。汉·焦赣《意林·泰之困》：“振急绝理，常阳不雨。物病焦干，华实无有。”唐·唐临《冥报记》：“视其足，半胫以上，血肉焦干，膝以下，红烂如炙。”金·佚名《刘知远诸宫调》第十一则：“听得蛇皮鼓不琅琅，寻村转疃，捻得声焦响。”此谓蛇皮鼓敲得很响。《醒世姻缘传》第八回：“郎中站了，扯出青梅的手来痧了脉，又见那青梅虽是焦黄的脸，倒不曾瘦的像鬼一般。”

“焦”指“很，极”义，见于北京官话、冀鲁官话、晋语、西南官话、中原官话、湘语、赣语。（据《汉方》6207 页）

363. 莫［mo^{21}］

副词，表示“不，没，别”。例如桂林童谣《迎客歌》：“萤火虫，落窗中，客人到来我不懂，拿什么待客算礼重？猲杀鸡？鸡说莫杀我，留我早早叫人猲做工。去杀鸭？鸭说莫杀我，留我下田吃禾虫。猲杀狗？狗说莫杀我，留我守夜防蛮子。猲杀牛？牛说莫杀我，留我耕田把粮种。猲杀马？马说莫杀我，留我拉车又栽种。拿什么来待客？打锅油茶笑融融。”

《国语·鲁语下》：“女知莫若妇，男知莫若夫。”韦昭注：“言处女之智不如妇，童男之智不如丈夫也。”《史记·商君列传》：“秦惠王车裂商君以徇，曰：‘莫如商鞅反者！’”《敦煌变文集·佛说阿弥陀经讲经文》：“此日既能抛火宅，暂时莫闹听经文。”《敦煌歌辞总编》卷六《十二时》：“劝莫忙，教且待，方便意图为窒碍。”元·杨景贤《西游记》第十五出：“且莫要左右打睃，则这一个手帕儿是何人的？”《西游记》第二十一回：“莫弄虚头，走上来，我与你见见手段。”

今中原官话、兰银官话、西南官话、粤语称“不，没”为“莫”。（据《汉方》4621页）

《现汉》第922页“莫”释为“不”，标注了“〈书〉”。

364. 丁［tin^33］

副词，表示程度很深，相当于“很”“甚”，如说“味道很苦”为“苦丁丁”“丁苦”。例如桂林童谣《苦马菜》：“苦马菜，苦丁丁，外婆夹一筷，舅娘鼓眼睛。”

“丁”本指“强壮”义。《说文·丁部》：“丁，夏时万物皆丁实。”《玉篇·丁部》：“丁，强也，壮也。”《史记·律书》：“丁者，言万物之丁壮也，故曰丁。”《广韵》平声青韵当经切。桂林方言引申为程度副词“很”。

西南官话柳州、贵州，吴语浙江金华用法同桂林方言。（据《现方》第2099页、《汉方》第3144页）

365. 希（稀）［xi^33］

副词，表示程度很深，相当于“极”“很”。如说很冷为“希冷”，很差说“希烂”。例如桂林谜语童谣：“哥哥送我到大溪，大溪日夜冷希希，白日无人送茶饭，夜晚无人送灯油。（谜底：稻草人）”

“希”作为程度副词，表“极、很”义见于元代。元·石君宝《曲江池》第三折：“这叫化头身子腤希臭的，你还想和他作伴。”《儿女英雄传》第二十六回：“就在那希脏坌臭的和尚屋子里，桌子上搁了盏灯。”字或作“稀”。明·兰陵笑笑生《金瓶梅词话》第二十五回：“昨日不知那里吃的稀醉了，在前边大吆小喝。”《儒林外史》第十一回：“才开了门，只见一个稀醉的醉汉闯将进来。”《红楼梦》第五十四回：“已预备下稀嫩的野鸡。”

此用法还见于东北官话、冀鲁官话、中原官话、晋语、江淮官话、吴语。（据《汉方》6173 页）

366. 后背［$xəu^{24}pəi^{24}$］

（介）表示后面。例如桂林童谣《羊咩咩》：“羊咩咩，三只脚，后背有个鬼来捉。捉你趨平乐。平乐有个鬼，拿你来砍櫺腿。”

《水浒传》第八十八回：“两路先截住后背压阵军兵，八路军马更不打话，呐喊摇旗，撞入混天阵去。”《说唐》第四十回：“叔宝左手执枪，右手举锏，见殷岳一棒打来，叔宝把枪折在后背一架，扭回身来，耍的一锏，把殷岳打下马来。”

《汉方》2086 页“后背”未收此义。

367. 阴［$in^{33}tau^{53}$］

暗暗地；偷偷地。如说“悄悄地做”为“阴倒做”。桂林童谣用例见“297. �”一词中的用例。

“阴”本义指“幽暗、阴暗”义。《说文・阜部》：“阴，暗也。”段注：“暗者，闭门也。闭门则为幽暗。”引申为暗暗地，偷偷地。《史记・白起王翦列传》：“至九月，赵卒不得食四十六日，皆内阴相杀食。”宋・陈亮《廷对》：“若使以皇极为名，而取其偷惰者而用之，以阴消天下之贤者，则风俗日以偷。”清・蒲松龄《聊斋志异・尸变》：“客惧甚，不敢作声，阴以足踏诸客。”

《汉方》第 2295 页“阴”释为“暗暗地、悄悄地”，见于西南官话、湘语。

368. 紧［kin^{53}］

老是，总是，一直，表示做事持续的时间长、次数多。例如桂林童谣

《𤄷腿》：“鸡𤄷腿，鸭𤄷腿，你一腿，我一腿，吃得仔仔紧咂嘴。”

“紧”指老是、总是，见于宋元时期：梅尧臣《依韵和达观师山中见寄》：“铜丝紧转辘轳响，络纬秋老号西风。”元·无名氏《神奴儿》第三折：“（正末唱）孩儿也，向那梦儿里依本画葫芦，他为甚的便荒笃速，一句句紧支吾。你正是贼儿胆底虚。”

据《汉方》第4776页，该词还见于湘语、赣语、客话。

369. 等［$tən^{53}$］

（介）让。例如桂林童谣《扛七郎》：“月亮光光，照四方，人来等，桥来扛，七郎儿多岁？算来才五岁，扛竭哪？落船舱，姐姐来送别，两眼泪汪汪，阿婆来陪，阿公来望。”

“等”表示介词“让”义元明以降见用例，《窦娥冤》第三折：“我不要半星热血红尘洒，都只在八尺旗枪素练悬，等他四下里皆瞧见。”此“等”犹言让。《长生殿·窥浴》：“两位姐姐，看得高兴啊，也等我每看看。”此“等”亦言让。《金瓶梅词话》五十八回：“伯爵道：‘我便看你每都不去，等我去罢。’于是就往后走。”“等我去”即言让我去。《西游记》第二十八回：“塔下必有寺院，院内必有僧家，且等我走走。”“等我走走”意为让我走走。桂林方言承古词。

该词亦见于吴语、湘语、赣语、粤语和客话。（据《汉方》6168页）

370. 把［pa^{53}］

（介）从，用在处所前，表经过。例如桂林童谣《七姑娘奶奶》：“七姑娘奶奶，你把哪里来？我走茅厕背底点灯来。点得灯来十五了，风吹茅叶又转来。一匹马，两匹马，七姑娘奶奶来上马。一匹快，两匹快，七姑娘奶奶来得快。墙上一蔸草，七姑娘奶奶来得早。园里一蔸菜，七姑娘奶奶来得快。上马上得快，踩坏罗裙带。下马下得快，踩坏绣花鞋。左边梳起盘头龙，右边梳个凤凰头，你讲能干不能干，大家快来看。”

“从”作为介词，在元代已见。《三国志平话》卷中：“军师言：‘夏侯惇败了必把你手内过也！’”

据《汉方》第2586页，“把”作为介词“从”，见于冀鲁官话、胶辽官话。未引西南官话为例。

371. 搭［ta²¹］

介词，表示对象，相当于“与”“给”。例如桂林童谣《抛网》：“抛大网，抛细网，打个鲤鱼斤四两，我吃头，你吃尾，留倒中间搭妹吃，妹妹吃了好看晌。”此童谣中的“搭”为介词“给”义。《船上来了一个官》：“船上来了一个官，岸上的人请吃喝，吃了三盘搭四碗，还有满满一碗萝卜酸。”此童谣中的“搭”为介词“与”义。

“搭”作介词，见于明以降。明·冯梦龙《山歌·嫁》：“三朝满月我搭你重相会，假充娘舅望外甥。”《何典》第四回：“〈雌鬼〉心里想道，人说三世修来难得搭和尚眠，原来和尚的静房是这般精致的。”《负曝闲谈》第十六回：“耐阿是搭钱大人一淘格？”《海上花列传》第一回：“朴斋道：‘小寓宝善街悦来客栈，无姆勿曾来，说搭娘舅请安。’”陆澹安《小说词语汇释》：“搭，与。(吴语)。”

《大字典》第2024页、《大词典》第8717页“搭”指“介词，表示对象，相当于‘与’‘给’”，标注为“方言”。

《汉方》第5985—5986页收“搭”指“介词，跟”见于西南官话、吴语、赣语。

372. 倒［tau⁵³］

助词，用在表示动作的动词后，作结果补语。例如桂林童谣《西筛糯米》：“西筛糯米，糯得两箩糙米，吃一箩，留一箩，留倒一箩给你讨老婆。”《跟到人家讲》：“跟倒人家讲，屁股有点痒，跟倒人家学，屁股有点药。”

《太平广记》卷七十三《郑君》：“郑公令捉倒，先折脚笞死，沃以豕血，埋狱中。"《西游记》第四十一回："众妖一齐呐喊，将八戒捉倒，装于袋内，束紧了口绳，高吊在驮梁之上。""捉倒"犹捉住。《水浒传》第十六回："杨志拿起藤条，劈头劈脑打去。打得这个起来，那个睡倒，杨志无可奈何。""睡倒"犹睡下。《儿女英雄传》第三十二回："这句话竟被你俩个把我问倒了。"此犹被问住了。《跻春台》卷一《哑女配》："依得理来，死了都要拿去埋倒。""埋倒"犹谓埋了。又卷三《白玉扇》："便问：'你跟着那个？'答：'跟倒我四叔。'""跟倒"犹跟着。

"倒"用于动词后作补语，见于西南官话、赣语、客话。（据《汉方》4920页）

373. 阿［a^{33}］

名词前缀。① 用在人名或姓的前面，含亲昵意。如阿清、阿华。例如桂林童谣《阿歪哥》："阿歪哥阿歪哥，还不寻钱讨老婆，再过几年人老了，辫子结成鸟仔窝。"② 用在排行次第的前面，有亲昵或轻视的意味。如：阿三。例如桂林童谣《光板头》："光板、光板，破坏生产。你一板，我一板，打得光板喊阿屘。""屘"在桂林方言中指排行最小的。③ 用在亲属称谓之前。如：阿太（曾祖母）、阿妈（母亲）。例如桂林童谣《打颠颠》："打颠颠，打颠颠，打个咩来煎，煎得黄共共，打点酒来送。哥吃头，妹吃尾，留点中间给阿爸裹盐水。"《一二三四五》："一二三四五，上山打老虎，老虎没在屋，打倒你阿叔。老虎没在家，打着你阿妈。"

"阿"作为名词前缀，据杨伯峻《古汉语虚词》："'阿'字在古代只作语缀的前缀，也叫词头。至迟东汉有这种用法。"① 骆晓平则较详细地描写了"阿"作为词头从东汉至魏晋六朝用法的扩展情况，据其研究②："阿"用在人的名或字前东汉时就有，如：《汉书·游侠列传》："过寡妇左阿君，置酒歌讴。"魏晋六朝时则也可置于人的姓或小名之前，如：《幽明录》："陈郡袁

① 杨伯峻. 古汉语虚词［M］. 北京：中华书局，1981：1.
② 骆晓平. 魏晋六朝汉语词汇双音倾向三题［J］. 古汉语研究，1990（04）：1-7.

真在豫州，送妓女阿薛、阿郭、阿马三人于桓宣武。”《裴子语林》：“以如意注林公云：‘阿柱，汝忆摇橹时不？’‘阿柱’乃林公小名。”“阿”置于亲属称谓前东汉时只用于“母”，如汉乐府《乌生》：“阿母生乌子时，乃在南山岩石之间。”至魏晋六朝时则可用于各种亲属称谓之前，如：阿翁（《世说新语·排调》）、阿父（《南齐书·沈文季传》）、阿爷（《木兰辞》）、阿兄、阿妹（《孔雀东南飞》）、阿婆（北朝民歌《折杨柳枝支歌》）、阿舅（《殷芸小说》）。至于放在排行次第的前面，则是魏晋六朝时的新发展，如：《南齐书·高帝十二王传》：“晔善身射，屡发命中……嶷曰：‘阿五常日不尔，今可谓仰藉天威。’”晔乃高帝第五子。今桂林方言则承袭了以上这些用法。

客话（梅县）、吴语和闽语（厦门、汕头、台湾）的“阿”也有同桂林方言的三种用法；另外中原官话、西南官话和广西南宁平话的“阿”则只用于亲属称谓语之前。（据《汉方》2983 页、温美姬《梅县方言古语词研究》280 页）《现汉》第 1 页此词标注了“〈方〉”。

下篇　桂林童谣中古语词的历时分析

在上篇，我们对桂林童谣中的古语词进行了分类整理与考释，下篇将根据前述内容，对桂林童谣中的古语词作历时分析。

第一节　桂林童谣中古语词的历史层次

向熹认为，汉语发展史的分期工作“可以突出事物发展的阶段性特点，从而有利于人们深入了解事物的历史全貌及其发展规律”[①]。李如龙曾多次谈到确定方言古语词历史层次的重要性，他认为：“不论是古通语或古方言，在数千年历史中又可分出好几个不同的历史时期。对于某些重要的方言常用词如能联系古代文献的用例，确定其所沿用的历史时代，对于了解方言形成的大体年代极有价值。”[②] 邢向东在《神木方言研究》中提到：“‘历史层次’是借自方言语音学的概念，指的是某一方言的词汇系统中沉淀的、产生在不同历史时期的词汇层。”[③] 因此，对桂林童谣中的古语词进行历史层次的划分，可以帮助我们更好地认识不同历史时期的古词语在桂林童谣中的存留状况，对汉语史及民俗史的研究具有重要意义。温美姬在分析梅县方言古语词的历史层次时，划分出了“先秦两汉”“魏晋南北朝”“隋唐五代”“宋代”“元代”“明代”“清代”七个历史层次。同时，在判断古语词的

① 向熹. 简明汉语史（上）[M]. 北京：商务印书馆，2010：40.
② 李如龙. 汉语方言学［M］. 北京：高等教育出版社，2001：120.
③ 邢向东. 神木方言研究［M］. 北京：中华书局，2002：231.

历史层次时，遵循以下标准：对于保留古义的方言古词语，依据其在历史文献中最早出现的时代，来确定其历史层次；对于由古代词义变异而来的词语，则以今词义相对应的古义在历史文献中出现的时间来确定历史层次；对于多义词的历史层次，以其最早出现的义位来确定历史层次。① 本书借鉴这种研究方法，利用古代文献，对所搜集到的桂林童谣中的古语词进行历史层次的划分。

下面分析中，古语词前面括号内的数字为该词在所属历史时期的序号，括号后的数字为该词在上篇“桂林童谣中的古语词”中的序号。为了精练，词目一般只出现立目字形（个别词由于所引文献会出现其他字形），古代文献也一般只列举时代最早的书证，少部分还会列出重要字书或韵书的书证（详细书证参见上篇各词条）。

一、先秦两汉时期的古语词

1. 见于《尔雅》的 10 个（其中 8 个同时见于《说文》）

（1）3. 虹：彩虹。《尔雅·释天》：“蝃蝀，虹也。”《说文·虫部》：“虹，蝃蝀也。”

（2）43. 藨：野生草莓。《尔雅·释草》：“藨，麃也。”

（3）45. 菌：蘑菇。《尔雅·释草》：“中馗，菌。”《说文·艸部》：“菌，地蕈也。”

（4）52. 髳：草木茂盛貌。《尔雅·释诂下》：“覭髳，茀离也。”

（5）58. 蓼：一种水生植物。《尔雅·释草》：“蔷虞，蓼。”《说文·艸部》：“蓼，辛菜，蔷虞也。”

（6）99. 埘：鸡或鸭的固定的栖宿处。《尔雅·释宫第五》：“鸡栖于弋为桀，凿垣而栖为埘。”《说文·土部》：“鸡栖垣为埘。”

① 温美姬．梅县方言古语词研究［M］．广州：华南理工大学出版社，2009：282-283.

（7）135. 姊：姐妹、姐弟或兄妹为“姊妹”。《尔雅·释亲》：“男子谓女子先生为姊，后生为妹。”《说文·女部》：“姊，女兄也。”

（8）198. 捋：滑落，下滑。《尔雅·释虫》：“强丑捋。”《说文·手部》：“捋，取易也。”桂林方言义为古义引申义。

（9）326. 甫：大。《尔雅·释诂上》：“甫，大也。”《说文·用部》：“甫，男子美称也。”

（10）351. 秭：集合量词。《尔雅·释诂第一》：“秭，数也。”《说文·禾部》：“秭，五稷为一秭。”

2. 见于《方言》的24个（其中12个同时见于《说文》）

（1）24. 垅：①田埂。②地积单位，相当于“畦”。《方言》卷十三“（冢）或谓之垅。”《说文·土部》：“垄，丘垅也。”

（2）37. 簝：一种捕鱼的大竹篓叫鱼簝。《方言》：“簝，箸筩。”《说文·竹部》：“簝，竹器也。”

（3）49. 杪：植物细枝、嫩芽。《方言》卷二：“木细枝谓之杪。”《说文·木部》：“杪，木标末也。”

（4）62. 土狗：蝼蛄。源于扬雄时代南楚方言的“杜狗”，《方言》卷十一：“蛄……南楚谓之杜狗，或谓之蛞蝼。”

（5）69. 飞鼠：蝙蝠。《方言》卷八：“蝙蝠自关而东谓之服翼，或谓之飞鼠。”

（6）72. 菢：孵化。《方言》卷八：“北燕朝鲜洌水之间谓伏鸡曰抱。”

（7）81. 眄：“亮眄”指蜻蜓。《方言》卷二：“瞯、睇、睎、略，眄也……自关而西秦晋之间曰眄。”《说文·目部》：“眄，衺视也。秦语。”

（8）95. 瓯：杯子。《方言》卷五：“其大者谓之瓯。”《说文·瓦部》：“瓯，小盆也。”

（9）104. 盎：瓢、盆一类的器具。《方言》卷五：“罃、甀谓之盎。自关而西或谓之盆，或谓之盎。”《说文·皿部》：“盎，盆也。”

（10）108. 题：酒、醋、油等物体的量器。《方言》卷五：“甂，陈魏宋楚之间谓之题。”桂林方言为古义引申义。

（11）110. 筲：细竹篾丝编织的竹器。《方言》卷五：“箸筩，陈楚宋魏之间谓之筲。”《说文·竹部》：“箱，饭筥也。秦谓筥曰箱。”

（12）140. 崽：① 孩子；儿子；男孩。② 细小的物品，幼小的鸟兽、植物。③ 詈词。④ 指有某些特征或从事某种职业的年轻人。《方言》卷十：“崽者，子也。湘沅之会，凡言是子者谓之崽，若东齐言子矣。”

（13）146. 蔑：小。《方言》卷二：“私，策，纤，葆，稺，杪，小也……江淮陈楚之内谓之篾。”

（14）149. 臁：肥。《方言》卷二：“臁，盛也……梁、益之间凡人言盛，及其所爱，伟〔讳〕其肥腻，谓之臁。”《说文·肉部》：“臁，益州鄙言人盛，讳其肥谓之臁。”

（15）156. 瘌：① 被虫刺痛。② 黄癣。《方言》：“瘌，痛也。”《说文·疒部》：“楚人谓药毒曰痛瘌。”

（16）160. 痨：下药使中毒；毒死。《方言》：“凡饮药传药而毒，北燕朝鲜之间谓之痨。”《说文·疒部》：“痨，朝鲜谓药毒曰痨。”

（17）162. 褛：大衣。《方言》卷四：“褛谓之衽。”《说文·衣部》：“褛，衽也。”桂林方言义为古义引申义。

（18）163. 襱：裤脚管。《方言》卷四：“袴，齐、鲁之间谓之襱。”《说文·衣部》：“襱，绔踦也。”

（19）219. 獶：拖泥带水、行动迟缓、啰嗦为“獶鬞”。《方言》卷十：“凡人语言过度及妄施行，亦谓之獶。”桂林方言义为古义引申义。

（20）238. 絇：拴绑；捆绑。《方言》卷九：“车纣，自关而东，周洛、韩、郑、汝、颖而东谓之鍬，或谓之曲絇。”古为名词义，桂林方言为动词义。

（21）240. 拌：用力摔弃；摔；扔弃。《方言》卷十：“拌，弃也，楚凡挥弃物谓之拌。”

（22）252. 揞：暗藏，掩藏。《方言》卷六：“揞，藏也。荆楚曰揞。”

（23）264. 搪：抵挡，应付。《方言》卷十三：“搪，张也。”

（24）291. 艠：使担子两端重量相当。《方言》第七：“艠，儋也。”郭璞注曰：“今江东呼儋两头有物为艠，音邓。”

3. 见于《释名》的 4 个（其中 1 个同时见于《说文》）

（1）22. 圳：水沟，水渠。《释名·释山》：“山下根之受留处曰甽。甽，吮也。吮得山之肥润也。”

（2）158. 鼽（打鼽）：打喷嚏。《释名·释疾病》：“鼻塞曰鼽。鼽，久也。涕久不通遂至窒塞也。”《说文·鼻部》：“鼽，病寒鼻窒也。”桂林方言义为古义引申义。

（3）171. 鲊：①腌制。②鱼、肉等腌制成的食品。《释名·释饮食》：“鲊，菹也，以盐米酿鱼以为菹，熟而食之也。”桂林方言保留古义并引申新义。

（4）347. 弓$_1$：弯曲；使弯曲。《释名·释兵》：“弓，穹也。张之穹隆然也。”

4. 见于《说文》的 72 个，除去以上已出现的 21 个，还有以下 51 个：

（1）9. 坳：山间平地或盆地。《说文新附考·土部》：“坳，地不平也。”桂林方言义为古义之引申。

（2）20. 坪：小块平地。《说文·土部》：“坪，地平也。”

（3）51. 穬：一种有芒的谷物。《说文·禾部》：“穬，芒粟也。”

（4）57. 梭：一种植物。《说文·木部》：“梭，木也。”

（5）75. 秧：幼小。《说文·禾部》：“秧，禾若秧穰也。”桂林方言为古义引申义。

（6）80. 汤：宰杀。《说文·水部》：“汤，热水也。”桂林方言义为古义引申义。

（7）82. 睐（睐睐娘）：“睐睐娘”指蜻蜓。《说文·眼部》：“睐，目童子不正也。”

（8）94. 盅：杯子。《说文·皿部》：“盅，器虚也。”桂林方言义为古义引申义。

（9）101. 索：绳子。《说文·宋部》：“索，草有茎叶，可作绳索。”

（10）103. 觚：一种容器。《说文·角部》：“觚，乡饮酒之爵也。一曰觞受三升者谓之觚。”

（11）141. 脬：膀胱。《说文·肉部》：“脬，旁光也。”

（12）152. 毛：头发。《说文·毛部》：“毛，眉发之属及兽毛也。”

（13）157. 癞：黄癣。“癞”本字为“疠”。《说文·疒部》作“疠”，恶疾也。今为疫疠字。

（14）167. 联：缝（衣服）。《说文·耳部》：“联，连也。”

（15）173. 燂：用火煣，加热。《说文·火部》：“燂，火热也。”

（16）180. 餉：午饭。《说文·食部》：“餉，昼食也。”

（17）203. 熛：火飞迸、飞溅。《说文·火部》：“熛，火飞也。”

（18）204. 滚：沸腾。本字为“涫”。《说文·水部》：“涫，沸也。”

（19）206. 沤：①长期浸泡。②壅埋堆积而发热发酵。《说文·水部》：“沤，久渍也。”

（20）210. 聒：①闲谈。②能说会道。《说文·耳部》：“聒，欢语也。”桂林方言义为古义引申义。

（21）213. 劈：欺负，看不起。《说文·力部》：“劈，迫也。”

（22）224. 罟：网。《说文·网部》：“罟，网也。”

（23）227. 趮：疾奔，跳跃，跑。《说文·走部》：“趮，轻行也。”桂林方言义为古义引申义。

（24）228. 蠡：啃。《说文·蚰部》：“蠡，虫齿木中也。”桂林方言义为古义引申义。

（25）232. 揞：舀，盛。《说文·手部》：“揞，搯揞也。”

（26）236. 挼：双手摩擦；搓揉。《说文·手部》：“挼，推也。”

（27）244. 欶：吸、吮、吸吮。《说文·欠部》：“欶，吮也。”

（28）251. 搧：（用手）打，敲打。《说文·手部》：“搧，抚也。”

（29）253. 蹑：跨步，跨过。《说文·足部》：“蹑，足所履也。”

（30）254. 擘：用手把东西掰开，剥。《说文·手部》：“擘，撝也。”

（31）259. 揖：推，挤，搡。《说文·手部》：“揖，推捣也。”

（32）261. 搂：挖掘。《说文·手部》：“搂，曳聚也。”桂林方言义为古义引申义。

（33）263. 磑：研磨。《说文·石部》：“磑，䃺也。古者公输班作‘硙’。”

（34）267. 撚：用手指搓、揉捏，捏住。《说文·手部》：“撚，执也。一曰蹂也。”

（35）269. 劙：刺、扎。《说文·刀部》：“劙，断也。一曰剽也，钊也。”

（36）271. 揥：取，拿。《说文·手部》：“揥，撮取也。”

（37）275. 櫼：①〈名〉木片楔子。②〈动〉打楔子。《说文·木部》：“櫼，楔也。”

（38）276. 帮：轻拂。《说文·巾部》：“帮，帣也。”

（39）281. 豛：①用筷子等尖物竖着敲击，用尖物刺。②尖物竖着敲击的声音。《说文·殳部》：“豛，椎击物也。”

（40）294. 撮：用簸箕等把东西聚拢。《说文·手部》：“撮，四圭也。一曰两指撮也。”桂林方言义为古义引申义。

（41）297. 趑：快走；溜走。《说文·走部》：“趑，走意。”

（42）299. 歇：休息；睡；住宿。《说文·欠部》：“歇，息也。”桂林方言保留古义并引申出新义。

（43）301. 凭：靠，扶。《说文·几部》：“凭，依几也。”

（44）302. 抈：折断。《说文·手部》：“抈，折也。”

（45）327. 糶：碎，粉碎。《说文·米部》：“糶，碎也。”

（46）328. 爢：软烂、熟烂、蓉烂。《说文·火部》：“爢，烂也。”

（47）332. 矇：模糊、不清楚。《说文·目部》：“矇，不明也。”

（48）334. 句：①弯曲。②（动词）弯。《说文·句部》：“句，曲也。凡句之属皆从句。”

（49）337. 廫：空，作语素。《说文·广部》：“廫，空虚也。”

（50）341. 绯：红色，作语素。《说文新附考·糸部》：“绯，帛赤色也。”

（51）357. 哑：拟声词。《说文·口部》：“哑，笑也。”

5. 见于其他历史文献的62个，其中是属于先秦时期的48个：

（1）5. 雷公：雷神；雷。《楚辞·远游》：“左雨师使径侍兮，右雷公以为卫。”

（2）11. 垲：地方，处所。作语素，构成代词。《左传·昭公三年》：“请更爽垲者。”孔颖达疏：“垲，高地”。桂林方言义为古义引申义。

（3）29. 晏：晚，迟。《论语·子路》：“冉子退朝。子曰：‘何晏也？’”

（4）34. 日日：每天。《左传·哀公十六年》：“国人望君如望岁焉，日日以几。”

（5）40. 梁：河里简易的拦水坝。《诗·邶风·谷风》：“毋逝我梁，毋发我笱。”

（6）41. 壅：一种农活，把干肥料放在作物的根部，用泥土盖住。《管子·轻重甲》：“次日大雨且至，趣芸壅培。”

（7）42. 薅：用工具除草。《诗·周颂·良耜》：“以薅荼蓼。”

（8）44. 薸：浮萍。《韩诗》：“沉者曰萍，浮者曰薸。”

（9）55. 蓬：① 植物茂盛地生长。② 量词，相当于“丛”。《诗经·小雅·采菽》：“维柞之枝，其叶蓬蓬。”桂林方言保留故义，又引申出新义。

（10）56. 衍：动植物孳生繁衍、茂盛。《管子・八观》："荐草多衍，则六畜易繁也。"

（11）67. 牸：指兽类雌性动物。《韩非子・解老》："戎马乏则牸马出，军危殆则近臣役。"

（12）116. 后生：年轻，青年人。《论语》："后生可畏，焉知来者之不如今也？"

（13）154. 茶：疲软无力，精神萎靡。《庄子・齐物论》："茶然疲役而不知其所归。"

（14）174. 煍：用小火焖，烤。《左传・昭公十八年》："司马、司寇列居火道，行火所煍。"

（15）187. 社：① 土地神。② 祭祀社神之所。③ 祭祀土地神的节日。《国语・鲁语上》："共工氏之伯九有也，其子曰后土，能平九土，故祀以为社。"

（16）191. 祭灶：祭灶神。《礼记・月令》："孟夏祀灶。"

（17）205. 煴：① 热，保温。② 不起火苗光冒烟的燃烧。《管子・侈靡》："古之祭有时而星，有时而星熺，有时而煴，有时而朐。"桂林方言保留古义并引申出新义。

（18）216. 劳烦：烦劳，麻烦。《管子・任法》："舍大道而任小物，故上劳烦，百姓迷惑，而国家不治。"

（19）222. 举：① 在物价低时收买货物。② 耸起；突起。《诗・郑风・大叔于田》："叔在薮，火烈具举。"

（20）223. 沕：潜（水）。《史记・屈原贾生列传》："袭九渊之神龙兮，沕深潜以自珍。"裴骃集解引徐广曰："沕，潜藏也。"桂林方言义为古义引申义。

（21）231. 酾：斟，滤（酒、水等）。《诗・小雅・伐木》："伐木许许，酾酒有藇。"桂林方言保留古义并引申出新义。

（22）234. 搫：（用棍子等）打。《公羊传・宣公六年》："（膳宰）熊蹯不熟，公怒，以斗擊而杀之。”

（23）243. 摎：① 混合；拌合。② 和睦相处。《仪礼 · 丧服》：“殇之绖，不摎垂。”

（24）245. 步：盯梢，监视；跟随。《国语 · 周语下》：“目以处义，足以步目，今晋侯视远而足高，目不在体，而足不步目，其心必异矣。”桂林方言保留古义并引申新义。

（25）246. 斗：遇；安装；对接；拼凑。《国语 · 周语下》：“谷洛鬬，将毁王宫。”

（26）247. 剟：（用棍子等物）打，戳，刺。《史记 · 张耳陈余列传》：“吏治榜笞数千，刺剟，身无可击者，终不复言。”

（27）249. 攦：折断；割。《庄子 · 胠箧篇》：“毁绝钩绳，而弃规矩，攦工倕之指，而天下始人有其巧矣。”

（28）250. 搋：（用棍棒）搅动。《周礼 · 夏官 · 大司马》：“三鼓搋铎。”

（29）255. 刉：锯，割断，划破。《山海经 · 中山经》：“刉一牝羊，献血。”

（30）274. 匍：① 伏，趴下。② 容器倒放。《礼记 · 问丧》：“孝子亲死，悲哀志懑，故匍匐而哭之。”

（31）288. 旋：旋转。《楚辞 · 招魂》：“旋入雷渊，爢散而不可止些。”

（32）290. 齐：（动）整理，使整齐。《荀子 · 富国》：“必将修礼以齐朝，正法以齐官，平政以齐民。”

（33）292. 破：剖开；劈开。《庄子 · 天地》：“百年之木，破为牺尊，青黄而文之。”

（34）300. 朅：去。《楚辞 · 九辩》：“车既驾兮朅而归，不得见兮心伤悲。”

（35）306. 肥：（指人）胖；肥壮。《礼记 · 礼运》：“四体既正，肤革充盈，人之肥也。”

（36）311. 戆：傻，愚蠢，愚笨。《荀子·大略》："悍戆好斗。"

（37）314. 拙：愚钝，头脑不灵活。《老子》第四十五章："大直若曲，大巧若拙，大辩若讷。"

（38）321. 清：凉，冷。《墨子·辞过》："古之民，未知为衣服时，衣皮带茭，冬则不轻而温，夏则不轻而清。"

（39）322. 蒸：热，灼热。《素问·五运行大论》："其令郁蒸。"

（40）324. 丑：不好，坏。《诗·小雅·十月之交》："日有食之，亦孔之丑。"

（41）340. 樛：树木或物体弯曲。《诗·周南·樛木》："南有樛木，葛藟累之。"桂林方言语用范围扩大。

（42）342. 连：艰难，作语素。《易·蹇》："往蹇来连。"

（43）344. 细：① 小，和"大"相对。② 年幼的。《左传·襄公四年》："吾子舍其大而重拜其细，敢问何礼也？"

（44）354. 紽：量词，相当于"团"。《诗·召南·羔羊》："羔羊之皮，素丝五紽。"

（45）355. 弓$_2$：量词，丈量地亩的计算单位。《仪礼·乡射礼》："侯道五十弓。"

（46）363. 莫：副词，表示"不，没，别"。《国语·鲁语下》："女知莫若妇，男知莫若夫。"

（47）364. 丁：副词，表示程度很深。《史记·律书》："丁者，言万物之丁壮也，故曰丁。"桂林方言义为古义引申义。

（48）367. 阴：暗暗地；偷偷地。《史记·白起王翦列传》："至九月，赵卒不得食四十六日，皆内阴相杀食。"

6. 见于两汉时期的 14 个：

（1）15.（牛、猪）栏：牛圈、猪圈。汉·焦赣《易林·需之鼎》："胶著木连，不出牛栏，斯享羔羊，家室相安。"

（2）23. 岭：山。汉 · 王延寿《鲁灵光殿赋》：“崇墉冈连以岭属，朱阙岩岩而双立。”

（3）30. 旧时：从前，昔时。汉 · 应劭《风俗通义》：“旧时长吏质朴，子皆驾御，故曰从儿。”

（4）97. 手巾：手绢；毛巾。《孔雀东南飞》：“阿女默无声，手巾掩口啼，泪落便如泻。”

（5）130. 外家：娘家。东汉 · 刘珍《东观汉记 · 吴汉传》：“（吴汉）尝出征，妻子在后买田业。汉还，让之曰：‘军师在外，吏士不足，何多买田宅乎！’遂以分与昆弟外家。”

（6）175. 爁：① 用火轻微或快速烘烤。② 火速快速蔓延。《淮南子 · 览冥》：“火爁炎而不灭，水浩洋而不息。”

（7）176. 煨：① 把生的食物放在热灰里使烤熟；② 用文火炖熟或加热。汉 · 服虔《通俗文》：“热灰谓之煻煨。”桂林方言保留古义并引申新义。

（8）185. 出门：出嫁。《金广延母徐氏纪产碑》：“考妣徐氏元初产，永寿元年出门托躯金掾季本。”

（9）186. 利市：① 吉利；好运。② 赏钱，俗称红包。汉 · 焦赣《易林 · 观之离》：“福过我里，入门笑喜，与我利市。”

（10）190. 衰：倒霉，不好。《后汉书 · 虞诩传》：“故旧皆吊诩曰：‘得朝歌何衰！’”

（11）256. 折：摘，摘取。《文选 · 古诗十九首 · 庭中有奇树》：“攀条折其荣，将以遗所思。”

（12）338. 襛：肥貌，作语素。《文选 · 宋玉〈神女赋〉》：“振绣衣，被袿裳，襛不短，纤不长。”

（13）362. 焦：副词，表示程度很深。汉 · 焦赣《意林 · 泰之困》：“振急绝理，常阳不雨。物病焦干，华实无有。”

（14）373. 阿：名词前缀。① 用在人名或姓的前面。② 用在排行次第的前面。③ 用在亲属称谓之前。《汉书 · 游侠列传》：“过寡妇左阿君，置酒歌讴。"

二、魏晋南北朝时期的古语词

1. 见于《广雅》的8个，其又同时见于《玉篇》：

（1）36. 戽：浇水。《广雅·释诂二》："戽，抒也。"《玉篇·斗部》："戽，……抒水器也。"桂林方言保留古义又引申新义

（2）59. 菽：植物的茎或藤，不能表示植物的枝。《广雅·释草》："蘘，芋也。其茎谓之菽。"《玉篇·艸部》："菽，芋茎也。"

（3）76. 劁：① 阉割。② 宰客、坑人。《广雅·释言》："劁，刈也。"《玉篇·刀部》："劁，刈获也。"桂林方言保留古义并引申出新义。

（4）177. 潲：猪食。《广雅·释器》："潲，潃也。"《玉篇·水部》："潲，臭汁也，潘也。"

（5）207. 嘈：喧闹，叫嚷。《广雅·释诂四》："嘈，㖫声也。"《玉篇·口部》："嘈，……声也。"

（6）298. 劖：割开，割断，扯断。《广雅·释诂一》："劖，断也。"《广雅·释诂三》："劖，削也。"《玉篇·刀部》："劖，减削。"

（7）318. 輯：弯，弯得厉害。《广雅·释器》："輯，輯輵也。"《玉篇·车部》："輯，……輞也。"桂林方言义为古义引申义。

（8）360. 膖：副词，表示程度很深。《广雅·释诂二》："膖肛，肿也。"《玉篇·肉部》："膖，……膖肛，胀大貌。"桂林方言义为古义引申义。

2. 见于《玉篇》的40个，除去以上已经出现的8个，还有以下32个

（1）17. 湴：烂泥。《玉篇·水部》："湴，蒲监切。"《广韵·鉴韵》："埿，深泥也。湴，同上。"桂林方言义为古义之引申。

（2）39. 笕：连接起来引水的长竹管、水槽。《玉篇·竹部》："笕，以竹通水也。"

（3）66. 牯：① 指兽类雄性动物。② 指男性，带有贬义。《玉篇·牛部》："牯，牝牛。"桂林方言保留古义并引申新义。

（4）96. 瓿：舀液体物的筒状专用容器。《玉篇·瓦部》："瓿，瓯瓦也。"

（5）150. 躴：瘦长。《玉篇·身部》："躴，躴躿，长貌。"

（6）151. 腡：螺旋形的指纹。《玉篇·肉部》："腡，手理也。"

（7）155. 齉：① 鼻子发炎，流很多清鼻涕。② 说话时鼻音很重。《玉篇·鼻部》："齉，鼻齉。"

（8）159. 肥：① 拗折。② 折搢不平。《玉篇·肉部》："肥，足病也。"桂林方言保留古义并引申新义。

（9）166. 絜：捆扎。《玉篇·糸部》："絜，缄也。"

（10）169. 馇：一种油炸团子的食品。《玉篇·食部》："馇，蜀人呼蒸饼为馇。"

（11）178. 饍：① 菜肴的一种加工方法。② 馅料。《玉篇·食部》："饍，余障切。饵也。"桂林方言义为古义引申义。

（12）200. 屙：排泄（大小便）。《玉篇·尸部》："屙，……上厕也。"

（13）208. 黷：焦；糊。《玉篇·黑部》："黷，黑黷也。"桂林方言义为古义引申义。

（14）211. 哝：埋怨，唠叨。《玉篇·口部》："哝，多言不中也"。

（15）233. 牋：掖，填塞。《玉篇·片部》："牋，牋牒，小契。"桂林方言义为古义引申义。

（16）241. 垐：塞、插，掖。《玉篇·土部》："垐，塞也。"

（17）242. 剚：用刀削、砍。《玉篇·刀部》："剚，削也。"

（18）257. 跩：踩，踏。《玉篇·足部》："跩，……踏。"

（19）277. 稡：垒，堆积，放。《玉篇·禾部》："稡，积也。"

（20）278. 搊：用手托着向上或向上提起。《玉篇·手部》："搊，……手搊也。"

（21）280. 㓺：① 剔，剔除，用针拨。② 雕刻。《玉篇・刀部》：“㓺，……剔也。”

（22）282. 擂：研磨。《玉篇・手部》：“擂，……研物也。”

（23）284. 潷：①斟（茶、酒）。②滤。《玉篇・水部》：“潷，音笔。笮去汁也。”

（24）285. 转$_1$：（动）回。《玉篇・车部》：“转，回也。”

（25）296. 跶：跌；摔。《玉篇・足部》：“跶，……足跌也。”

（26）308. 爤：①热，烫。②太阳毒辣。《玉篇・火部》：“爤，毒也。”

（27）309. 脎：肥胖，肥软貌。《玉篇・肉部》：“脎，脂也。”

（28）317. 秾：茂盛的样子。《玉篇・禾部》：“秾，花木盛也。”

（29）323. 圞：①圆。②完整。③环绕。《玉篇・口部》：“圞，团圞也。”

（30）325. 醭：酒、醋及他物因腐败或受潮而表面所生的白霉。《玉篇・酉部》：“醭，……醋生白。”桂林方言语义范围扩大。

（31）339. 肭：肥胖，肥软貌，作语素。《玉篇・肉部》：“肭，奴骨切，腽肭。”

（32）358. 吠：狗叫的声音。《玉篇・口部》：“吠，……犬吠也。”

3. 见于其他历史文献的 28 个：

（1）1. 日里：白天。三国・赵爽注《周髀》：“南表里又以表高八十寸乘表间为实，实如法得八万里为表上去，日里仍以表寸为日高，影寸为日下，待日渐高候日影。”

（2）6. 动雷（动雷公）：打雷。梁元帝《纂要》曰：“百戏起于秦汉，有鱼龙、都卢兴云、动雷、吞刀、吐火之类。”

（3）8. 落雨：下雨。南朝梁简文帝《吊道澄法师亡书》：“记落雨而必然，称黑牛而匪谬。”

（4）21. 丘：成块的水田。《文选・李康〈运命论〉》：“褰裳而涉汶阳之丘，则天下之稼如云矣。”

（5）33. 年年：每年。晋·张华《博物志》卷十：“旧说云：天河与海通，近世有人居海渚者，年年八月，有浮槎去来，不失期。”

（6）54. 油麻：芝麻。晋·葛洪《肘后备急方》：“补骨脂一斤，酒浸一宿，放干，却用乌油麻一升，和炒……”

（7）85. 草：猪、狗、驴等牲畜、家禽的雌性性别。《北齐书·杨愔传》：“愔曰：‘卿前在元子思坊，骑秃尾草驴，经见我不下……’”

（8）89. 厂：有顶无墙的简易房子。北魏·贾思勰《齐民要术·养羊》：“架北墙为厂。”

（9）90. 堂屋：老式房子的大厅或客厅。《晋书·艺术传·淳于智》：“家人既集，堂屋五间拉然而崩。”

（10）93. 牙床：床的美称。南朝梁·萧子范《落花诗》：“飞来入斗帐，吹去上牙床。”

（11）106. 欛：器物的柄。字亦作“把”。《文选·潘岳〈射雉赋〉》：“戾翳旋把，萦随所历。”

（12）127. 爷：背称父亲。《木兰诗》：“军书十二卷，卷卷有爷名。”

（13）129. 老子：① 俗称父亲。② 对老年人的泛称。南朝梁·沈约《宋书·孝义传·潘琮》：“儿年少，自能走，今为老子不走去。”

（14）131. 阿舅：舅父。周初有童谣曰：“白杨树头金鸡鸣，只有阿舅无外甥。”

（15）145. 肩膊：肩膀。晋·王叔和《脉经》：“循肩膊内，侠脊，抵腰中，入循膂。”

（16）164. 衫：① 上衣（和“裤”相对）。② 泛指衣服。《方言》第四“或谓之禅襦。”晋·郭璞注：“今或呼衫为禅襦。”

（17）172. 煠：把大件的食物整个地用水煮。北魏·贾思勰《齐民要术·素食》：“当时随食者取，即汤煠去腥气。”

（18）182. 呷：吃，喝。北魏·杨衒之《洛阳伽蓝记·景宁寺》：“呷啜鲫羹，唼嗍蟹黄。”

（19）192. 背时：倒霉，运气不好。晋·张协《七命》："盖闻圣人不卷道而背时，智士不遗身而匿迹。"

（20）202. 火烟：炊烟。南朝梁·萧子显《南齐书·五行志》："日入后，土雾勃勃如火烟。"

（21）221. 请：买。南朝梁·沈约《宋书·隐逸传·沈道虔》："至四月八日，每请像。请像之日，辄举家感恸焉。"

（22）239. 撩：丢；抛；甩（出去）。《三国志·魏志·典韦传》："太祖募陷阵，韦先占，将应募者数十人，皆重衣两铠，弃楯，但持长矛撩戟。"

（23）268. 顿：① 以脚或物叩地。② 放置、安放。《三国志·魏志·高句丽传》："女父母乃听使就小屋中宿，傍顿钱帛，至生子已长大，乃将妇归家。"

（24）289. 揵：用肩扛。"揵"本指"举"义。《后汉书·与服志上》："揵弓韣九鞬。"

（25）305. 窬：钻。《改并四声篇海·穴部》引《类篇》："窬，剜土也。"

（26）352. 转$_2$：动量词。晋·葛洪《抱朴子·内篇·金丹》："九转金丹。"

（27）359. 汃：水撞击的声音。《文选·张衡〈南都赋〉》："流湍投濈，砏汃輣轧。"

（28）361. 共：副词，表示程度很深。南朝齐·谢朓《和伏武昌登孙权故城》："文物共葳蕤，声明且葱蒨。"

三、隋唐五代时期的古语词

1. 见于《广韵》的 14 个

（1）70. 嚧：① 呼猪声。② 猪，在儿语中使用。《广韵》平声模韵落胡切："嚧，呼猪声也。"桂林方言保留古义并引申新义。

（2）84. 蚬：一种形如河蚌，但相比河蚌体型却小得多的软件动物。《广韵》上声铣韵呼典切：“蚬，小蛤。”

（3）107. 篢：竹制箱子。《广韵》平声东韵古红切：“篢，篢笠。方言。”桂林方言义为古义引申义。

（4）148. 髁：膝骨。《广韵》平声戈韵苦禾切：“髁，膝骨。”

（5）170. 麪粝：一种糊状小吃。《广韵》曷韵卢达切：“粝，粗粝。”

（6）199. 嫽：戏弄，挑逗。《广韵》平声萧韵落萧切：“嫽，相嫽戏也。”

（7）218. 敨：调换。《广韵》上声厚韵天口切：“敨，敨斢，兵夺人物。”桂林方言义为古义引申义。

（8）248. 棒：《广韵·讲韵》：“棒，同棓。打也。”

（9）265. 砑：碾压，研细。《广韵》去声祃韵吾驾切：“砑，碾砑。”

（10）273. 中：（头）顶、遮盖。《广韵》东韵陟弓切：“（平也、成也、宣也）堪也、任也（和也、半也）。”桂林方言义为古义引申义。

（11）310. 笡：歪斜，斜着。《广韵》去声祃韵迁谢切：“笡，斜逆也。”

（12）313. 懵：糊涂。《广韵》去声送韵卢贡切：“懵，懵戆，愚也。”

（13）349. 恁：①〈代〉这么；如此。②〈代〉那么；那样。③〈代〉怎样，怎么。唐·欧阳炯《贺明朝》：“终是为伊，只恁偷瘦。”

（14）350. 蔢：量词，草一丛。《广韵》平声戈韵薄波切：“蔢，蔢蓌，草木盛貌。”桂林方言义为古义引申义。

2. 见于该时期其他历史文献的 24 个：

（1）2. 日头：太阳。唐·张鷟《朝野佥载》：“暗去也没雨，明来也没云。日头赫赤赤，地上丝氲氲。”

（2）7. 翻风：起风，刮风。唐·杜甫《荆南兵马使太常卿赵公大食刀歌》：“壮士短衣头虎毛，凭轩拔鞘天为高。翻风转日木怒号，冰翼雪澹伤哀猱。”

（3）10. 高头：上面。《敦煌变文集·燕子赋》：“取高头之规，垒泥作窟，上攀梁使，藉草为床。”

（4）25. 正月十五：元宵节。唐·苏味道的五言律诗《正月十五夜》描写了长安市民元宵之夜的欢乐景象，标题的“正月十五”当是指元宵节。

（5）26. 八月十五：中秋节。唐·刘禹锡的五言律诗《八月十五日夜玩月》描绘了中秋夜月的美景，标题的“八月十五”当是指中秋节。

（6）27. 五月五：端午节。唐·张建封的《竞渡歌》：“五月五日天晴明，杨花绕江啼晓莺。”

（7）31. 旧年：去年。唐·张说之《岳州守岁》：“歌舞留今岁，犹言惜旧年。”

（8）50. 䆐：一种旱地粮食作物。《龙龛手鉴》：“䆐，……粟米也。”

（9）61. 老鸦：乌鸦。顾况《乌夜啼》：“此是天上老鸦鸣，人间老鸦无此声。”

（10）86. 鸦鹊：喜鹊。《敦煌变文集·大目乾连冥间救母变文》：“四边更无亲伴侣，狐狼鸦鹊竞分张。”

（11）113. 秋娘：聪明能干的女孩。白居易《琵琶行》：“曲罢曾教善才服，妆成每被秋娘妒。”

（12）123. 阿公：祖父。李延寿《南史·颜延之传》：“又非君家阿公，何以呼为公？”

（13）124. 阿婆：祖母。唐·李延寿《南史·齐纪下·郁林王》：“阿婆，佛法言有福生帝王家。”

（14）165. 衫裤：衣服。《敦煌变文集·不知名变文》：“初定之时无衫裤，大归娘子没沿房。”

（15）181. 打：吃。唐·张鷟《朝野佥载》卷四：“尝闻陇西牛，千石不用軥，今见陇西牛，卧地打草头。”

（16）184. 吃：吃、喝、吸。唐·杜甫《送李校书二十六韵》：“临岐意颇切，对酒不能吃。”

（17）283. 拢：靠近；到达。唐·丁仙芝《江南曲》：“知郎旧时意，且请拢船头。”

（18）303. 没得：（动词）没有。唐·李群玉《酬魏三十七》：“一吟丽句风流极，没得弘文李校书。”

（19）307. 闹热：热闹。唐·白居易《雪中晏起偶咏所怀》：“红尘闹热白雪冷，好于冷热中间安置身。”

（20）330. 乖：① 坏，狡诈。② 健康，病愈。《通典·食货九》：“遂令接境乖商，连邦隔贸。”桂林方言保留古义并引申出新义。

（21）343. 婆娑：① 蓬松，散乱。② 眼泪下滴的样子。《敦煌曲子词·凤归云》：“朱含碎玉，云髻婆娑。”

（22）346. 开坼：开裂。唐玄奘《大唐西域记》卷六《室罗伐悉底国》：“是时也，地自开坼，全身坠陷入无间狱，具受其殃。”

（23）348. 几多：多少；询问数量。张九龄《答陆澧》：“松叶堪为酒，春来酿几多。”

（24）356. 回回：每次，经常。唐·王建《相和歌辞·乌夜啼》：“一飞直欲飞上天，回回不离旧栖处。”

四、宋代的古语词

1. 见于《集韵》的27个

（1）12. 甿：量词，相当于“片，方，堵”等。《集韵》平声唐韵谟郎切：“甿，旷野。”桂林方言引申为量词。

（2）16. 埲：① 尘土。② 尘土扬起。《集韵》平声东韵蒲蒙切：“埲，尘也。”桂林方言保留古义，并引申出新义。

（3）19. 窿：洞；缝隙。《集韵》去声送韵卢贡切：“窿，穴也。”

（4）47. 椎：一种比板栗小的栗子，北方称为“榛子”。《集韵》平声朱惟切：“椎，木名，似栗而小。或书作‘蓷’。”

（5）48. 穮：植物旺盛的生长；（新枝）长出、冒出。《集韵》平声宵韵卑遥切：“穮，稻田秀出者。”

（6）68. 牸：黄牛。《集韵》平声麻韵师加切："牸，牛名。"

（7）71. 犃：有角的动物用其角去顶、撞。《集韵》平声肴韵丑交切："犃，角挑也"。

（8）74. 鵵：用来诱惑捕野鸟的鸟。《集韵》平声灰韵谟怀切："鵵，诱取禽者。"

（9）142. 骿：肋骨。《集韵》平声青韵滂丁切："骿，肋骨。"

（10）144. 齙：龅牙。《集韵》平声麻韵邦加切："齙，齙齖，齿出也。"

（11）168. 羓：熏干或风干的腊制品。《集韵》平声麻韵邦加切："羓，腊属。"

（12）179. 炆：焖，用微火炖食物。《集韵》平声文韵无分切："炆，煴也。"

（13）197. 敨：① 呼吸。② 休息。③ 展开。《集韵》上声厚韵他口切："敨，展也。"桂林方言保留古义并引申新义。

（14）214. 訝：难打交道，令人生厌称"訝訴"。《集韵》平声马韵语下切："訝，訴訝，言戾。"桂林方言义为古义引申义。

（15）229. 搇：按，按住。《集韵》去声沁韵丘禁切："搇，按也。"

（16）230. 敥：均匀地撒（粉状物）。《集韵》去声艳韵以赡切："敥，以手散物。"

（17）258. 揰：撞，遇，碰。《集韵》去声用韵昌用切："揰，推击也。"

（18）260. 跙：① 避让；② 迅速离开。《集韵》上声马韵浅野切："跙，躐跙足利。"又去声祃韵七夜切："跙，邪（斜）足立。"桂林方言保留古义并引申新义。

（19）262. 磆：① 磨。② 用钝器锯。《集韵》入声没韵敳纥切："磆，齿相齵也。"桂林方言保留古义并引申出新义。

（20）270. 搣：推。《集韵》上声肿韵笋勇切："搣，推也。"

（21）272. 搊：手取东西，提，拿，搬。《集韵》平声尤韵初尤切：

“掫，手取物也。”

（22）295. 扦：插，刺。本作“搟”。《集韵》平声仙韵亲然切：“搟，插也。”

（23）316. 㫰：水波晃动。《集韵》上声荡韵里党切：“㫰，㒓㫰，不平。”桂林方言义为古义引申义。

（24）319. 閜：裂开，张开。《集韵》平声麻韵虚加切：“閜，门闭也。”桂林方言义为古义引申义。

（25）320. 稖：①虚泡不实。②浮肿、肿，虚胖。《集韵》平声爻韵谟交切：“稖，穮稖，禾不实。”桂林方言义为古义引申义。

（26）329. 䅩：粘贴，粘。《集韵》平声麻韵女加切：“䅩，黏䅩，黏着。”

（27）333. 㒆：低，差。《集韵》平声仙韵弥延切：“㒆，㒆㒆，低貌。”

2. 见于其他历史文献的30个

（1）4. 分龙（雨）：雷阵雨，夏月暴雨。宋·陆佃《埤雅·释天》：“今俗五月谓之分龙雨，曰隔辙，言夏雨多暴至，龙各有分域，雨旸往往隔一辙而异也。”

（2）35. 晌午：中午。《大宋宣和遗事·亨集》：“是那晌午时分，押往市曹。”

（3）38. 扁挑：扁担。宋·邵雍《梦林玄解》：“扁挑：扛棒担竹。”

（4）83. 马骝：猴子。宋·邵博《闻见后录》卷十：“今世猴为马留，与其人形似耳。”

（5）87. 灶头：灶。宋·徐积《宿山馆》：“倦客待沽山下酒，饥童先上灶头灯。”

（6）91. 廊檐：屋檐。宋·徐梦莘《三朝北盟会编》卷二四五引范成大《揽辔录》：“至东御廊首转北，循廊檐行，几二百间。”

（7）111. 火叉：烧柴草煮饭或烧窑所用的工具。宋·孟元老《东京梦华录》卷三《防火》：“及有救火家事，谓如大小桶……火叉、大索、铁猫儿之类。”

（8）122. 别个：别人；别的。宋·向子諲《点绛唇》：“更没别个，且莫分疏破。”

（9）136. 阿哥：哥哥。宋·无名氏《宣和遗事》后集：“如今阿哥被灵州同知使往燕京下文字，不久亦须此来。”

（10）138. 媳妇：儿媳。宋·孟元老《东京梦华录·娶妇》：“凡娶媳妇，先起草帖子，两家允许，然后起细帖子。”

（11）153. 脑壳：头；脑袋。《太平广记》卷四百六十五《海虾》（出《岭表录异》）：“脑壳烘透，弯环尺余，何止于杯盂也。”

（12）183. 夜饭：晚饭。《景德传灯录》卷十二《陈尊宿》：“师云：‘这吃夜饭汉。’僧云：‘尊宿丛林，何言吃夜饭？’”

（13）188. 三朝：婚后或出生后第三天见亲属。宋·吴自牧《梦粱录·嫁娶》：“三日，女家送冠花、彩段、鹅蛋……并以茶饼鹅羊果物等合送去婿家，谓之‘送三朝礼’也。”

（14）189. 打斋：请和尚、道士等到家里诵经酬神，驱除妖魔。宋·王柏《侍伯兄宿履庵即事呈本老》：“诸方善人忽聚散，黄昏方打斋时钟。”

（15）193. 拜斗：请道士来祭拜北斗星祈求增添福寿的一种仪式。宋·白玉蟾《万法归一歌》：“礼塔焚香诵藏经，更能拜斗与瞻星。”

（16）194. 讨：娶。宋·无名氏《张协状元》戏文第十一出：“也好，也好。它若有这一项，我自与孩儿讨个新妇。”

（17）201. 解手：（排泄）大小便。《京本通俗小说·错斩崔宁》：“叙了些寒温，魏生起身去解手。”

（18）212. 啜：哄骗，欺骗。宋·宋慈《宋提刑洗冤集录·降颁新例·检验法式》：“州县司史，通行捏合虚套元告词，因啜赚元告绝词文状。”

（19）226. 打谜子：猜谜语。宋·灌园耐得翁《都城纪胜·瓦含众伎》：“有道谜（来客念隐语说谜，又名打谜）。”

（20）235. 掇：用手提，端、搬。宋·杨万里《火阁午睡起负暄》诗：

“觉来一阵寒无奈，自掇胡床负太阳。”

（21）237. 打索：搓绳子。宋代笔记《辛巳泣蕲录》：“宗子赵希昷守宅地客三十名前来借事帐前，连夜打索百余条，散四隅。”

（22）279. 趱：挪，移动。《朱子语类》卷二《理气下》：“若以为天不过而日不及一度，则趱来趱去，将次午时便打三更矣。”

（23）287. 转去：回去。宋・陈鹄《耆旧续闻》卷四：“子瞻云，马犹如此，着甚来由，乃转去。”

（24）304. 晓得：（动词）知道，明白，认识。宋・孙光宪《北梦琐言》卷六：“唯刘汉弘晓得七分，其他廉使及三四而已。”

（25）315. 白蓬蓬：形容又白又蓬松。宋・佚名《张协状元》第三十二出：“我个胜花娘子生得白蓬蓬，一个头髻长长似盘龙。”

（26）331. 溜：瞥视；迅速而短暂地看。宋・吕渭老《千秋岁》：“洞房晚，千金未直横波溜。”

（27）335. 窝：凹，凹陷。宋・侯置《阮郎归・为邢鲁仲小鬟赋》：“拼恼乱，尽妖娆。微窝生脸潮。”

（28）336. 撇脱：简便，随意、干脆。《朱子语类》卷九十四：“要之，持敬颇似费力，不如无欲撇脱。”

（29）368. 紧：老是，总是，一直。梅尧臣《依韵和达观师山中见寄》：“铜丝紧转辘轳响，络纬秋老号西风。”

（30）372. 倒：助词，用在表示动作的动词后，作结果补语。《太平广记》卷七十三《郑君》：“郑公令捉倒，先折脚笞死，沃以豕血，埋狱中。”

五、元代的古语词

1. 复音词 10 个

（1）13. 阳沟：露在地面上的排水沟。元・佚名《居家必用事类全集》：“凡种盆花树，必先要肥土，于冬间取阳沟泥晒干，筛去瓦砾，便用大粪泼湿晒干。”

（2）28. 日今：目前；现在。《元典章·吏部五·解由体式》：“日今某处居住，识会是何文字。”

（3）78. 头牲：鸡、鸭、鹅等家畜。元·佚名《元典章》：“以鹰食马料为名，百般索要酒食、头牲，抢夺钱物。”

（4）98. 脚盆：用于洗澡或洗涤其他东西的大盆。元·佚名《连环计》第三折：“拿大钟子来，若没大钟子，便脚盆也罢。”

（5）109. 碗盏：碗、碟等的统称。元·无名氏《争报恩》第三折：“我问他讨粥钱，一个钱不曾与我，粥又吃了，连碗盏都打破了。”

（6）128. 婆娘：① 妻子。② 妇女的通称。元·石君宝《秋胡戏妻》第四折：“谁着你戏弄人家妻儿，迤逗人家婆娘。”

（7）134. 阿嫂：嫂子。关汉卿《关大王独赴单刀会》第三折：“【快活三】小可如我携亲侄访冀王，引阿嫂觅刘皇，灞陵桥上气昂昂，侧坐在雕鞍上。”

（8）161. 背褡：背心，马甲。元·秦简夫《赵礼让肥》一折：“我则见他番穿着绵纳甲，斜披着一件破背褡。”

（9）286. 转来：回来；回家。《元曲选·陈州粜米》第三折［梁州州第七］白：“张千，你转来，我再分付你。”

（10）366. 后背：（介），表示后面。《水浒传》第八十八回：“两路先截住后背压阵军兵，八路军马更不打话，呐喊摇旗，撞入混天阵去。”

2. 单音词 4 个

（1）293. 巴：① 靠近，紧贴着。② 爬，攀援。元·王晔《桃花女》第一折：“天色已晚，又遇着风雨，前不巴村，后不着店，怎生是好?”

（2）365. 希：副词，表示程度很深，相当于“极”“很”。元·石君宝《曲江池》第三折：“这叫化头身子腤希臭的，你还想和他作伴。”

（3）369. 等：（介）让。《窦娥冤》第三折：“我不要半星热血红尘洒，都只在八尺旗枪素练悬，等他四下里皆瞧见。”

（4）370. 把：（介）从。《三国志平话》卷中：“军师言：‘夏侯惇败了必把你手内过也！’”

六、明代的古语词

1. 复音词21个

（1）32. 交春：立春。李渔《闲情偶寄》：“草本之花，经霜必死；其能死而不死，交春复发者，根在故也。”

（2）63. 灶鸡：一种形似蟋蟀的昆虫。明·彭大翼《山堂肆考》卷二百二十八“灶鸡”条曰：“灶虫，好穴于灶侧。一名灶马，一名灶鸡。”

（3）64. 脚鱼：鳖。明·王鏊《姑苏志》：“太湖渔人以三等网行湖中，最下为铁，脚鱼善沉者遇之。”

（4）65. 团鱼：鳖。明·屠本畯《闽中海错疏》卷下：“鳖，一名团鱼，一名脚鱼。”

（5）77. 鸡公：公鸡。《徐霞客游记·右江游日记》正月初一日：“由严堂北五里，上鸡公坳，又名双顶。”

（6）79. 鸡婆：母鸡。明·冯梦龙《古今谭概·吴翟戏笔》：“一个吹火通，一个舒火腿，吓得鸡婆飞上天去。”

（7）88. 茅司：厕所。明·兰陵笑笑生《金瓶梅词话》第二十八回：“（秋菊）分付：‘取刀来，等我把淫妇剁作几截子，掠到毛司里去……’”

（8）92. 灶房：厨房。明·无名氏《英烈传》第六回：“昨日临睡时空空一个灶房，这柴那得许多？”

（9）100. 鼎锅：煮饭用的锅。《通雅》卷三十三：“鬵，今之鼎锅也。”

（10）102. 砂罐：用陶土和沙及煤灰烧制而无釉的罐子。《西游记》第二十七回：“左手提着一个青砂罐儿，右手提着一个绿磁瓶儿。”

（11）112. 钵头：一种陶冶的器具，形状像盆。《西游记》第五十三回：

“拿这钵头儿去，是必多取些来。”

（12）114. 黄花女：处女的俗称。明·冯梦龙《醒世恒言》卷三：“况且你身子已被人捉弄过了，就是今夜嫁人，叫不得个黄花女儿。”

（13）115. 拐子：小偷，扒手。明·佚名《玉茗堂批评异梦记》：“一个有名的拐子，便是一向只靠在街坊上东走西撺，拐骗钱钞。”

（14）125. 阿爹：祖父。明·冯梦龙《醒世恒言·一文钱小隙造奇冤》：“赵一郎道：‘小人靠阿爹洪福过日的，怎敢泄漏？’”

（15）132. 舅爷：背称舅父。明·凌濛初《二刻拍案惊奇》：“依说是你妹子，你是舅爷了，你且在门房里坐一坐，我去报与将军知道。”

（16）133. 舅娘：舅妈。明·陆采《明珠记》：“〔生〕全靠舅娘撺掇。〔老〕舅舅早回来也。”

（17）147. 波罗盖：膝盖。明·冯惟敏《海浮山堂词稿·南吕一枝花·月食救护》：“软乌刺腿丁骨存了血，磅柯查波罗盖去了皮。”

（18）195. 斋公：① 道士。② 在家吃斋念佛修行的人。明·凌濛初《二刻拍案惊奇》卷二十一：“无尘看见李信是个道妆，叫道：‘斋公，我与你并无冤仇，何故首我？’”

（19）215. 点卯：点名，签到。《西游记》第十五回：“行者道：‘你等是那几个，可报名来，我好点卯。’”

（20）217. 白话：空话。明·李贽《初潭集》卷十七“刘伶纵酒放达”评：“不是大话，亦不是白话。”

（21）225. 炮仗：鞭炮，爆竹。明·沉宣《蝶恋花·除夕》：“炮仗满街惊耗鬼，松柴烧在乌盆里。”

2. 单音词 11 个

（1）18. 垭：山坳。明·文秉《烈皇小识》六：“又追败之于留马垭。”

（2）60. 桅：① 植物的根部。② 量词，相当于“棵”“株”。《正字通·木部》：“桅，当钩切，音兜，木根入土无枝桠者俗曰桅。”桂林方言保留古义，又引申新义。

（3）73. 镦：阉。《正字通·金部》：“镦，……今俗雄鸡去势谓之镦。”

（4）126. 大：父亲为“大大”。明·沉榜《宛署杂记·民风二》：“父曰爹，又曰别，又曰大。”

（5）137. 契：拜认的干亲。明·冯梦龙《喻世明言》第十六卷：“维某年某月，契弟张劭，谨以炙鸡絮酒。”

（6）139. 屘：最小的，排行末位的。明·田艺蘅《留青日札》：“季子曰：䅘，力来反，子之尽也。新会曰屘，极命反，子之至尾者也。”

（7）266. 拏：① 张开，分开。② 挑。③ 布置，陈列。④ 平伸双臂量长短。⑤ 量词。《字汇·手部》：“拏，……分开也。”桂林方言保留古义并引申出新义。

（8）312. 哈：傻。《西游记》第二十回：“行者道：‘老儿，莫说哈话，我们出家人，不走回头路。’”

（9）345. 泡：虚而松软。《西游记》第八十九回：“糟鼻子，猱来口，獠牙尖利；查耳朵，砍额头，青脸泡浮。”

（10）353. 吊：量词，货币单位。明·何良俊《四友斋丛说》卷八：“是日十三位道长，每一个马上人要钱一弔。一弔者千钱也。”

（11）371. 搭：介词，表示对象，相当于“与”“给”。明·冯梦龙《山歌·嫁》：“三朝满月我搭你重相会，假充娘舅望外甥。”

七、清代的古语词

（1）14. 旮旯：角落。清·文康《儿女英雄传》第二七回：“解扣松裙，在炕旮旯里换上。”

（2）46. 马蹄：荸荠。清·梁绍壬《两般秋雨庵随笔·菱落》：“又粤人呼荸荠曰马蹄，以对龙眼，亦甚工也。”

（3）53. 芭芒：芦苇；巴茅草。清·郝懿行《尔雅义疏》：“一名芭芒，一名芭茅，孟芒古同声，芒茅声又相转。”

（4）105. 瓢羹：勺子。清·唐枢《蜀籁》：“滥得瓢羹都舀不起来。”

（5）117. 告化子：乞丐。《跻春台》卷一《东瓜女》：“妈莫留他，告化子进屋不利。”

（6）118. 老庚：同龄而又结为亲密关系的人。《跻春台》卷二《平分银》：“说来与夫增光，老庚真正好命哦。”

（7）119. 老表：对男子或男子间的客气称呼。《跻春台》卷一《义虎祠》：“听声音知是雷老表，与天生二人把气淘。”

（8）120. 同年：同年同月甚至同时生而双方相互定或结为好朋友。《跻春台》卷一《义虎祠》：“今天啥，我同年儿送斤肉来。”

（9）121. 妹崽：女孩。《跻春台》卷一《过人疯》：“你这个妹崽，今天癫了么？”

（10）143. 颈嗓：脖子。清·文康《儿女英雄传》第六回：“心里想着且躲开了颈嗓咽喉，让那白光儿从头顶上扑空了过去。”

（11）196. 吃酒：赴宴，参与红白喜事等宴席。《跻春台》卷一《过人疯》：“最恨那不明理岳父岳母，一家人去吃酒留他看屋。”

（12）209. 搭帮：依靠，多亏。清·曹雪芹《红楼梦》第四十九回：“可巧凤姐之兄王仁也正进京，两亲家一处搭帮来了。”

（13）220. 毫子：硬币。清·吴趼人《二十年目睹之怪现状》第五十回：“没有甚么定例，码头上送到这里，约莫是两毫子左右。”

第二节　桂林童谣中古语词词义演变情况

王力先生说：“语言是发展的，所以古今词义是有变化的。”① 但我们也应该认识到，不同词语的词义演变过程又是不同步的。桂林童谣中的古语词，

① 王力. 汉语词汇史［M］. 北京：商务印书馆，1993：76.

有的至今还保留着古义，有的已经丧失了古义，有的又增加了新义。而这些增加新义的古语词，又是按照不同的方式发生词义演变的。为了加深对桂林童谣中古语词的认识，我们有必要对其词义保留情况和词义演变途径进行分析。

一、桂林童谣中古语词的词义保留情况

桂林童谣中古语词的词义演变可分为两种：一是保留古义词，即古义留存在桂林方言词中。二是未存古义词，即今义是由古义引申来。保留古义词包含两种情况：一是完全保留古义，未增加新义，我们称为“存留古义词”。二是继承了古义，又增加了新义，我们称之为“增加新义词”。对于未完整继承古义，今义是由古义引申而来的古语词，我们称为“未留古义词”。

数量上，属于先秦两汉时期的古语词 151 个，约占总数 373 的 40.5%。属保留古义词的有 137 个，约占该时期古语词总数的 90.7%。其中“存留古义词”129 个，约占该时期古语词总数的 85.4%，“增加新义词”8 个，约占该时期古语词总数的 5.3%。另外“未留古义词”14 个，约占该时期古语词总数的 9.3%。

属于魏晋南北朝时期的古语词 68 个，约占总数 373 的 18.2%。属保留古义词的有 62 个，约占该时期古语词总数的 91.2%。其中“存留古义词”58 个，约占该时期古语词总数的 85.3%，“增加新义词”4 个，约占该时期古语词总数的 5.9%。另外“未留古义词”6 个，约占该时期古语词总数的 8.8%。

属于隋唐五代时期的古语词 38 个，约占总数 373 的 10.2%。属保留古义词的有 34 个，约占该时期古语词总数的 89.5%，其中“存留古义词”32 个，约占该时期古语词总数的 84.2%，“增加新义词”2 个，约占该时期古语词总数的 5.3%。另外“未留古义词”4 个，约占该时期古语词总数的 10.5%。

属于宋代时期的古语词 57 个，约占总数 373 的 15.3%。属保留古义词的有 44 个，约占该时期古语词总数的 77.2%。其中“存留古义词”42 个，约

占该时期古语词总数的 73.7%，“增加新义词” 4 个，约占该时期古语词总数的 7%。另外“未留古义词” 5 个，约占该时期古语词总数的 8.8%。

属于元代时期的古语词 14 个，约占总数 373 的 3.8%。全属“存留古义词”。

属于明代时期的古语词 32 个，约占总数 373 的 8.6%。属“增加新义词”的 2 个，约占该时期古语词总数的 6%，余下全属“存留古义词”

属于清代时期的古语词 13 个，约占总数 373 的 3.5%。全属“存留古义词”。

从上文数据可知：桂林童谣中的古语词，不论是从数量比例还是从保留古义的完整性来看，各个时期的“保留古义词”都占了绝大部分。这也说明，桂林童谣中的古语词有很强的稳定性。“未留古义词”只占总数的一小部分，即使我们把“增加新义词”和“未留古义词”都看成是词义发生了改变的词语，这部分比例也只占总数 373 的 13%，还是属于小部分。并且“未留古义词”中，有些词义变化并不大，或是义域缩小或扩大，或是表义轻重有所变化，如“薅”，古义指除草、拔草，桂林方言义域范围缩小，专指用工具除草。

从桂林童谣中的古语词也可以看出词汇由单音节词向复音词发展的趋势，先秦两汉、魏晋南北朝、隋唐五代、宋代、元代、明代、清代留传下来的古语词，单音词越来越少，复音词越来越多（宋代例外，因这时期的古语词有 27 个见于《集韵》）。桂林童谣中的古语词中的复音词，基本上是存留古义词，这也说明复音词词义一般比较稳定。比如属于明代的古语词共 32 个，其中 21 个为复音词，都是存留古义词；属于元代的古语词 14 个，其中 10 个为复音词，都是存留古义词；属于宋代的古语词 57 个，其中 23 个为复音词（宋代情况特殊，详见下节分析），属存留古义词 22 个；属于隋唐五代时期的古语词 38 个，其中复音词 20 个，属存留古义词 19 个。由于桂林童谣中的古语词属先秦两汉和魏晋南北朝时期的单音词多，所以很自然，这时期的存留古义词少。

但不管怎样，桂林童谣中存留古义词的数量还是绝对多于增加新义词和未留古义词的数量。

另外，我们发现先秦两汉和魏晋南北朝时期的存留古义词，很多是属于词汇中的基本词汇部分，如“瀑”“爷”“外家”“出门”等等。一般认为，词汇中的基本词汇部分历时久、稳定性强，桂林童谣中的古语词正体现了这一点。

二、桂林童谣中古语词的词义演变途径

除了词义保留情况不同，桂林童谣中古语词发生词义演变的途径也不同。蒋绍愚认为，词的理性意义的发展变化主要有“引申”“相因生义”“虚化”“语法影响”“修辞影响”“简缩”“社会原因”七种途径，而词的感情意义的发展变化主要有“从褒义变为贬义”“从贬义变为褒义”“从中性变为贬义”“从贬义变为中性”“从轻变重”“从重变轻”这六种情况。① 对桂林童谣中的古语词进行分析，我们可以发现，个别古语词确实发生了感情意义的变化。如“秋娘”是中唐以后对歌妓舞女的通称，带有一些贬义色彩，但在今天，其可被用作指聪明能干的女孩，充满褒义色彩。然而，就所搜集的古语词来看，发生感情意义变化的词并不多，因此我们将重点对古语词理性意义的演变途径进行分析。根据蒋绍愚《古汉语词汇纲要》中与词义演变相关的理论，笔者认为，桂林童谣中古语词的词义演变途径，主要有引申（包含扩大、缩小、转移、易位）、虚化这两种情况。下面我们将选取部分词语，利用义素分析法分别对这几种类型的词义演变途径进行分析。

1. 引申

蒋绍愚将“词义的引申”分为“扩大”“缩小”“转移”“易位”这四种情况，同时强调“引申是基于联想作用而产生的一种词义发展”②。他认为，

---

① 蒋绍愚．古汉语词汇纲要［M］．北京：商务印书馆，2005：70-93.

② 蒋绍愚．古汉语词汇纲要［M］．北京：商务印书馆，2005：70.

联想指的便是隐喻和转喻，“隐喻”是两个相似事物之间的联想，“转喻”是两个相关事物之间的联想。[①] 因此，在分析词义的引申时，我们还应该关注到其产生的心理基础，可以从隐喻、转喻的角度对词义的演变进行分析。

（1）扩大

词义扩大，指的是一个义位在历史发展过程中减少了限定性义素，这个义位由下义位转变为上义位。[②] 例如，桂林童谣中古语词“鲊”和“欶”。“鲊”本指“用盐、米粉腌制的鱼”，该词的义素应是［盐、米粉］+［腌制］+［鱼］。随着词义的发展，桂林方言中该词的义素转变为［腌制］，减少了［盐、米粉］和［鱼］这些限定义素，“鲊”便从下位义变成了上位义。从认知的角度看，该词的古义与方言义是“个别”与“一般”的关系，前者在转喻思维的影响下发生词义扩大，引申出新义。“欶”的古义为“用口吸”，该词的义素应是［口（嘴）］+［吸］。随着词义的发展，桂林方言中该词的义素转变为［任何事物］+［吸］、［口（嘴）］这一义素，包含在［任何事物］这一义素之中，因此二者也是下位义与上位义的关系。从认知的角度看，“口（嘴）”与“任何事物”是“个别”与“一般”的关系，在转喻思维的作用下，二者发生联系。

（2）缩小

词义缩小，与词义扩大相反。从义素看，是原来的义位增加了限定性义素；从语义场的上下位关系看，是由上位义变成了下位义；从概念来看，是属概念变成了种概念。[③] 例如，桂林童谣中古语词“薅”“挐”。在桂林地区，随着铁农具的发展和推广，人们发现用其进行田地除草可以大大提高效率，所以除草从最初的用手拔掉，进一步发展为用工具除掉。因此，古义与方言义具有一定的相关性。在转喻思维的影响下，该词引申出新义。“薅”

① 蒋绍愚．汉语历史词汇学概要［M］．北京：商务印书馆，2015：179.
② 蒋绍愚．古汉语词汇纲要［M］．北京：商务印书馆，2005：74.
③ 蒋绍愚．古汉语词汇纲要［M］．北京：商务印书馆，2005：76.

的义素本为［拔去］+［田草］，方言中，该词增加了［用工具］这一限定义素。与古义相比，新义的限定义素增加，词义从上位义变成了下位义，词义缩小。“�”的古义为“牛名”，其引申出“黄牛”的义位，这两个义位的中心义素都是［牛］，具有相关性。因此，在转喻思维的影响下，二者产生关联。与古义相比，新义增加了［黄］这一限定义素，二者是上位义与下位义的关系，是以词义缩小。

（3）转移

词义转移，指一个义位某一限定义素保留，其他义素，特别是中心义素发生变化，词的义位由一个语义场转入了另一个语义场。[①] 例如，桂林童谣中古语词“呷”和“啵”，古义指“吞吐开合貌”，桂林方言中引申出“吃”“喝”。“吃”“喝”具有吞吐开合的特点，因此“吃”“喝”与“吞吐开合貌”是动作与性状的关系，二者具有相关性。在转喻思维的影响下，义位的语义场由“性状”转入“动作”，词义发生转移。“啵”古义为多言不中，方言指埋怨、唠叨。话说多了，就会引起别人的反感、埋怨，因此“啵”与“埋怨”存在原因与结果的关系。在转喻思维的影响下，该词的词义发生变化，词义所属的语义场由“多说”转入“埋怨”，词义发生转移。

（4）易位

词义的易位，指一个义位中心义素不变，但限定义素发生变化，因此义位在同位义之间变易，并未改变语义场。[②] 例如，桂林童谣中古语词“沕”“解罟”。“沕”古义指潜藏，方言中该词引申指潜（水）。潜水，即潜藏在水里。二者的中心义素都是“藏”，限定义位发生了变化。前者强调“藏”的动作，后者强调“藏”的位置。这两种功能存在相似性，因此在转喻和隐喻思维的影响下，该词的词义发生易位。“解罟”古义指解开网，而“翻花绳”这一游戏，就是解开别人手中绕成的一个个网状图形，因此在隐喻思维

① 蒋绍愚．古汉语词汇纲要［M］．北京：商务印书馆，2005：78.
② 蒋绍愚．古汉语词汇纲要［M］．北京：商务印书馆，2005：81.

的影响下，方言中该词引申出“翻花绳”这一义位。该词古义与方言义的中心义素都是［解网的动作］，限定义素由［实物网］转变为［似网状］，词义发生易位。

2. 虚化

词义的虚化，指一个实词的词汇意义逐渐消失，最后演变为表示语法关系的虚词。[①] 例如，桂林童谣中古语词“膖”。“膖”古义表示“肿胀”。方言中，该词引申出“很、大”的义位。由于其经常出现在形容词之前，词义不断虚化，演变为一个副词，表示程度很深。例如桂林童谣“打开蚊帐新姑娘，打开尿盆臭膖膖”。“丁”古义为“强壮”，方言中引申出“很”“甚”之义。由于其时常出现在形容词“壮”之前，语义不断虚化，逐渐演变为一个副词，表示表示程度很深。

以上，我们选取了部分例子，对桂林童谣中古语词的词义演变途径进行了分析。可以发现，桂林童谣中古语词主要通过“引申（包含扩大、缩小、转移、易位）”“虚化”这两种途径发展词义。但是，这并不意味着每个词语的词义演变途径都是单一的。实际上，一些词语发生词义引申后，还可能发生虚化，例如桂林童谣中的古语词“蓬”，桂林方言有两义，一是指植物茂盛，二是指量词，相当于“丛”，“蓬”本指草名，引申出植物茂盛义后，又引申为表草木密集生长的量词。另外，不同类型的引申方式也可能同时出现在某个词的词义演变过程中。例如，“牯”古义为“牡牛”，方言义引申出“兽类雄性动物”“男性”之义，词义的引申包含了扩大和转移这两个类型。“牯”本指公牛，桂林方言中该词引申指兽类雄性动物，义素转变为［兽类］+［雄性］+［动物］，古义与方言义是下位义与上位义的关系，因此词义扩大。“兽类雄性动物”与“男性”都是雄性，具有相似性，在隐喻思维的影响下，“牯”的义素转变为［人］+［雄性］，语义场转变为

① 蒋绍愚．古汉语词汇纲要［M］．北京：商务印书馆，2005：86.

“人”，词义发生转移。由此可见，桂林童谣中古语词的词义演变途径是复杂多样的。

第三节　桂林童谣中古语词的形式表现及原因

考察桂林童谣中古语词的历史表现，不仅仅要统计不同历史层次下古语词的数量，还应该关注古语词的音节表现形式。前文我们已经了桂林童谣中不同历史层次下的古语词，本节主要从桂林童谣中古语词的音节表现形式进行分析。总的来说，保留在桂林童谣中的古单音词比古复音词多。但具体到各个历史层次来看，它们的具体数量、所占比例及对比度不一样。具体表现如下：

先秦两汉时期的单音词 139 个，约占该时期古语词总数 151 个的 92. 1%；这时期的复音词 12 个，约占该时期古语词总数 151 的 7. 9%。

魏晋南北朝时期的单音词 57 个，约占该时期古语词总数 68 个的 83. 8%；这时期的复音词 11 个，约占该时期古语词总数 68 个的 16. 2%。

隋唐五代时期的单音词 18 个，约占该时期古语词总数 38 个的 47. 4%；这时期的复音词 20 个，约占该时期古语词总数 38 个的 52. 6%。

宋代的单音词 34 个，约占该时期古语词总数 57 个的 59. 6%；这时期的复音词 23 个，约占该时期古语词总数的 57 个的 40. 4%。

元代的单音词 4 个，约占该时期古语词总数 14 个的 28. 6%；这时期的复音词 10 个，约占该时期古语词总数 14 个的 71. 4%。

明代的单音词 11 个，约占该时期古语词总数 32 个的 34. 4%；这时期的复音词 21 个，约占该时期古语词总数 32 个的 65. 6%。

清代的单音词 0 个；这时期的复音词 13 个，占该时期古语词总数 13 个的 100%。

合计以上数量，就是：桂林童谣中古语词共 373 个，其中，古代属单音词的共 267 个，约占总数的 71.6%，古代属复音词的 106 个，约占总数的 28.4%。

从以上数据可以看出，保留在桂林童谣中的古语词是古单音词多，古复音词少。从各历史时期来看，先秦两汉时期的古语词是单音词占绝对优势，复音词数量极少。魏晋南北朝时期的古语词虽然单音词还是占优势，但较之先秦两汉时期，比例已有所下降；复音词虽然数量还是比单音词少，但比例比先秦两汉时期已有所上升。隋唐五代时期，复音词的比例已明显高于单音词的比例，可以看出复音词在这期间有突飞猛进的发展。这一点和古代汉语复音词的发展情况相吻合。

关于古代汉语复音词的发展情况，李如龙曾据程湘清对《论语》《孟子》《论衡》《敦煌变文》中复音词的研究情况得出结论说："从上古汉语到中古汉语，复音词是大量地、迅速地增长的。""到了唐代，各种合成词的构成已经和现代汉语相差不大了。"[①] 俞理明、谭代龙则在研究唐人义净翻译的佛经《根本说一切有部毗奈耶破僧事》后也得出结论："在《破僧事》的六朝词语中，复音词语有 1200 个，单音词语有 141 个，而在唐时期新创的词语中，有 597 个复音词语，只有 4 个单音词。复音词语数量的迅速增长，致使复音词语个体的数量大大超过了单音词语，从这个角度来看，唐代汉语词汇的复音化已经达到极其可观的程度。"[②] 由此可见，魏晋南北朝至隋唐阶段，由于佛教的传入，以重民间口语形式的变文或佛经翻译文献等通俗性作品的大量出现的确使当时的语言形式发生了较大的变化。桂林童谣中古语词这个阶段的单音词与复音词的数量对比也正好说明了当时语言形式变化的显著特点。钟明立曾选取上古汉语、中古汉语、近代汉语和现代汉语中能反映当时口语的文段为语料，对其中的复音节词进行统计。结果显示，上古汉语中的复音节

---

① 李如龙．汉语词汇衍生的方式及其流变［J］．河北师范大学学报（哲学社会科学版），2002（05）：68-76.

② 俞理明，谭代龙．共时材料中的历时分析——从《根本说一切有部毗奈耶破僧事》看汉语词汇的发展［J］．四川大学学报（哲学社会科学版），2004（05）：66-71.

词占比很小，中古汉语、近代汉语的复音词占比逐渐增多，现代汉语的复音节词占大多数。① 而这种复音化趋势，是在多方因素的共同影响下产生的。王力认为，汉语的复音化，与语音的简化与外语的吸收有关。② 黄志强、杨剑桥也提出："词汇发展本身要求词汇数量丰富化、表义精确化，加以语音系统的简化的重要推动作用和其他一些因素，形成了汉语词汇双音节化的发展总趋势。"③ 因此，语音的简化、外语词的传入、新词的产生以及词义表达的精确性要求等因素，都促使汉语逐步向复音化发展。桂林童谣中古语词的音节表现，正是汉语词汇的复音化趋势在方言古语词中的表现。

值得注意的是，据上述数据，宋代时期的单音词比例又高于复音词比例，这可能跟统计的这时期的古语词有 27 个出于《集韵》有关。这 27 个古语词大多数在古代文献中至今还难以找到实际用例（只有 8 个在宋以后见用例），这里面的部分词语可能是当时的方言俗语［《集韵》的一个很大特点是收字多，共 53525 字，其中可能包括部分方言俗字（方言词）］。游汝杰曾解释过这种现象，他说："许多方言本字在古代文献里是找不到实际用例的，因为一般的古代文献所用的是标准的书面语，不用或很少用方言词。大量的方言本字只是收录在古代的字书或韵书之类工具书里。"④ 如果不计这些可能包含了当时方言俗语的古语词，而只从该时期有实际文献用例的其他 30 个古语词来分析这时期单音词和复音词的对比情况的话，那么情况就不一样了：单音词 8 个，约占总数 30 个的 26. 7%，复音词 22 个，约占总数 30 个的 73. 3%。所以，从这个角度看，还是复音词占了多数。元明清各时期的复音词不但在数量上绝对多于同时期的单音词，而且还呈现不断增多的趋势。

上述表明，桂林童谣中古语词的复音词随着历史的推移而不断增多，这正符合汉语词汇史上复音词随着社会历史的发展而不断增多的事实。

---

① 钟明立. 古代汉语词汇引论［M］. 广州：广东高等教育出版社，2015：166.

② 王力. 汉语史稿（中册）［M］. 北京：中华书局，1980：317.

③ 黄志强，杨剑桥. 论汉语词汇双音节化的原因［J］. 复旦学报（社会科学版），1990（01）：98-101.

④ 游汝杰. 汉语方言学教程［M］. 上海：上海教育出版社，2016：207.

另外，就古代单音词的发展来看，有部分古代单音词在今天桂林方言中已变成了语素，共有 24 个，约占所考古单音词总数 263 个的 9. 1%，而未变为语素的单音词有 239 个，约占所考古单音词总数 263 个的 90. 9%。我们知道，汉语词汇史发展的一个趋势是古代的单音词大多变为语素而使词语走向复音化，桂林方言这部分例子数量很少，由此看来，桂林方言的发展还是比较慢。并且，就是从所考释词语总数 373 个来看，未变为语素的单音词比例也很大超过了词语总数的一半（未变为语素的单音词共 239 个，约占总数 373 个的 64. 1%）。

从前文分析知，在各个历史层次中，属先秦两汉时期和魏晋南北朝时期的古语词较多，这两时期的古语词约占总数 373 个的 58. 7%。属宋代的古语词数量排在其次，属隋唐五代的词语数量紧接其后。属于元、明、清三个时代的词语较少。这可能与元、明、清三个时代同现代相隔较近有关。由于时间相隔不远，这些时期产生的许多词语可能还保留在现代汉语中，所以古语词的占比较低。为何桂林童谣中的古语词会保留如此多属于先秦两汉时期的词呢？首先，这种现象与西南官话的形成历史有关。西南官话是大规模移民形成的典型性的方言。周振鹤、游汝杰指出，西晋末年开始的第一次大规模的移民运动使洞庭湖北部出现了西南官话的雏形。第二次移民大浪潮，发生在唐代中叶的至德年间以后，由于安史之乱骚动了中国整个北部，再度迫使北方人民大规模向南迁移。如此大量的移民必然带来北方方言的巨大冲击，从而取代了荆南地区的固有方言，奠定了西南官话的基础。周振鹤、游汝杰说：“云南、贵州、广西等地的西南官话是明代中期北方汉人迁入而带来的。”李如龙说：“明代的将领沐英平定大西南之后，江淮湖广一带汉人大量移居云、贵、川，于是形成了西南官话。”牟成刚在《西南官话的形成及其语源初探》中提出西南官话在是明代西南地区大规模汉族移民所带来的语言，在明代西南官话的基本框架已经形成，清代的移民是西南官话内部的扩散式移民。在移民过程中，中原汉人将上古汉语与中古汉语带入了西南地区，这便使桂林方言保留下这么多先秦两汉时期的古语词有了可能。另一方面，其又与先秦两汉时期产生了许多基本词有关。王德春认为，基本词汇是一种语言中该民族的人在日常生活中所不可缺少的、经常要使用的那部分词语。①从桂林童谣中的古语词，我们可以发现许多属于先秦两汉时期的古语词正是与人们日常生活关系紧密，且使用频率较高的词语，如“外家”“擘”“搂”等。另外，部分词语又具有较强的能产性，可以作为构词的基础。如“崽”可构成新词“妹崽”“娃崽”“奶崽”，“牸”可构成“牛牸”“狗牸”。而有些词语又可以通过词义引申，不断满足语言交际的需求。如“簣”由竹器引申指大竹篓。这些因素，使得这些基本词汇具有更强的稳定性，加之其产生的时间一般较早，所以，属于先秦两汉时期的古语词，要远远多于其他历史层次。

① 王德春．普通语言学［M］．上海：上海外语教育出版社，2011：73.

结　语

桂林童谣是在“桂林山水甲天下”的诗意空间中持久传播的，桂林自古就有对歌的喜好，在桂林许多少数民族传统习俗中，父母要教儿女唱歌，儿女会唱的歌谣越多且唱得好，那么人们就会认为其父母已经尽到了责任，反之就会被认为没有做到尽父母的责任。正因如此，桂林童谣呈现出丰富多彩的面貌，在一代一代的口耳相传中得到丰富和创造，具有鲜明的民族特色和地方色彩。

桂林童谣可以说是桂林方言的一种形式，通过对桂林童谣中古语词的分析，可以让我们在娱乐、轻松的环境下对桂林方言有更深刻的认识，对桂林的传统、语言、文化、历史、习俗等有更进一步的了解。本文的研究重点在分析桂林童谣中的古语词，一改之前人们以收集整理为主，内涵、功能分析为辅的研究方式。

桂林方言由于受移民及少数民族语言的影响，呈现出复杂多样的特点，这在桂林童谣中呈现了出来。从桂林地区的歌谣集中有关童谣的记录来看，方言词都用了同音字代替，这对童谣的传承及方言的保护是极其不利的，因此许多字还有待于考证本字。本文试图对桂林童谣中出现比较频繁的 373 个古语词进行分析研究，力求考证更多的古语词，但还是有很多字难于考证，只能用同音字代替，找不到合适的字代替的，标上国际音标。从桂林童谣中古语词的分析，我们可以看出桂林方言与周边方言的密切关系，这也体现了各民族交往频繁，形成了“你中有我，我中有你”的友好局面。

随着时代的变迁，流行歌曲、网络歌曲的流行，桂林童谣面临着失传的威胁，而随着普通话的大力推广，桂林的一些特色方言词正在消失和退化，笔者希望通过对自己收集到的桂林童谣中古语词的研究，对桂林童谣的收集、整理、保护及桂林方言的保护略尽微薄之力。

参考文献

一、著作类

1. 桂林市地方志编纂委员会．桂林市志［M］．北京：中华书局，1997.
2. 广西壮族自治区少数民族语言文字工作委员会．广西民族语言方音词汇［M］．北京：民族出版社，2008.
3. 广西壮族自治区地方志编纂委员会．广西通志·汉语方言志［M］．南宁：广西人民出版社，1999.
3. 葛剑雄．中国移民史［M］．福州：福建人民出版社，1997.
4. 李如龙．汉语方言学［M］．北京：高等教育出版社，2001.
5. 李如龙．方言与音韵论集［M］．香港：香港中文大学中国文化研究所吴多泰中国语文研究中心，1996.
6. 李荣，李如龙，潘渭水．建瓯方言词典［M］．南京：江苏教育出版社，1998.
7. 李如龙．汉语方言的比较研究［M］．北京：商务印书馆，2003.
8. 李如龙．汉语应用研究［M］．北京：中国传媒大学出版社，2004.
9. 王力．汉语语音史［M］．北京：中国社会科学出版社，1985.
10. 王力．汉语史稿［M］．北京：中华书局，1980.
11. 游汝杰．汉语方言学导论［M］．上海：上海教育出版社，2000.
12. 李荣，游汝杰，杨乾明．温州方言词典［M］．南京：江苏教育出版社，1998.
13. 张华文. 昆明方言词源断代考辨［M］. 北京：民族出版社，2002.
14. 汉语大字典编辑委员会. 汉语大字典缩印本［M］. 武汉：湖北辞书出版社；成都：四川辞书出版社，1992.
15. 周祖谟. 广韵校本［M］. 北京：中华书局，2011.
16. 丁度. 集韵［M］. 上海：上海古籍出版社，1985.
17. 许慎，段玉裁. 说文解字注［M］. 郑州：中州古籍出版社，2006.
18. 中国社会科学院语言研究所. 方言调查字表［M］. 北京：商务印书馆，1981.
19. 许宝华，宫田一郎. 汉语方言大词典［M］. 北京：中华书局，1999.
20. 李荣. 现代汉语方言大词典［M］. 南京：江苏教育出版社，2002.
21. 中国社会科学院语言研究所词典编辑室. 现代汉语词典. 北京：商务印书馆，2016.
22. 李荣，刘村汉. 柳州方言词典［M］. 南京：江苏教育出版社，1995.
23. 唐作藩. 音韵学教程［M］. 北京：北京大学出版社，2002.
24. 詹伯慧. 汉语方言及方言调查［M］. 武汉：湖北教育出版社，1991.
25. 郭锡良. 汉字古音手册［M］. 北京：北京大学出版社，1986.
26. 何九盈. 中国古代语言学史［M］. 广州：广东教育出版社，1995.
27. 蒋宗福. 四川方言词语考释［M］. 成都：巴蜀书社，2002.
28. 汪维辉. 东汉—隋常用词演变研究［M］. 南京：南京大学出版社，2000.
29. 周荐. 词汇学词典学研究［M］. 北京：商务印书馆，2004.
30. 董绍克. 汉语方言词汇比较研究［M］. 北京：商务印书馆，2013.
31. 罗昕如. 湘南土话词汇研究［M］. 北京：中国社会科学出版社，2004.
32. 罗昕如. 湘方言词汇研究［M］. 长沙：湖南师范大学出版社，2006.
33. 江蓝生. 魏晋南北朝小说词语汇释［M］. 北京：语文出版社，1988.
34. 江蓝生，曹广顺. 唐五代语言词典［M］. 上海：上海教育出版社，1997.
35. 李崇兴，黄树先，邵则遂. 元语言词典［M］. 上海：上海教育出版社，

1998.
36. 陆澹安．戏曲词语汇释［M］．上海：上海古籍出版社，1981.
37. 陆澹安．小说词语汇释［M］．上海：上海古籍出版社，1979.
38. 张希峰．汉语词族从考［M］．成都：巴蜀书社，1999.
39. 张希峰．汉语词族续考［M］．成都：巴蜀书社，2000.
40. 张相．诗词曲语辞汇释［M］．北京：中华书局，1953.
41. 宗福邦，陈世饶，萧海波．故训汇纂［M］．北京：商务印书馆，2003.
42. 顾野王．大广益会玉篇［M］．北京：中华书局，1987.
43. 王念孙．广雅疏证［M］．南京：江苏古籍出版社，2000.
44. 温美姬．梅县方言古语词研究［M］．广州：华南理工大学出版社，2009.

二、期刊论文类

1. 许燕．桂林传统童谣与高师音乐教育的研究［J］．学术论坛，2011（01）.
2. 许燕．试论桂林童谣的教育理念［J］．艺术教育，2006（08）.
3. 丁燕．桂林童谣保护与教育传承探讨［J］．音乐大观，2014（17）.
4. 黄文敏．桂林民间方言童谣的形式和修辞手法［J］．文教资料，2009（07）.
5. 唐群．论客家民间传统童谣的地域特色［J］．赣南师范学院学报，2007（01）.
6. 舒大清．中国古代政治童谣的题材、内容和语言形式［J］．文艺研究，2011（08）.
7. 王瑾．中国古代童谣论［J］．杭州教育学院学报，2000（01）.
8. 蔡根畅，刘蕾．粤语童谣的修辞语用特色［J］．东莞理工学院学报，2008（06）.
9. 刘彩珍．医疗人类学视域下的童谣研究——兼论我国古代医事童谣的分类、题材及语言形式［J］．当代文坛，2015（02）.
10. 蔡根畅，刘玉亭．童谣的美学特征与教育价值［J］．学前教育研究，

2012（03）.
11. 吴冬梅. 客家童谣的特点及其教育价值［J］. 学前教育研究，2012（01）.
12. 傅建明，汪波. 基于童谣的生命教育研究［J］. 湖南师范大学教育科学学报，2011（01）.
13. 李晖. 闽南童谣的多元文化价值及其当代传承［J］. 福建论坛（人文科学版），2012（12）.
14. 郑薏苡. 民间童谣在当代儿童教育中的传承策略研究［J］. 教育科学，2011（01）.
15. 李生注，李筑艳. 基于文献计量的贵州少数民族童谣搜集整理与研究现状分析［J］. 民族论坛，2015（03）.
16. 王森. 非遗视角下闽南童谣的传承研究新视野［J］. 民族论坛，2015（06）.
17. 黄春晓. 南宁白话童谣的地方特色及传承保护［J］. 广西师范学院学报（哲学社会科学版），2012（02）.
18. 王丽珍. 论闽南童谣的传承与发展［J］. 群文天地，2011（04）.
19. 王晓翌. 商洛童谣的原生态文化特质与传承［J］. 重庆大学学报（社会科学版）2014（04）.
20. 杨焕典. 桂林方言词汇［J］. 方言，1982（02）.
21. 杨焕典，梁振仕，李谱英，刘村汉. 广西的汉语方言（稿）［J］. 方言，1985（03）.
22. 伍巍，詹伯慧. 广东省的汉语方言［J］. 方言，2008（02）.
23. 陈晖，鲍厚星. 湖南省的汉语方言（稿）［J］. 方言，2007（03）.
24. 刘光亚，寸镇东. 贵州汉语方言调查［J］. 贵州文史丛刊，1995（05）.
25. 张茀. 云南汉语方言形成的三个时期［J］. 玉溪师专学报，1996（01）.
26. 骆明弟. 临桂四塘平话同音字汇［J］. 方言，1996（03）.
27. 李连进. 平话的历史［J］. 民族语文，2000（06）.

28. 李敏辞. 长沙方言本字考［J］. 古汉语研究，1994（S1）.
29. 龚娜，罗昕如. 湘语在广西境内的接触与演变个案研究——以广西资源话为例［J］. 湖南师范大学社会科学学报，2010（02）.
30. 彭逢澍. 方言本字考例［J］. 韩山师范学院学报，1999（01）.
31. 陈俐. 南通方言本字考［J］. 南通大学学报（社会科学版），2007（03）.
32. 黄丽. 永州方言中的动词本字考［J］. 湖南科技学院学报，2008（09）.
33. 黄典诚. 方言与词典［J］. 辞书研究，1982（06）.
34. 季少峰. “牯”字辨惑：“公牛”何以变“母牛”？［J］. 语文建设，1994（08）.
35. 李如龙. 汉语词汇衍生的方式及其流变［J］. 河北师范大学学报，2002（05）.
36. 邵则遂. “牯牛”公母之争［J］. 语言研究，2003（03）.
37. 王福堂. 关于客家话和赣方言的分合问题［J］. 方言，1998（01）.

三、学位论文

1. 莫丽. 桂林童谣保护与教育传承研究［D］. 桂林：广西师范大学，2012.
2. 傅春鸣. 广州传统童谣的审美阐释［D］. 广州：华南理工大学，2011.
3. 闭艳艳. 鹿寨官话、平乐官话与柳州官话、桂林官话的亲疏关系［D］. 南宁：广西大学，2006.
4. 唐雪莲. 广西全州方言词汇研究［D］. 大连：大连理工大学，2013.
5. 彭娟. 湘方言本字研究［D］. 长沙：湖南师范大学，2012.
6. 彭旭军. 娄底方言本字考［D］. 长沙：湖南师范大学，2007.
7. 李小丽. 桂林市穿山东边洲土话研究［D］. 桂林：广西师范大学，2011.
8. 徐国莉. 临桂六塘土话研究［D］. 桂林：广西师范大学，2007.
9. 朱富林. 桂林潜经回民土话研究［D］. 桂林：广西师范大学，2006.
10. 钟雪珂. 桂林方言语音研究［D］. 南宁：广西大学，2015.
11. 杨希英. 桂林市朝阳（西村）平话音系［D］. 桂林：广西师范大学，2000.

12. 郭玉贤. 桂林市穿山乡平话［D］. 桂林：广西师范大学，2000.
13. 朱海燕. 广西全州湘语比较研究［D］. 南宁：广西大学，2011.
14. 李彦湄. 桂林平山土话语音研究［D］. 北京：北京外国语大学，2015.
15. 袁娟. 桂林雁山区柘木镇岭子底土话语音研究［D］. 桂林：广西师范大学，2012.
16. 武宁丝. 广西平乐新塘面土话语音词汇研究［D］. 桂林：广西师范大学，2013.
17. 彭娟. 湘方言本字研究［D］. 长沙：湖南师范大学，2012.
18. 唐琴. 湘西苗语中汉语借词研究［D］. 温州：温州大学，2015.